Chinese History

彩圖版

You never know these Interesting Stories about Chinese History

老師沒教的中國史

遨遊隋唐盛世

從隋初到唐末581A.D.－906A.D.

李默——【主編】

目錄
CONTENTS

◎唐

目錄

CONTENTS

目錄

CONTENTS

CONTENTS

611A.D. 隋大業七年

・十月，徵水陸兵擊高句麗。西突厥處羅可汗為射匱所攻，敗奔高昌，遂來朝。 平原民劉霸道、漳南民孫安祖、渤海高士達、清河張金稱，勃海孫宣雅、東都法曹韋城翟讓與單雄信徐世勣、外黃王當仁、濟陽王伯當、雍丘李公逸、韋城周文舉以及不知名號者紛紛起義。

612A.D. 隋大業八年

・擊高句麗大兵出動，左右各十二軍，凡一百十三萬三千八百人，號二百萬。七月，宇文述等軍大敗於薩水，喪三十萬人，資械不可勝計。

613A.D. 隋大業九年

・三月，濟陰孟海公起義。煬帝赴遼東督師，再擊高句麗。六月，禮部尚書楊玄感起兵黎陽。八月，楊玄感敗死。

614A.D. 隋大業十年

・二月，再徵兵擊高句麗。扶風唐弼起義，立李弘芝為皇帝，號唐王。七月，煬帝至懷遠鎮，高句麗請降，班師 。離石胡劉苗王稱皇帝。汲郡王德仁起義，據林慮山。

601A.D. 611A.D. 615A.D.

615A.D. 隋大業十一年

・齊郡顏宣政起義，旋敗。李淵為山西河東撫慰大使，承制黜陟。李淵擊龍門毋端兒，破之。十月，煬帝還東都。

616A.D. 隋大業十二年

・正月，起宮苑於毗陵，壯麗過於東都西苑。雁門翟松柏起義於靈丘。七月，煬帝幸江都。馮翊孫華起義，號總管。十月，李密投翟讓，破張須陀。以李淵為太原留守。淵破甄翟兒。張金稱、高士達敗死，竇建德統其殘部，號將軍。

617A.D. 隋大業十三年 隋恭皇帝楊侑義寧元年

・正月，杜伏威據曆陽，稱總管 。竇建德據樂壽，稱長樂王。馬邑鷹揚校尉劉武周起事，附於突厥。李密、翟讓陷興洛倉，密號魏公，稱元年，江淮、河南多附之。劉武周稱皇帝。李密陷回洛東倉。

618A.D.隋恭帝義寧二年

・三月，隋煬帝部下宇文化及殺煬帝，自封丞相，隋朝滅亡。

隋朝

隋朝年表 581～617A.D.

591A.D. 隋開皇十一年
・高句麗、吐谷渾、突厥等遣使奉獻。
597A.D. 隋開皇十七年
・以宗女妻突厥突利可汗；都藍可汗怨怒，漸擾邊鄙。高句麗王湯死，子元嗣，拜開府儀同三司、遼東公。天臺宗實際創建人智顗去世。
598A.D. 隋開皇十八年
・二月，高句麗王元結侵擾遼西，大發水陸兵分道擊之。九月，擊高麗之師無功而還。
599A.D. 隋開皇十九年
・二月，突厥内鬨，突利可汗奔隋，隋大破達頭可汗。十月，以突利可汗為意利珍豆啓民可汗，處之于邊。
600A.D. 隋開皇二十年
・四月，遣將分道擊西突厥，大破之。十二月，禁毀佛道神像。

581A.D.
・二月，周相國隨王楊堅為皇帝，改元開皇，是為隋高祖文皇帝，周亡。
583A.D.隋開皇三年
・隋大發兵分八道擊突厥，大破之。隋更定新律，凡十二卷，五百條。
587A.D.隋開皇七年
・八月，隋徵後梁帝入朝，九月，廢之，後梁亡。
589A.D.隋開皇九年
・正月，隋師入建康，俘陳後主，陳亡。嶺南共奉高涼洗夫人為主，號聖母，拒隋師 。隋命陳後主與洗夫人書，始降。

581A.D. 591A.D.

604A.D. 隋仁壽四年
・七月，文帝為皇太子廣所害。廣即位，是為煬皇帝。八月，漢王諒起兵以討楊素為名，旋敗。
607A.D. 隋大業三年
・正月，突厥啓民可汗朝見。四月，頒新律。五月，發河北十餘郡丁男鑿太行山，達於幷州。七月，發丁男百餘萬築長城，西起榆林，東至紫河，二旬而畢，死者十有五六。
・日本遣小野妹子等使隋。
608A.D. 隋大業四年
・正月，發河北男女百餘萬鑿永濟渠。七月，發丁男二十萬築長城，自榆穀而東。隋使裴世清與小野妹子偕至日本。再遣小野妹子等使隋。
609A.D. 隋大業五年
・五月，遣將四道圍吐谷渾。
610A.D. 隋大業六年
・正月，有數十人素冠練衣，焚香持花，自稱彌勒佛，入自建國門，圖起事，皆被殺，連坐者千餘家。三月，煬帝至江都。十二月，穿江南河，自京至餘杭八百餘里。大運河全部完成。

楊堅改朝換代

楊堅出身於關隴名門貴族，他的女兒嫁給周宣帝作皇后。大象二年（西元五八〇年），宣帝死，靜帝年幼無力統轄朝政。在山東士人李德林和高熲的幫助下，楊堅入宮輔政，被稱為大丞相，總理朝政大小事宜。

楊堅入宮後，身體力行革除宣帝時期許多苛政峻法，制訂了《刑書要制》；准許漢族人放棄鮮卑族而恢復自己原來的姓氏；他還提倡國民必須節儉才能強國富民。這些舉措都給予久處於紛亂艱辛的人們莫大的希望，順民意、合民心，取得了人民的信任和擁護，在推行政務的過程中取代北周宇文氏的跡象更加明顯。

北周貴族眼見自己的朝廷逐漸被楊堅所掌握，不甘失敗。趙王招、陳王純、越王盛宗、代王正、滕王五王會集長安，企圖兵變，想在宴會上暗暗埋伏士兵將楊堅殺死，楊堅不知是計，只帶了大將楊弘、元胄前去。席間，趙王幾次下手，幸虧元胄捨命相救楊堅才脫險。後來，楊堅以謀反罪將五王全部殺死。自五八一年二月開始，楊堅聽從宰相虞慶則的建議，要消滅北周宇文氏皇族以求消除隋朝的一大隱患，於是便大開殺戒。五月二十三日，為斷絕北周皇統，鞏固自己的統治，秘密殺害了周代的末代皇帝、隋介國公宇文闡，宇文闡當時只有九歲。

大象三年（西元五八一年），楊堅廢周稱帝，改國號為隋，改紀年為開皇元年，定都長安，史稱隋文帝。

隋文帝楊堅像

楊堅利用種種手段就此實現了他改朝換代的夙願。

楊堅建立新體制

隋朝的建立是中國由分裂走向統一的又一個開始，歷史上起到了承前啓後的作用，爲盛唐的到來奠定社會基礎，它所創設的許多體制都開歷史的先河並爲後世所仿效。

文帝即位初始，就洞察北周官制之積弊。爲了鞏固自己的統治，大力加強中央集權。所以他果斷地廢除北周模仿《周禮》所置六官，取而代之的是三省六部制，即尚書、中書、門下及吏、戶、禮、兵、刑、工六部，這樣中央官職分工明確，互不交叉，效率有了極大提高，地方則廢郡設州縣兩級，裁撤冗員，有利於中央對地方的控制。爲了籠絡人才，文帝首創科舉制，從此庶族寒士也有大量機會得到提升，許多知識份子都苦讀經書謀求官職，這無疑爲中央加強控制地方創造了客觀條件。在文帝南征北戰統一過程中，這些出身貧寒而得以重用的官員發揮了重大的作用。

對於地方官制，隋朝廢除了辟署制度，革除了州縣辟署制度的種種弊端。自漢以來，州郡長官由中央任命，但其佐僚都由州郡長官自行任命，這樣便形成獨霸一方的世家地方豪強，大大削弱中央集權。隋朝廢除辟署制後，凡九品以上官吏均由中央任命，吏部考核。後來，隋文帝針對南北朝以來地方官制分州郡縣三級而濫設機構的現象進行改革，廢郡而改設州縣兩級，州設刺史，縣設縣令。

隋代白陶女舞俑

五八三年，楊堅根據蘇威輕徭薄賦的建議而全面改革賦稅制度，將男子成年年齡改十八歲爲二十一歲，每年服役由一個月改爲二十天，納絹二丈。到了五九〇年又規定農民年滿五十歲便可免納庸稅，六〇四年又詔令免除婦女、奴婢、部曲的課稅，這些對於減輕農民負擔、促進國家富強有積極作用。

五八一年六月，隋文帝下令改革部分禮制，規定必須依據《禮經》進行宗廟活動，放棄北周舊制而採用東齊的做法。對於服飾的顏色著裝也作了新的改革，戎服爲黃，常服可用雜色。七月七日，文帝開始穿上黃衣服，在常服上百官與庶人同樣。楊堅朝服唯有十三環帶與臣民不同。

五八一年，隋朝建立後，隋文帝命令高熲、鄭譯、裴政等人在北周、北齊的刑律基礎上制訂新刑律，到十月完成頒佈，史稱《開皇律》。新的刑律將刑名分爲死、流、徒、杖、笞五種，廢除了鞭、梟、宮等酷刑，對徒、流的判決也放寬很多。五八三年隋文帝又命蘇威、牛弘修訂刑律，除死罪八十一條，又增加「十惡之罪」，首創分名例、戶婚等十二篇體例，總體上苛刻程度較以前輕。《開皇律》的頒佈對後世產生了巨大的影響。

另外，隋朝還頒佈了均田令；統一貨幣流通，鑄造五株錢。以上這一系列舉措在總體上有利於生產力的發展，推動了歷史進步，對後世有深刻影響，也有利於鞏固隋朝的統治。

人物小事典　獨孤皇后

隋文帝楊堅的皇后姓獨孤，是西魏北周柱國大將軍獨孤信的女兒，母家為山東姓崔的門閥世家。獨孤氏自幼在家庭氛圍的薰陶下受到儒教禮法的教育，言行舉止大方得體。

楊堅受禪讓建立隋朝後，獨孤氏不遺餘力地支持他的事業，內外政事都加以過問，提出的許多見解和觀點都與文帝的意見相合，文帝對她既寵愛又有些敬畏。五八一年十月，獨孤氏表兄弟崔長仁犯罪應當處斬，文帝打算免他死罪。但獨孤氏認為不能徇私枉法敗壞國家法度，依法將崔長仁斬首。獨孤氏生性好節儉，從不奢侈腐化，宮廷內外事務一切從儉，甚至一些必備衣料、藥物都沒有。文帝借鑒北周亡國的教訓，不敢將權勢任意轉借給外戚，獨孤后也不為她的親人請功邀賞，她的兄弟做官也只不過是將軍、刺史而已。她只關心政治，匡扶帝業，在歷史上可謂少之又少。

隋彩繪陶房

隋唐宰相制形成

五八一年，隋文帝即位之後，立即廢除了北周模仿《周官》所置的六官體制，建立了以三省六部爲核心的中央政府新體制。

在隋唐時期的官僚機構中，官品最高的是所謂「三師」與「三公」。三師即太師、太傅、太保，正一品，三公即太尉、司徒、司空，也都是正一品，三師與三公都是名位高而無實權的虛職，不置僚屬。這是皇帝對權重的功臣的一種巧妙安排，或是皇帝選撥最有經驗的親信充當輔佐的榮譽職稱。

隋文帝代周以後，分割宰相的權力，確立三省長官並爲宰相的體制。尚書省的令、僕射，門下省的納言，內史省的監、令，都稱爲宰相。唐初，沿襲隋制。高祖武德三年（西元六二〇年），改納言爲侍中，改內書省爲中書省，內史令曰中書令，以左、右僕射爲尚書省長官，與侍中、中書令並宰相。唐代相府機構變易之繁，宰相名稱之多，爲前代所少有。唐初，三省機關爲相府，其後則屢經變易，名稱繁多。不過，變化雖多，仍以中書、門下、尚書三省爲常制。

唐代宰相選拔制度的基本特點是任人唯賢。唐初，主要通過戰功來選拔宰相。立軍功之後，又表現出經國治世之才，有較高的政治威望，方可選入宰相集團。從武則天統治直到終唐之世，則以科舉制特別是進士科作爲選拔宰相的主要途徑。宰相享有很大的權力，主要是參與軍國大事及決定官吏任免甚至是皇位斷承人選的人事權力。參決軍國大政方針，是唐代宰相最重要的職權。皇帝的一切詔、敕、制書，均需在政事堂會議討論研究，然後決定是否頒佈，如果同意頒佈，也需要宰相副署，並蓋上「中書門下之印」才能生效。

唐代宰相制度實行集體負責制。唐朝的宰相不同於秦漢，多是他官兼職，或者是宰相兼領他職，所以沒有獨立的辦公機構——相府；它是集體負責制。肅宗時，宰相辦公採取輪流值班的制度，宰相們在政事堂輪流值班執事。一般公務，值班宰相代表宰相集體處理，可以代簽諸宰相的名字，蓋上政事堂印；凡遇軍國大事，則約集諸相集體議決平章。

政事堂制度是宰相制度的一項重要內容。政事堂創設於隋朝（《唐會要·中書侍郎》），最初並不是一個權力機關，而是宰相們議事決策，擬訂重大詔令的地方。經過一百年左右的漫長歲月，政事堂議事發展爲一項重要的政治內容。

唐太宗第一次提高了政事堂的地位。武德年間，政事堂設在門下省，純粹爲宰相議政場所，貞觀以後，中書省職權逐步提高，中書令在擬定詔旨之前，多提前於政事堂進行討論，於是政事堂的地位日漸提高。

以上這些特點，使唐代宰相制度能夠發揮重要的歷史作用。宰相是中

隋白釉官人撫劍俑

央政府的首腦，是國家最高行政管理人。大多數君主如唐太宗、唐玄宗甚至包括武則天等都能主動就教於宰相；而宰相亦能充分發揮自己的智慧和才能，保證工作高效率，在一定程度上限制了君主的獨斷專行。

隋對突厥作戰

五八一年到五八三年間，隋文帝一面利用長孫晟的計策離間突厥各部，一面派兵襲擊突厥，在兩年中屢屢大破突厥。

五八一年，突厥佗鉢可汗病逝後，突厥各部走向分裂，大羅便、庵邏、攝圖、玷厥分立四方，各自稱汗。由於沙鉢略可汗攝圖勇武強大，因此北方各部都歸附他。楊堅建隋後對待突厥不再像北周那樣優厚，北周千金公主又在突厥日夜請沙鉢略可汗爲周報仇，於是沙鉢略以此爲藉口常常搔擾隋北方邊境。隋朝命人修築長城，駐紮兵力以防備突厥入侵，但收效甚微。

長孫晟曾因送千金公主入突厥而熟悉突厥內部情況和山川地形，於是他便向文帝獻離間計。文帝大贊此法甚妙，便派遣使者到達頭可汗玷厥那裡，封地受賞，其禮遇超過對沙鉢略可汗。長孫晟也重賞契丹各部，又勸沙鉢略的弟弟處羅侯歸順隋朝，處羅侯與長孫晟原本就有交情，便表示願意歸附。

五八二年四月十七日，隋大將韓僧壽在雞頭山（今甘肅固原境內），上柱國將軍李充也在河北山（今內蒙烏加河一帶）大破突厥兵。五月十六日，突厥兵入侵平州，被李光擊敗。突厥又入侵蘭州，被涼州總督賀婁子

隋代牽馬胡俑

幹擊敗。到十月，隋朝派太子楊勇屯兵咸陽，十二月又派宰相虞慶則駐兵弘化（今山西沁原），以防備突厥入侵。行軍總管達奚長孺率兵二千人與突厥沙鉢略可汗十萬大軍在周（今沁源一帶）展開大戰。艱苦作戰三天

後，十之八九的士兵戰死疆場，但卻使突厥兵的銳氣受挫大減。可惜的是，馮昱、叱列長叉、李崇等的部隊都被突厥打敗，突厥兵長驅直入，揮師南下，武威、天水、金成、上都、延安、弘化等地被突厥攻破，他們一路燒殺搶掠，人畜俱亡。沙鉢略很是得意，企圖繼續帶兵南犯，沒想到達頭可汗不肯服從命令，帶著自己的部下從西面撤走。長孫晟又使用反間計，假裝成沙鉢略的兒子染幹說：鐵勒等部隊反叛沙鉢略，打算襲擊牙帳。沙鉢略害怕後院起火，只好退兵。

突厥墓前石人造像

到了開皇三年（西元五八三年）四月，隋文帝決定反擊突厥。他命令衛王楊爽等爲行軍元帥，分兵八路出塞迎擊突厥。李充從朔州道出發與沙鉢略軍隊在白道展開激戰，沙鉢略丟盔棄甲倉惶逃走。突厥軍隊裏沒有糧食，有許多士兵被餓死。幽州總管陰壽率兵十萬從盧龍出發擊敗高寶寧，收復盧龍周圍一帶失地，高寶寧被部將殺死。

五月，竇榮定率兵三萬與阿波可汗苦戰，大勝。長孫晟在沙鉢略和阿波之間挑撥是非，使他們產生內部矛盾，勸說阿波與達頭聯合起來對付沙鉢略，阿波言聽計從。

五八三年，隋兵八路出擊大獲全勝，長孫晟反間計又卓有成效，突厥內部逐漸分化，矛盾不斷升級，最後竟發生相互征戰的事情。五八三年五月，沙鉢略襲擊阿波北牙庭，殺死他的母親，阿波投靠達頭可汗後又率兵殺回，屢戰屢勝。後來阿波逐漸強大起來，不斷與沙鉢略交戰。突厥各可汗都想求隋朝幫助以求和好，但隋文帝都視而不見，坐山觀虎鬥，讓他們自相殘殺，自我削弱，最後收降阿波，逼迫沙鉢略寄居白道川，只限他在漠南活動。

隋鑿廣通渠

隋開皇四年（西元五八四年）六月，文帝下令鑿廣通渠。

五八三年，隋朝遷入新都大興城後，水陸交通日見繁忙。但大興城地

隋文帝祈雨圖

處中原，河流水位並不高漲。而作爲漕運的主要幹道渭水，由於當地的水文地質原因，含沙量較高，河水不斷地周而復始地沖刷堤岸，在不同的河道中沉積了許多泥沙，航道很不通暢。正是由於地形地勢的原因，泥沙淤積很不規整，河床各處深淺不一，這更加阻塞了漕運的通暢順利。

五八四年六月二十一日，隋文帝楊堅詔令太子左庶子宇文愷組織水工開鑿渠道。宇文愷是隋朝著名的建築家，他於五八二年主持規劃和建設了新都大興城，之後又營建了東都洛陽等宏偉工程。這次他又受命開鑿渠道，引來渭水流經開挖的渠道。渠道從大興城東（今陝西西安北）到潼關（今陝西潼關）共三百多里長，爲的就是疏通漕運，有利於交通順暢，這就是歷史上有名的「廣通渠」。

隋大索貌閱

隋朝繼承北周的賦稅制度，並進行了一些改革：不論男女，三歲以下的稱爲黃，十歲以下稱爲小，六十歲以上稱爲老。根據制度規定，這些人都無須繳納賦稅服勞役。於是，民間中許多人假報爲老或小，想以此來偷稅免役，尤其是山東一帶，戶口登記有許多假冒失實的。

五八五年五月，隋文帝命令各個州縣進行索貌閱，意思就是看人民的相貌來驗證到底是屬於老還是小，並以此來檢查戶籍登記的眞僞情況。凡是戶口有不實的，里正、黨長都發配邊區服兵役勞役。凡是堂兄弟生活在一起的，都命令他們析籍分家，以防止隱瞞埋沒戶口。這樣全國經過一番努力的大索貌閱，共查出並新登記計有一百六十四萬餘人。與此同時，宰相高熲請求實行輸籍法，凡是民間課稅輸出的都必須記錄在案，以備後查。這樣便使各州縣長和其他官吏不能要弄手腳、徇私舞弊了。隋文帝接到高熲的奏請後，欣然同意施行輸籍法。從此以後凡是想弄虛作假的人都無法藏身。

隋代虎符

人物小事典

洗夫人

隋開皇九年（西元五八九年）二月，隋滅陳，但嶺南地區還沒有歸附。嶺南各郡共同推舉高涼郡（今廣東陽江）太夫人洗氏作為嶺南各郡的主帥，號稱聖母，保護境內臣民。

文帝命令柱國將軍韋洸等安撫嶺南地區，但豫章太守徐璒佔據了南康（江西境內），韋洸無法進入嶺南。晉王楊廣讓陳後主寫信給洗夫人說明陳已經滅亡了，要她歸附隋朝。洗夫人接閱書信後痛哭失聲，各酋領也痛苦萬分，洗夫人派她的孫子馮魂率人迎來韋洸，韋洸殺了徐璒，進入廣州。到了廣州後，韋洸到處遊說，說服嶺南各個州縣，歸附隋朝。衡州司馬任環勸都督王勇起兵佔據嶺南，然後立陳皇室之後為帝，但遭王勇拒絕。王勇帶他的部隊投降隋朝，任環只好丟官逃命。這樣，嶺南各郡各州全都歸附隋朝，不再有人興兵作亂。

五九〇年十一月，番禺（今廣州）夷人王仲宣起兵謀反，嶺南各部落首領紛紛響應，形勢一觸即發。叛軍迅速包圍廣州，隋朝將軍韋洸被流箭射死，兵在將軍鹿原帶領數千人擊敗了王仲宣的將領周師舉，進逼南海。

隋五牙戰船

洗夫人命令她的孫子馮暄帶兵營救廣州，但由於馮暄與叛軍陳佛智有舊情，所以按兵不動。洗夫人大怒，將馮暄逮捕入獄，改派馮盎出師廣州，擊敗並殺死陳佛智，並與鹿原和韋洸副將的軍隊合併共同擊敗了叛軍。

洗夫人在此平叛中功勞顯赫，被封為譙國夫人，允許她開幕府、設置官署，可以指揮六個州的兵馬。她的丈夫馮寶被追封為廣州總管，封為譙國公。

隋代武士俑

隋修訂雅樂

隋樂在古代中國音樂史上具有重要地位，它是在「華夏正樂」和「西域胡聲」等多種音樂的基礎上修訂而成的，內容豐富多彩，節奏多變。

在隋開皇初年，宮中太常雅樂與胡聲同時並存，沛國公鄭譯奏請組織人力修正雅樂。文帝詔見牛弘、何妥等商議制訂新樂，但幾年過去了，還沒有達成一致意見。五八九年二月，隋朝平定陳後，得到了許多宋、齊兩代的樂器和江南許多技巧熟練的樂工。五八九年十二月，文帝命令太常設置清商署負責此種修訂工作。此時，牛弘又奏請文帝依據南朝音律修定雅樂，把北方雜調去掉，參加修訂的主要有牛弘、許善心、姚察、虞世基等人。

五九四年，歷經五年的修訂終於完成，隋朝頒行新樂。修訂後的新樂定作國伎、清商伎、高麗伎、天竺伎、安國伎、龜茲伎、文康伎等七部隋樂，除此之外還吸收了疏勒、扶南、康國、百濟、突厥、新羅、倭國等外來音樂。後來，在隋煬帝大業年代中期，又增定爲清樂、西涼、龜茲、天竺、康國、疏勒、安國、高麗、文康等九部樂。其中，只有清樂是漢代傳下來的舊樂，其餘八部都是

隋代彈琵琶女俑

隋代彩繪樂伎陶俑

隋朝

從西域傳來的。

樂工萬寶常聽太常寺所奏新樂，哭著說：「樂聲淫厲而哀，天下不久將盡！」萬寶常，江南人，隋代音樂理論家、演奏家，尤善彈琵琶。北齊時，因其父獲罪被殺而配爲樂戶。所著《樂譜》詳細論述了八音旋相爲宮之法，改弦稱柱之變，爲八十四調，一百四十四律，終於一千八百聲，可應手成曲。萬寶常生活貧困且沒有後代，晚景淒涼，後因饑餓而死。臨死前，他取出所著《樂譜》六十四卷，全部將之焚毀，當時的人們都爲之惋惜。

隋武士俑

隋文帝改革府兵制

隋開皇十年（西元五九〇年）五月，隋文帝楊堅頒佈詔令改革府兵制，實行兵農合一。

在改革之前，府兵與其家屬、土地自成體系，不加入百姓的戶籍，也不歸屬州縣管理，所以軍人家屬很難管理，軍人常常包庇本家，隱匿戶口，不繳納租稅。其實，在北周時，府兵制便開始逐漸地走向兵農一體化。但軍人獨立戶籍，家屬也居住於軍隊所在地附近。

楊堅下令改革府兵制後，命令軍人的戶籍與農民一樣，屬於所在地的州縣管轄。這樣便使府兵具有軍籍和民籍雙重身份。軍人及家屬依照均田制在各州縣分配土地進行耕種，在和平時期與農民一樣耕田作業，打仗時便出征上前線，可以免除租稅調役；同時，每年都必須輪流到京城駐防。

改革後的府兵，在統領上還是分爲十二個衛分領，但是衛分領的權力只限於監督在京城駐紮的府兵。同時，十二衛還分別設置大將軍，總體上對皇帝直接負責，受皇帝一人控

隋武士俑

制。

府兵制的改革，使國家兵源得到有力的保證，平時耕種，戰時出征，減輕了國家對軍隊的財政負擔。另外還削弱了各軍隊首領之間的聯繫，有利於封建國家統治的鞏固。

陸德明釋經典

南北朝時期，學人頻繁交流使各地經學相互影響，使南北經學從「分立時代」開始「進入統一時代」，這一重大轉變以陸德明於南朝陳後主至德元年（西元五八三年）著手撰寫的經學著作《經典釋文》爲標誌。

陸德明，名元朗，約生於南朝梁簡文帝大寶元年（西元五五〇年），卒於唐太宗貞觀四年（西元六三〇年）。蘇州吳（今江蘇吳縣）人。在陳、隋兩朝爲官，隋煬帝時爲秘書學士，後任國子助教。唐朝爲國子博士，封吳縣男。

《經典釋文》是對十四部儒家典籍進行注音、釋義的著作。全書採集漢魏六朝音切二百三十多家，加之他曾求學於周弘正，善長玄理，承襲了南方經學餘脈，同時兼采南北諸儒訓詁，詳細考證各種傳本的異同，是一部集諸家之大成，工程浩大的經學著作。

全書第一卷爲《序錄》，詳細敘述了經學傳授的流派，成爲後世研究經學的必讀書目。其中，《周易》採用王弼與韓康伯注的《系辭》，《尚書》用僞孔安國傳本（《舜典》一篇用王肅本），《詩經》主毛傳鄭箋，《三禮》全部採用鄭玄注，《春秋左氏傳》主要採用杜預注。《公羊傳》主何休注，《谷梁傳》主范寧注，《孝經》主鄭注十八章本，《論語》主何晏集解。由於《老》、《莊》著作在六朝時十分盛行，因而也被收入，《老子》主王弼注，《莊子》則主郭象注。而《爾雅》是古代最重要的解釋語詞名物訓詁的書，此前注家很多，可以幫助解經，因此也被集錄。

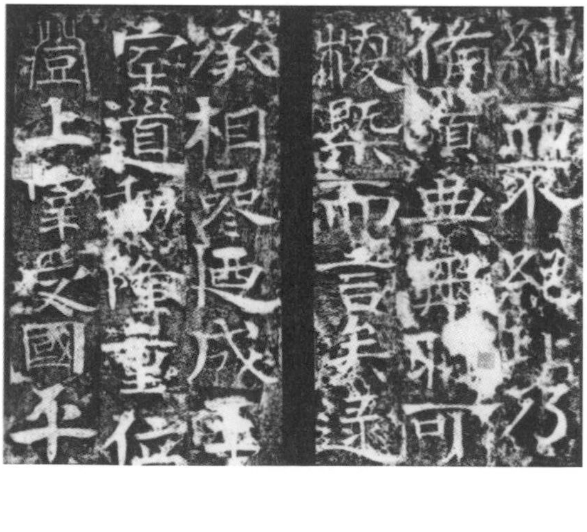

隋代曹植廟碑

在陸德明以前，儒家一般只給經文注音而不給注文注音，所注的經文都錄出經文全句。陸德明改變了這一體例，既注經文讀音，也給注文加音，各書先校明篇章，然後摘字，校明音義，必要時才錄入全句。而作爲童蒙讀物的《孝經》和傳本眾多、文字差異較多的《老子》則特別標注全句，同時，他對前代書的注音頗多斟酌，大體都照顧注音者所理解的原書文義來採錄讀音。凡是典籍中常用，他又認爲合理合時的就寫在前面，其他勉強有可取之處的音讀也一併登錄且標明氏姓，以免混亂。這種體例被以後的注音義著作長期沿用而成爲一種範式。其所記音義對考證晉宋以後音韻的變遷和古代詞義的轉變以及一字多音多義都很重要的作用，語音學價值尤其值得重視。

《經典釋文》綜合漢末及魏晉兩大學術傳統，融南北學風於一爐，爲隋唐代經學的統一開闢了道路。

陸德明及其著作是唐代經學統一的先驅，經學從此進入了一個統一的時代，唐人孔穎達等人編撰《五經正義》正是在陸德明《經典釋文》的基礎上進行的，統一的經學一度主導著中國的文化和思想，陸德明的這一開創性的作品成就是巨大的，影響是深遠的。

牛弘上表搜集圖書

隋朝主持圖書事業的領導機構，是承襲自漢末始創、經魏晉南北朝完備起來的秘書省。煬帝時改革官制，秘書省官員官階提高，人員編制擴大，由原來的三十八人增加到一百二十人，並邀當時著名學者從事圖書事業。

隋代圖書是卷軸式紙質墨寫的寫本書。當時很重視書籍的裝幀，圖書典藏特色鮮明。

一是將圖書按質量分爲上、中、下三品，上品用紅色琉璃做軸，中品用黑紅色琉璃做軸，下品用黑漆圓木做軸，以區別分藏；一是按圖書的內容分庫管理，如觀文殿前書室，東屋藏經史，西屋藏子集。寶廚藏煬帝手下新編的書，宮廷內還有內道，專門儲藏佛經。

隋代私家藏書不發達，但以曾任秘書丞、主持皇家校書工作的許善心藏書最多，藏有「萬卷舊書」。

由此可見，隋代的圖書事業已很興盛，並不斷走向更加繁榮。在這種歷史背景下，產生了隋唐五代圖書事業的第一個重要事件——牛弘上表搜集圖書。

隋開皇三年（西元五八三年），

牛弘鑒於南北朝時期戰亂之後，圖書損失嚴重，國家藏書遺逸甚多的情況，給朝廷奏上《請開獻書之路表》。在這份表中，牛弘首先提出圖書最能「弘宣教導，博通古今」「經邦主政，在於典謨」，所以「爲國之本，莫此攸先。」說明圖書事業，關係著國家的發展，希望能引起統治者的注意。其次，他陳述了隋朝以前，自秦至南北朝時期歷次的戰火、變亂對圖書造成的巨大破壞，即被稱爲「五厄」的災難的具體情況，第一次系統地闡述了圖書事業的發展簡史。第三，他向隋文帝闡明，在已達到「土宇邁於三王，民黎盛於兩漢」的興隆之際，國家應「大弘文教」，做到秘府藏書應該達到非常完備的程度，避免國家藏書不全，而民間卻有豐富的收藏這種情況的出現，建議國家頒佈法令，給私人以小利，達到國家府庫藏書超過前代的目的，並強調指出，這是圖書事業歷經磨難，正值「興集之期」的不可推卸的重要歷史責任。

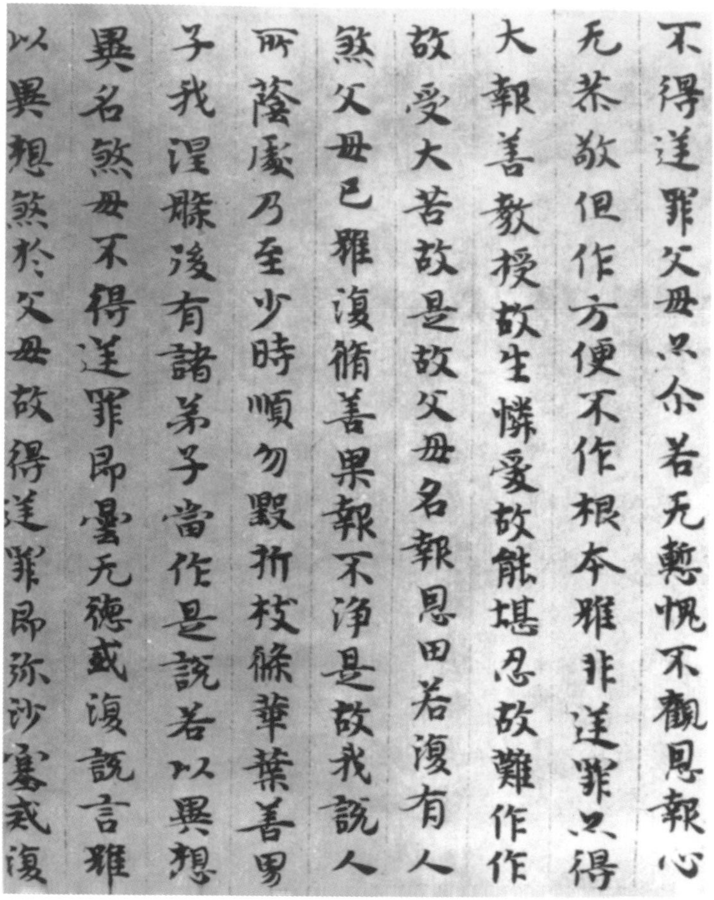
不得逆罪父母只尒若无慚愧不觀恩報心
无恭敬但作方便不作根本罪非逆罪只得
大報善教授故生憐愍故能堪忍故難作作
故受大苦故是故父母名報恩田若復有人
煞父母已罪復循善果報不淨是故我說人
所蔭處乃至少時順勿毀折枝條華葉善男
子我涅槃後有諸弟子當作是說若以異想
異名煞母不得逆罪即墮无德或復說言罪
以異想煞於父母故得逆罪即彌沙塞或復

隋代優婆塞經第十卷

隋文帝同意牛弘所請，於同年「詔購求遺書於天下」。這樣，加上開皇八年（西元五八八年）冬攻陳後所收南方保存的數百年藏書，隋朝皇

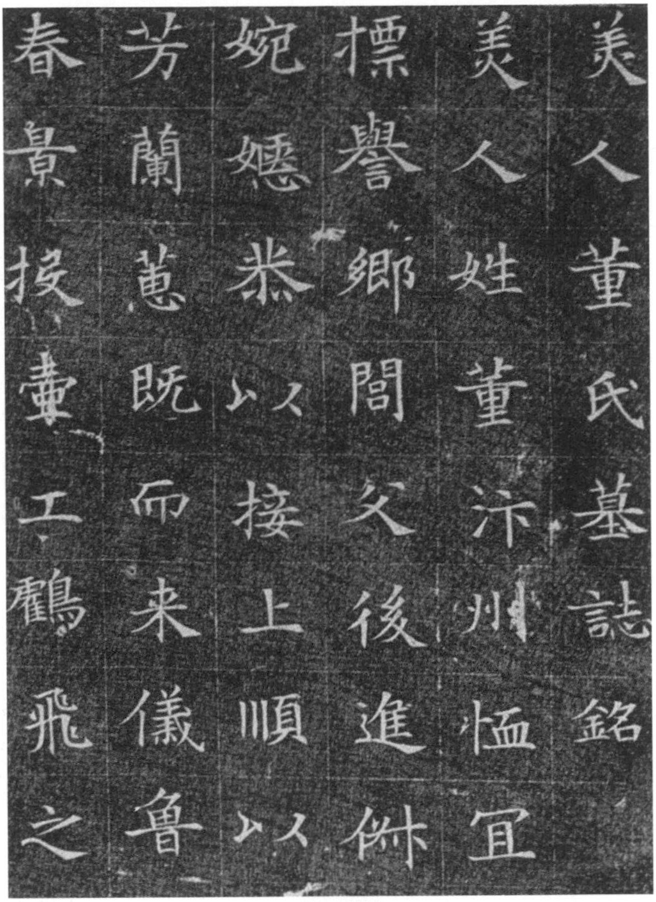

董美人墓誌

家圖書大增。

史稱隋煬帝好學，喜聚逸書，他在位時，圖書事業更有發展。當時西京嘉則殿藏書達三十七萬卷。經挑選、配補，其中正御書（標準本）亦已達三萬七千卷，比牛弘上表時所描述的「今御書單本只有一萬五千餘卷」，有大幅度的增加。

牛弘上表搜集圖書，造成了隋代圖書事業的不斷繁榮，對後世，尤其對唐代有很大影響。唐初高祖武德年間，繼續收購遺書，重加錢帛，數年間，群書略備。太宗時，著名學者令狐德等亦曾「奏請購募遺書」，故唐朝政府繼續重視搜集圖書，經開元至天寶，使隋末受到損失的圖書數量，又有極快增長，已達八萬餘卷，史稱「唐之藏書，開元最盛」。

隋政府聽任人民出家

據史書記載，佛教傳入中國爲西漢末年到東漢初年這一段時間，到了隋朝有五百餘年歷史。許多統治者都利用宗教來維護其統治權力，但北周武帝卻屬例外。

五七四年，北周武帝宇文邕下詔禁止佛、道二門宗教，摧毀經像，並命令沙門、道士還爲俗民，使佛、道

隋代阿彌陀佛坐像

隋代觀音菩薩立像

隋代佛五尊造像碑

隋朝

兩教遭受巨大打擊和破壞。楊堅建立隋朝後，極力著手恢復兩教，尤其是佛教。他在五八一年十二月下詔：境內的臣民可以隨意出家當和尚，又命令全國按人口出錢用以營造寺塔，安排僧侶寫經，造佛像，一時全國佛教風靡，民間流傳的佛書比儒家《六經》多數十倍。隋煬帝也非常崇尚佛教，曾自稱爲「菩薩戒弟子」，並拜智觀爲師。隋朝全國共有僧侶二三六，二〇〇人，建立的寺廟有三九八五所，造有佛像二十餘萬尊，修造佛塔一百餘座，注經八十二部。

由此可見，佛教文化在隋朝確是盛極一時。

文化小事典

劉焯定《皇極曆》

隋大業元年八月，隋代天文學家、算學家劉焯制定《皇極曆》。

劉焯（西元五四四年～六一〇年），信都昌寧（今河北冀縣）人，劉獻之三傳弟子，傳其毛詩學。又受《禮》於熊安生。與劉炫齊名，時稱「二劉」。精通天文，著有《稽極》十卷、《曆書》十卷及《五經述議》等書。曾奉名與劉炫考定洛陽石經，在辯論時責群儒，因受謗免職。

隋煬帝繼位後，劉焯被徵用。仁壽四年（西元六〇四年），劉焯制定《皇極曆》。《皇極曆》是當時最好的曆法，有許多革新和創造。劉焯不但考慮到月亮視運動不均勻性，而且還考慮太陽周年視運動不均勻性，開始用較合理的內插公式來計算定朔校正數。從而超過前人的曆法。劉焯又改歲差為七五年差一度，比虞喜和祖沖之的推算更接近實測值（今測為每隔七六點一年差一度。當時歐洲還沿用一百年差一度的資料）。他在推算日行盈縮，黃、月道損益及日、月蝕日期方面均比前代曆法精密，並在造曆過程中，首先用定朔法代替了以往使用的平朔法，這是中國古天文學上的一項重大變革。《皇極曆》曾在理論上提出測量子午線長度的方法，目的在於否定過去所謂表「影千里差一寸」的說法。由於保守派的反對，實測子午線沒有實行，《皇極曆》也未頒行。但是唐開元十二年（西元七二四年），南宮說按照劉焯的理論，在世界上首次實測出地球子午線的一度之長為三五一里八〇步。《皇極曆》在唐代成為李淳風制《麟德曆》的依據。

總之，劉焯定《皇極曆》是中國天文學史上的一大進步。

二次內插法出現

隋代天文學家劉焯在他所編制的曆法《皇極曆》中創造並應用了等間距二次內插法。因爲隨著天文觀測的進步，東漢時已發現月球的視運動速度是隨時間變化。南北朝時又發現了太陽和五星的視運動也不是均速運動，這對曆法中計算合朔、交食的時刻有較大的影響，所以就應運產生了這種更精確的等間距二次內插法來計算。

另外，爲了提高曆法的精確度，唐朝中期著名天文學家一行以劉焯的成就爲基礎，在他的著作《大衍曆》中創立了不等間距二次內插法。二次內插法的創立，無論在天文學史上還是在數學史上都是極爲重要的。內插法使得用多項式逼近各種複雜的函數

成爲可能，在理論上具有重大價值，成爲數值分析的核心內容之一。劉焯的工作對後代的曆法研究產生了深遠的影響，直到明代《大統曆》都用內插法進行計算。而印度於六二八年使用了等間距二次內插法，晚於劉焯。阿拉伯人在十一世紀、歐洲人在十七世紀才開始使用內插法。

隋律集南北朝法律大成

楊堅即位不久，就命手下人制定新的法律，並於開皇元年十月頒詔施行。後來，隋文帝審閱刑部的奏章，發現每年審理的案件竟有一萬多件，他認爲這是法律條文過於嚴厲、容易陷人於犯罪，所以他命令修改法律，廢除了死罪八十一條，流放的罪一百五十四條，徒、杖等罪一千多條，最後只留下五百條法律，編成十二卷。這就是《開皇律》。

隋文帝制定法律並不拘泥于傳統。他採用魏晉乃至北齊北梁法律的長處，對於其中過於重的和過於輕的都捨棄不用。當時的北齊、北梁在政治上都和隋朝敵對，但隋文帝並不因此抱有什麼偏見，而是博取南北各朝、各個民族律學文化的精粹，兼收並蓄，取長補短，在此基礎上制定出《開皇律》。《開皇律》的制定，在中國法律文明的發展史上，寫下了新的篇章。這部法律不僅成爲唐代立法可資借鑒的藍本，而且從本質上說，其影響遠及東亞各國。如果從世界律學發展史上看，《開皇律》比東羅馬的《查士丁尼法典》晚了近半個世紀，但它奠定了中華法系的基礎，與《查士丁尼法典》遙相呼應，各自代表東西方封建法律的模式，在世界法治史上佔有重要地位。《開皇律》集南北朝法律發展的大成，它的特點是「刑網簡要，疏而不失」。《隋書・刑法志》僅有十二篇，五百條，一改舊日法律的繁苛之俗。《開皇律》還初步建立起系統的訴訟、刑罰制度，這就是訊囚和五刑制度，《開皇律》還將直接危害封建皇權，違反封建禮法的行爲定爲「十惡」，嚴加打擊；隋律還將那些維護貴族、官僚的特權的司法原則發展爲「議、減、贖、當之法」，爲違法犯罪的貴族、官僚提供了系統、穩定的司法保障。所有這些基本上都被唐代法律吸收沿用，進而影響到以後的封建各代法典。可以說，隋文帝制定的《開皇律》，爲中國法律文明的發展立下了不朽功勳。

隋煬帝即位之後，將《開皇律》改修成《大業律》，內容並無大的變動，只在體例上稍作更改，也是一部比較好的法律。

隋律上集魏、晉以來南北朝法律之大成，下開唐、宋以後封建歷代法律之先河，起著承前啓後的作用。

盧思道、薛道衡開唐代詩風

隋代詩歌，是從南北朝向唐詩過渡的最初階段。全國統一以後，南朝詩人紛紛入北，南北兩地詩風也處在合流的狀態。隋煬帝楊廣，其本人醉心於南朝豔曲，還聚合了一批原屬南朝的詩人。他們的宮庭詩歌沿襲了梁陳綺麗浮豔的詩風。

此外，一些原屬北朝的詩人，爲隋代詩壇帶來一些剛健質樸的氣息。盧思道和薛道衡的部分詩作即體現了這種詩風的合流趨勢。盧思道（約西元五三一年～五八二年），字子行，范陽（今屬河北涿縣）人，北齊時，曾任給事黃門侍郎。盧作《從軍行》和薛作《豫章行》，採用擬古樂府詩的形式，表現征人、思婦的傳統題材，又寄寓了一定的眞實感受。在形式上都採用了七言，卻比鮑照的七言詩更長，語言也清麗流暢，句法多用對偶，具有早期七言歌行的特色，初步昭示了唐代詩歌語言與格律的發展趨向。《從軍行》描寫征人思婦的離愁別緒，諷刺武將邀功求賞，是一首較好的邊塞詩。薛道衡的代表作《昔昔鹽》描寫思婦孤獨寂寞的心情，其中「暗牖懸蛛網，空梁落燕泥」一聯，最爲膾炙人口，甚至傳說是他引起隋煬帝嫉妒而被殺害的原因。

智永書法承前啓後

隋代南北統一，書法呈現碑帖合流的趨勢。東晉「二王」書風，由陳入隋，上下風範，初成規矩。隋代短短的三十七年，奠定了書法史上「上承六代，下啓三唐」的重要地位。智永是這一時期承前啓後的書法家之一。

智永，南朝陳國僧人，書法家，名法報，俗姓王氏。他是王羲之的七世孫，俗號永禪師。《述書賦》載其住紹興永欣寺。他學書三十年，禿筆成塚。書以王羲之爲師法，筆力縱橫，眞草兼備，綽有祖風。他在隋時書名卓著，據說當時求字者絡繹不絕，將他居戶門檻踏損，後用鐵皮包門檻，人稱「鐵門限」。

智永曾手寫《眞草千字文》八百餘本，分送浙東諸寺。今傳墨蹟在唐時被日本遣唐使和長安的歸化僧視作王羲之遺墨搜之東渡，現由京都小川爲次郎收藏，是智永傳世的唯一眞

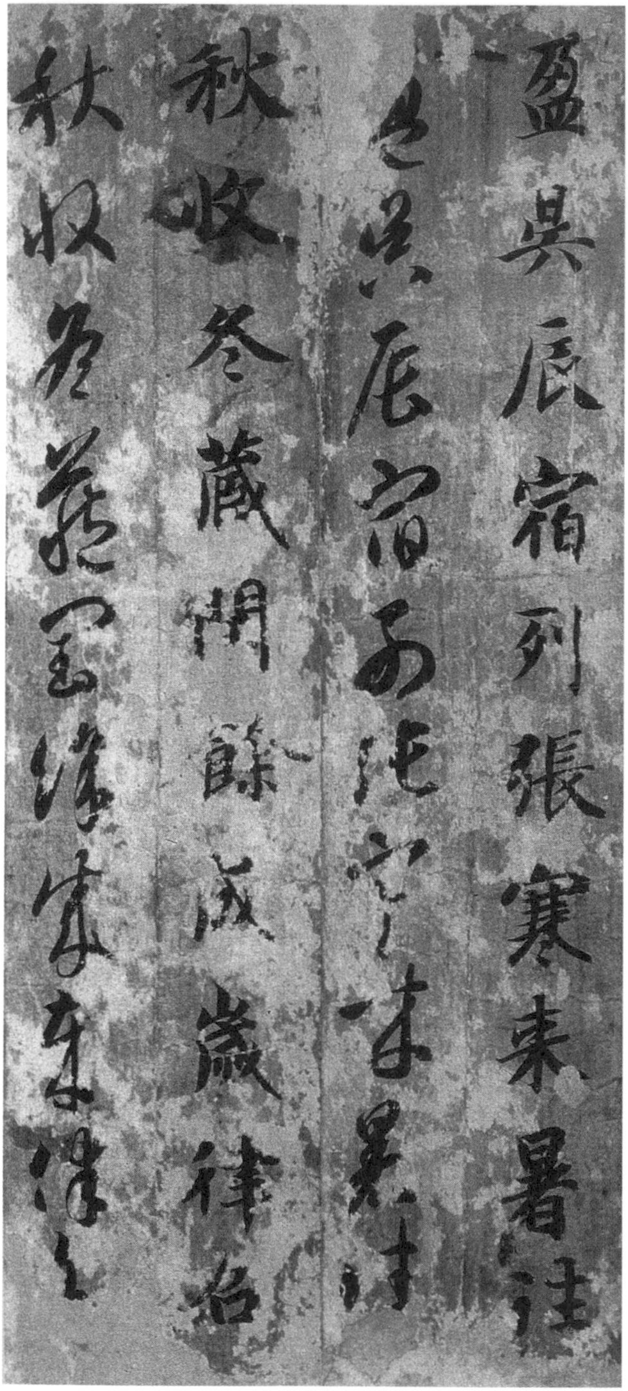

智永真草千字文

跡，對瞭解隋代的書法成就，彌足珍貴。這件墨蹟《千文》得王派書法神韻，「眞則圓勁古雅，草則豐美勻適」（萬壽國《宋拓薛刻本千文題跋》）。其書風正如蘇軾所說「精能之至，返照疏淡」。唐代書法家虞世南眞草脫形於智永《千文》，智永本人則爲這一時期承前啓後的關鍵人物。

中國文字的發展規律是：「由簡到繁，由繁到簡」。從甲骨文、金文發展到大篆，是由簡到繁；由大篆到小篆，到隸書、楷書、行書，是由繁到簡。智永對中國書法史上所作的重大貢獻，就是從古代有隸書筆意的方筆逐步使用了楷書的圓筆，弘揚了「永」字八法，把唐代楷書的基本筆劃肯定了下來，使當時民間醞釀已久

的書法改革邁進了一大步。

永字八法，是闡述正楷點畫用筆的一種方法，其來源舊有張旭說（見《墨池編》）及智永說（見《書苑菁華》）。客觀地說，永字八法，應該是智永創始於前，張旭弘揚於後。張旭自己說：「自智永禪師過江，楷法隨渡。永禪師乃羲、獻之孫，得其家法，以授虞世南，虞傳陸柬之，陸傳其子彥遠。彥遠，僕之堂舅以授餘。」（見《張旭書藝》）《翰林禁經》謂：「智永發其旭趣。」由此可見，智永的書法藝術奠定了楷書「永字八法」的基礎，在中國書法發展史的大交響曲中，奏出了不可磨滅的序曲。

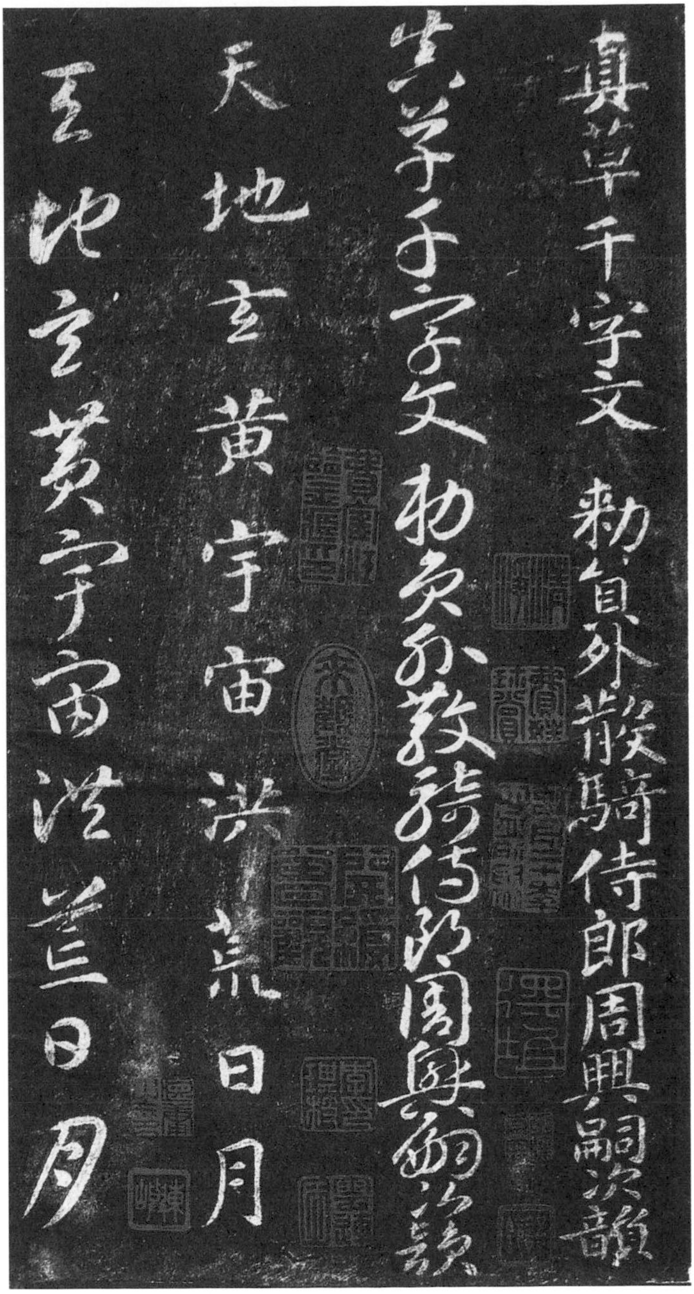

真草千字文（陝刻本）

人物小事典

展子虔

展子虔，生卒年不詳，渤海（今山東省）人。約活動於六世紀後半葉，歷北齊、北周，在隋任朝散大夫、帳內都督等職。擅長繪畫，創作範圍廣泛，善畫臺閣、人物、鞍馬、佛道、車輿、宮苑、翎毛、歷史故實等。其足跡遍及大江南北，在洛陽、西安、揚州及浙江等地的寺觀中作菩薩等壁畫。所畫物象，生動而富有情趣，頗為時人所重，與其時另一名畫家董伯仁齊名，有「董展」之稱。展繪畫善於創新，人物描法甚細，以色暈開面，善用緊密的線條，把所繪物件的性格特徵和神態面貌表現得栩栩如生，為唐代人物畫法開闢途徑。畫馬注重描繪馬的動態，所繪之馬立者有走勢，臥者則腹有起躍勢。

展子虔影響最大的為山水畫，傳世《遊春圖》是現存古代山水畫的重要作品，也是迄今所保存的最早的卷軸山水畫。現藏故宮博物院，畫長八十點五釐米，寬四三釐米，絹本，青綠設色，卷前題鑒為宋徽宗趙佶手書「展子虔遊春圖」。畫面上，陽春三月、綠樹紅花、青山水碧的郊野中，貴族、仕女泛舟騎馬，踏青賞春，景色極為優美。展子虔通過圓勁的線條和濃麗的青綠色彩描繪了上述圖景。在畫面的空間處理上，改變了過去人大於山、水不容泛、林不排列的比例失調狀況，尤其在描繪湖水微波、廣闊深遠方面，頗為成功。在表現技法上，先把山川屋宇的輪廓用墨線勾出，再填敷青綠色彩，然後用深色重加勾勒。樹木、人物則直接用色點出，雖然形體較小，但亦生動有致。畫面整體色彩典雅，富於裝飾感。

展子虔在山水畫上所達到的成就及繪畫方法，為唐畫家李思訓父子所取法，後世譽為唐畫之祖。

隋展子虔《遊春圖》

隋朝

隋建十二衛

隋文帝即位後，爲了加強自己對中央軍事機構的直接領導和指揮，便對西魏、北周以來的十二大將軍之制進行重大改革，建立十二衛。

所謂「十二衛」，即左右衛、左右武衛、左右武侯、左右領左右、左右監門、左右領軍。

「十二衛」系統既有府兵，又有各種類型的禁兵，所以通稱爲「禁衛兵」，與西魏、北周時期府兵、禁軍自成體系不同；十二衛實際擔負宿衛和征戰雙重任務。宿衛又分爲內衛和外衛。左右衛之直閣、直寢、直齋、直後及其所統三衛（親衛、勳衛、翊衛）屬內衛；左右領之中備身、備身左右，左右武侯所掌車駕護從、道路

隋代按盾武士俑

營禁等主要也是內衛。其他則爲外衛。擔任內衛任務的將士統稱內軍，擔任外衛任務的則稱外軍。府兵中充任內衛的少，作外衛的占多數。

每衛統率一軍，設置大將軍一人，將軍二人，下轄驃騎府、車騎府，分別設驃騎將軍、車騎將軍；再下面又設大都督、帥都督、都督，這樣形成了統一的指揮管理系統。而十二衛大將軍、將軍及驃騎將軍、車騎將軍在編制數額上比北周時期相對增多，但品級降低了，各將軍的權力也削弱了、分散了。另外，又將北周時期掌握軍隊實權的上柱國、柱國等職務改爲榮譽稱號，授予有功之人，剝奪其實際權力。這樣十二衛的統率指揮完全由皇帝掌握。

十二衛的職責各有所掌，主要分工如下：左右衛是皇帝的內衛，主要負責宮廷禁禦，督率仗衛；左右武衛負責外軍宿衛；左右武侯，則主要負責皇帝護從，掌車駕出，先驅後殿，晝夜巡察，執捕奸非，烽侯道路，水草所置，巡狩師田，則掌其營禁；左右領左右主要負責侍衛左右，供禦兵仗；左右監門負責宮廷門禁、警衛；左右領軍則分別管理十二軍籍帳、差料、辭訟事務。

戰時，則由皇帝任命行軍元帥或行軍總管爲最高指揮官，組成相應的機構，實施統一指揮。一旦戰爭結束，即行解散。

十二衛的建立加強了皇帝對軍隊的控制，也促進了中央集權國家的穩固。

麥積山石窟群鼎盛

麥積山石窟在北魏北周時全面興建，到隋唐五代便進入鼎盛時期。五八一年，隋文帝楊堅建立隋王朝，統一中國。從這一年開始，隋文帝就大力提倡佛教，詔令天下，鼓勵出家修行，按人口攤派出錢營造經象，民間佛經數量超過六經數十倍。在其統治的二十年內，全國製作的佛像達十餘萬尊，修飾的佛像約一百五十萬尊。在這股風氣下，麥積山石窟也開始進入其鼎盛期。

石窟藝術是由建築、繪畫和雕塑組成的綜合體，麥積山石窟因石質不是十分堅硬的砂岩，因此，大多石窟內以繪塑相結合，其中壁畫作爲重要組成部分，有著它自身的特殊作用和魅力。隋代時在麥積山石窟繪製的壁畫數量相對來講不是很多，但是繪製都很精巧，技法也十分純熟，尤其是在佛和菩薩以及供養人的描繪上，更多地注意到人物情韻的刻畫，飛天翱翔于碧空之中，健美瀟灑，宛若游龍；顯得活潑自然，富有生活氣息；

麥積山東崖上的隋代泥塑大佛

奔馬馳騁於天際流雲中，氣氛熱烈而緊張。用線熟練，色彩絢麗，顯示出高超的水平。同雕塑繪畫一樣上承南北朝時期的成就而同時又發展到一個更具有中華民族特色的新階段，開啓了隋唐文化新風，爲唐時期佛教藝術更進一步民族化奠定了堅實的基礎。

唐代在中國封建社會，是一個偉大而輝煌的時代。隨著國家政權的鞏固，經濟的發展，文化藝術進入了一個光輝燦爛的時代，佛教繪畫雕塑，也進入了一個非常繁盛的時期。無論是寺塔、道觀，還是石窟祠廟，大多以精美的雕塑、繪畫爲裝飾。這時麥積山石窟壁畫雖然沒有輝煌莊嚴的經變畫，也缺乏引人入勝的佛教故事畫，然而它們以小巧玲瓏、自然活潑、富有情趣的民間風貌出現，從而爲人們所喜愛。壁畫中女供養人身軀修長，秀麗端莊，丰姿綽約，雍容華貴，一派「柔姿綽態盡幽閒之雅容」的氣概。菩薩健美豐滿，曲眉秀目。這種「曲眉豐頰」「肌勝於骨」的優美形象，體現了唐代生活中美感的要求。在雕塑中，唐代也出現了世俗化傾向。佛與菩薩莊重含蓄，肌體豐滿，落落大方。尤其是「菩薩如宮娃」，雕刻得很寫實，很優美。身體起伏豐富，絲紋流暢，動勢刻畫入微，風格柔和。這種把神佛菩薩形象進一步民族化和世俗化的特點，反映了唐代雕塑、繪畫藝術的發展和演進。

五代十國時期，地處沙西的瓜、沙二州相對穩定，佛教雕塑和繪畫仍繼續發展。這一時期麥積山石窟數量雖不多，但仍繼承了唐代優秀的雕塑、繪畫傳統，並又有創新，在對人物性格的刻畫上，還是取得了比較突出的成就。

由上來看，唐代麥積山石窟進入了一個新時期，但是它以隋代爲序，以五代爲餘波，可以相對地將這一段劃歸一個時期。它是麥積山石窟的第二個高潮期，也是麥積山石窟的鼎盛期。當時佛教雕塑和繪畫數量很多，內容十分豐富，從一個側面反映了唐代石窟繪畫藝術的高超水平。麥積山石窟中的隋唐五代壁畫和雕塑在中國石窟藝術的發展進程中佔有非常重要的地位，它對中原地區石窟藝術的發展也曾經起過巨大的不可磨滅的作用，對研究那一段的社會史、宗教和藝術的發展史及中外經濟、文化交流史等方面，都具有重要的價值。

智顗奠定天臺宗

隋開皇十七年（西元五九七年），天臺宗創始人智顗去世。他創立的天臺宗，是隋唐時期具有代表性的佛教門派之一。

天臺宗作爲中國佛教的主要宗派，在隋唐時期由天臺宗四祖智顗創立。因智顗常住浙江天臺山而得名，又因天臺宗以《法華經》作爲其教義的主要依據，所以又稱「法華宗」。

智顗（西元五三八年～五九七年），俗姓陳，字德安，荊州華容人。他出身於南朝大官僚家庭，父母在梁末侯景之亂時死去。智顗十八歲出家，到大蘇山投於慧思門下修習禪法，後證悟法華三昧。陳光大元年（西元五六七年）去金陵講《法華經》，博得僧徒與官僚的敬佩。陳太建七年（西元五七五年）率弟子入天臺山建寺，修頭陀行，天臺宗由此建立。

天臺宗源於南北朝，那時作爲一

天臺山國清寺隋塔

學派而存在，慧文和慧思是天臺宗的思想先驅，被尊為二祖、三祖。根據佛教史資料，天臺宗的淵源關係是：龍樹……慧文——慧思——智顗——灌頂——智威——玄仰——湛然——道邃——廣修——物外……因為天臺宗重視大乘空宗理論，所以尊印度僧人龍樹為其始祖。

天臺宗的理論特徵是強調「止觀並重」，主張南北佛教學風融合。漢代佛法初傳時，南北方佛教形成不同的風格，南方側重義理，北方側重禪定。南北朝時期政治、軍事、經濟的對峙則鞏固了南北方不同的學風傾向。隋的統一為南北佛教的融合提供了有利條件。智顗在這種情況下提出禪義雙修、止觀並重的原則，要求僧徒既注重禪定修煉，又注重對佛學義理的研究，把止觀並重作為宗教修養的最高原則。

隋唐時期各宗派都建立自己的判教體系。判教是佛教徒根據各宗派自己的觀點，對所有經典和理論著作加以系統的批判整理、重新安排評估的一種方法。天臺宗試圖通過判教將以前的宗教理論內在地統一起來，提出「五時」、「八教」的判教體系。「五時」指華嚴時、鹿苑時、方等時、般若時、法華時。法華時是對佛教基礎最深的聽眾講的。《法華經》描繪的是佛教最高境界，所以天臺宗將《法華宗》奉為最高經典。「八教」可分為化法四教（藏、通、別圓）和化儀四教（頓、漸、秘密、不定）。強調佛對不同水平的聽眾採取不同的傳道方法，從而對不同宗派的修行方法進行概括。

智顗發展空宗的中觀思想，提出

國清寺大雄寶殿

一念三千、三諦圓融的說法，代表天臺宗的世界觀。智顗以後的湛然是唐代中葉天臺宗的中興大師，他提出的「無情有性」說影響很廣。天臺宗理論建樹非常豐厚，智顗所著《法華經玄義》、《法華經文句》、《摩訶止觀》被稱爲天臺三大部。此後的歷代宗師都有理論著述。

天臺宗源於南北朝，創於隋，盛於初唐，智顗一生造大寺三十五所，度僧人四萬，傳業弟子三十二，使天臺宗成爲社會上頗爲壯觀的一大宗派。後來隨著唯識、華嚴、禪宗的興起影響力下降。

吉藏立三論宗

隋代時，吉藏創立三論宗。三論宗因據印度龍樹《中論》、《十二門論》和提婆《百論》三部論典創宗而得名。三論宗是隋唐時佛教宗派之一，因其闡揚「一切皆空」、「諸法性空」又名空宗或法性宗。吉藏（西元五四九年～六二三年）俗姓安，原安息人，生於南朝梁武帝太清三年，幼年時見過著名佛經翻譯家眞諦，眞諦爲他改名「吉藏」。吉藏七歲出家，十九歲開始講經。隋定江南後赴越州住嘉祥寺，人稱「嘉祥大師」。後來隋煬帝請吉藏住長安日嚴寺，他遂在此地宣揚佛法，注釋《中論》、《百論》、《十二門論》而創三論宗。

三論宗的創立可追溯到西秦時代，當時鳩摩羅什來華傳法，主要弘傳印度大乘空宗的佛理。羅什的弟子中，僧肇最精通般若空觀。僧肇以後長安連年戰亂，三論之學遂由僧朗傳入南方。僧朗在攝山棲霞寺弘法，使三論學重振聲威。攝山的二代大師僧詮在止觀寺繼續講三論學，門徒有數百人，三論宗初具規模。僧詮以後，其弟子法朗在陳武帝永定二年（西元五五八年）奉敕入

隋玻璃戒指

京，弘揚三論二十餘年，聽者數千，門人遍及全國。法朗門下知名者二十五人，其中吉藏尤將三論宗發揚光大，使三論宗在隋代成爲一大宗派。三論宗尊印度數位大乘空宗的諦造者爲其師祖，他們的淵源爲：龍樹——提婆——羅目侯羅——青目——須利耶蘇摩——鳩摩羅什——僧肇——僧朗——僧詮——法朗——吉藏。

三論宗師承印度大乘空宗之學，弘揚諸法性空的中道實相論。吉藏立破邪顯正、眞俗二諦、八不中道三種法義來說明空宗的學理。破邪顯正說主張破除對諸法實有的執著，破除一切離別情見，破除對空、有以及涅境界的偏執，以無礙正觀體悟中道。眞俗二諦論認爲中道雖「畢竟空」，但可以通過言教來顯現它。眞、俗二諦都是引導眾生悟道的言教，是一種方便的說法，依照俗諦爲執著「空」的人說「有」，依照眞諦爲執著「有」的人說「空」，使偏執一端的人體會超越空、有，言不及、意路不到的諸法實相。所以，眞俗二諦倡言教二諦而不是理境二諦。三論宗依《中論》所列不生、不死、不一、不異、不常、不斷、不來、不出的八法門說明中道義，叫八不中道，以破除眾生在任何方面的偏執，體悟諸法緣起性空不生不無、不常不斷、不一不異、不來不出的中道實相。

吉藏以後三論宗很快衰落。吉藏門下的高麗僧人慧灌將三論宗傳到日本，三論宗曾在日本奈良時代甚爲流行。

隋玻璃杯

何稠新創製玻璃法

西漢絲綢之路開通以後，大月氏國的商人把玻璃器皿和燒造玻璃的方法帶到了中原地區。但到隋朝，大月氏商人傳授的燒造玻璃之法已經失傳。於是，重新研製玻璃製造的重任落在了擅長機巧製作的何稠身上。何稠以極大的勇氣憑著多年的經驗和鍥而不捨的刻苦探索，先後深入研究了燒製陶器、琉璃等工藝，均未成功，後從綠瓷的特殊燒製工藝中受到啓示，又將琉璃作以改進，發明了吹製法。至此，新的玻璃燒製法誕生了。

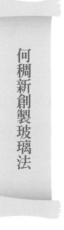

後人稱這種方法爲「何稠新創製玻璃法」。

何稠初創燒製玻璃，玻璃質地還相當不純。陝西西安隋李靜訓墓出土了淺綠色玻璃瓶、罐、杯、珠、卵形器等，其中以吹製法製成的罐及卵形器等玻璃器，其淺綠色半透明的玻璃質感，類似於當時的北方青釉，其特徵與何稠借燒綠瓷之法製作玻璃相類似，這批成份各異的玻璃器，當是中國自製玻璃。

用何稠新法吹製的玻璃在唐代已有大進步，品質已有較大提高。陝西三原、甘肅涇川、黑龍江甯安、遼寧朝陽等地都曾零星出土了一些唐代玻璃器，但數量甚少，且含鉛量極高，最高竟達六八點五一%，屬於高鉛玻璃。三原出土的玻璃瓶，含鉛四六點六五%，含鈉一○%，屬於鈉鉛玻璃。一九八五年五月陝西臨潼唐代塔基出土的玻璃果、玻璃瓶等，其形制皆爲中國傳統式樣，採用吹製法製成。尤其玻璃呈淺綠、淺黃色，半透明，器壁極薄，製作技藝高超。

隋玻璃瓶

隋玻璃帶蓋小罐

何稠吹製玻璃法對後世玻璃器的製造產生了極大影響，也奠定了現代玻璃吹製法的基礎。

宣華夫人事父子

隋代，宣華夫人陳氏先後侍奉文帝楊堅、煬帝楊廣父子二人。

宣華夫人陳氏是陳宣帝頊的女兒。隋開皇九年（西元五八九年），隋滅陳後，陳氏被配入掖庭，後又被選入宮廷爲文帝嬪妃。獨孤后在世時，陳氏就得寵於文帝。晉王楊廣爲了篡奪皇位，用盡各種手段獻媚陳氏，以陳氏爲內應，陳氏也對楊廣的篡權助過一臂之力。獨孤后死後，陳氏被進封爲貴人，更加得到文帝的寵愛，後宮六院沒人能和她比。文帝患

楊廣像

隋代捧罐女俑

病時，下詔拜陳氏爲宣華夫人。仁壽四年，文帝臥病後，住在仁壽宮，陳氏與已爲太子的楊廣同時侍奉，此時楊廣就對陳氏非禮，並要在宮裡姦污陳氏，文帝得知後痛罵楊廣說：「畜生何足付大事！」便想召回廢太子勇，頗有再立之意。後來，楊廣殺父繼位。文帝剛死，楊廣就派人給陳氏送去一金盒子，並親署封條，陳氏誤以爲楊廣要鴆殺自己，惶惑不敢開啓。其實裡面是數枚同心結。自此以後，陳氏又開始侍奉文帝的兒子煬帝。

隋煬帝營建東京

隋仁壽四年（西元六〇四年）十一月，隋煬帝楊廣下令於伊洛（今洛陽）營建東京。

隋煬帝營建東京洛陽，是有其多方面的考慮的：從政治上看，是爲了便於對關東和江南地區的控制；從經濟上看，是因關中物資足以供應統一後隋朝中央政府所需，洛陽地位適

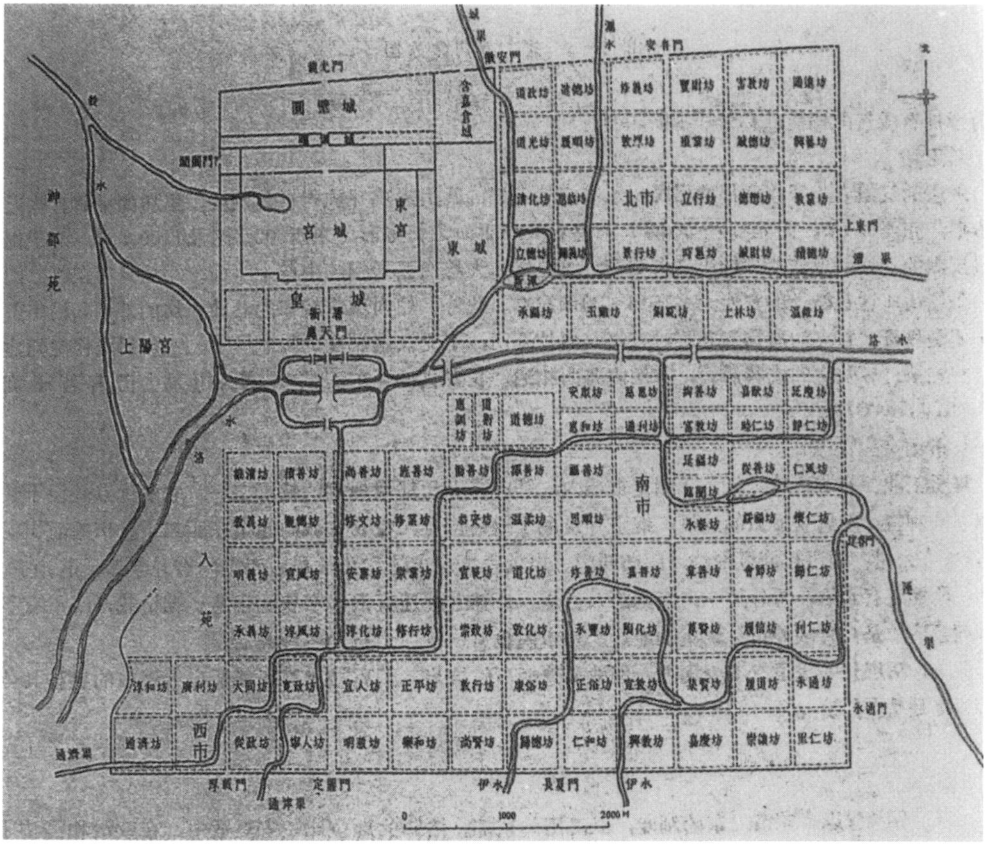

隋洛陽城平面圖

中，轉運財貨比較便利，路程也遠比長安縮短；並且自北魏孝文帝以來，曾定都於此，經濟發展和商業繁榮都有了一定的基礎。

煬帝繼位後，下詔說：漢王諒起兵，山東州縣一度淪陷，實由「關河懸遠，兵不赴急」。又說「況復南服遐遠（指陳朝故地），東夏殷大（指北齊故地），因機順動，今也其時。」並親自來到洛陽。大業元年（西元六〇五年）三月，煬帝任命尚書令楊素爲營建東京大監，納言楊達、將作大匠宇文愷爲副監，開展了大規模的營建工程。

營建中，每月役使丁夫二百萬人，規模浩大，工程嚴急，役丁因勞役而死者十之四五，載屍車相望於道。江南諸州往東京送大木，千里不絕。經過約一年時間，到大業二年（西元六〇六年）初建成。並命洛州

杭州古運河的第一橋——拱辰橋

居民及諸州富商大賈數萬遷居新都。東京城周長五十五里，建制仿西京長安，城分宮城、皇城及外郭城三重。宮城是宮殿所在處，皇城是文武官司所在處，外郭城就是大城或稱羅城，是官吏私宅和百姓所在處。外郭城在洛水以南有九十六坊，以北有三十六坊，並設置東、南、北三市。在東都西面還建有西苑，周長二百里，苑中有海，海中建蓬萊等三山，堂殿樓觀，窮極華麗。同時，煬帝還令宇文愷、封德彝等營建顯仁宮。發大江以南、五嶺以北奇材異石，運抵洛陽；又求海內嘉木異草，珍禽奇獸，以實園苑。爲保證東京的供應，大業二年，煬帝下令在東京附近新置了興洛及回洛二個大糧倉，儲糧幾十萬石。建成後的東都，不但具有重要戰略意義，而且成爲全國除西京長安外又一政治、經濟、文化中心及南北交通的樞紐，和長安並稱二都。

隋代運河

隋大業元年，開始鑿運河。

隋朝爲了鞏固政權和統一的局面，在政治上要進一步控制新統一的東南地區，加強對南方的統治；在軍事上在東北部涿郡（今北京）建立據點，要把軍需物資輸送到北方；在經

古運河上石柱

濟上，隋朝在長安和洛陽等地區集中了大量的官吏和軍隊，需要充足的糧食供應。如何解決南糧北運，是隋王朝急待解決的問題。利用天然河流和舊有渠道，開鑿橫貫諸水、貫通南北的運河，是當時解決上述問題的好辦法。當然隋煬帝開運河還有他懷念江都（今江蘇揚州）的繁華，想去巡遊享樂的個人動機。

隋朝大運河的開鑿始於隋文帝時代，當時引渭水從大興城（即長安城）到達潼關，長達三百里，名廣通渠。隋煬帝修建的大運河，工程分四段進行。大業元年，隋煬帝徵發江南、淮北一百多萬民工，在北方修通濟渠，從洛陽西苑通到淮河邊的山陽（今江蘇淮安）。同年，又徵發淮南十幾萬勞動力，把山陽邗溝加以疏通擴大。大約用了半年的時間，一條寬四十步的運河——邗溝修成了。河的兩岸修築成御道，沿路榆柳夾道，又是陸路交通線。接著，從通濟渠向北延伸。大業四年（西元六〇八年），徵發河北民工一百多萬人開永濟渠。這條河主要利用沁水的河道，南接黃河，北通涿郡。大業六年（西元六一〇年），在長江以南開了一條江南河，從京口（今江蘇鎮江）引江水穿過太湖流域，直達錢塘江邊的餘杭（今浙江杭州）。前後用了不到六年的時間，大運河的全線工程告成。

隋朝大運河溝通了海河、黃河、淮河、長江、錢塘江五大河流。它以

揚州段運河

無錫運河

東京洛陽爲中心，西通關中盆地，北抵華北平原，南達太湖流域，通航的範圍大大超過以往。這條大運河長達四千八百，是世界上偉大的工程之一。

隋煬帝開運河給人民帶來了沉重的負擔和巨大的災。大量民工死在工地上，千百萬人民妻離子散，家破人亡。但是，大運河修成後，南北交通有顯著的改進，它成了南北交通的大動脈，加強了南北的聯繫，對於中國經濟文化的發展起了很大作用。

隋廣置倉窖

隋代倉窖分官倉和義倉（社倉）兩種。官倉積儲供朝廷和地方州縣府使用；義倉是州縣民間自籌糧食，以備救荒的公共糧倉，規模較小。隋朝從文帝即位不久，就開始設置大量官倉。隋初，由於京城長安倉庫貯備不足，文帝遂命黃河沿岸諸州募置運米丁，積極充實京師庫存。並先後於衛州（今河南汲縣）置黎陽倉，洛州（今河南洛陽市東）置河陽倉，陝州

隋代含嘉倉

（今河南陝縣）置常平倉，華州（今陝西華縣）置廣通倉（或作廣運倉），遞相貯存，漕運關東及河東的糧食充實京城。開皇五年（西元五八五年），又命各州、縣設義倉，由當地百姓及軍人按貧富分三等出糧，最多不過一石，在當地儲存，以備荒年。仁壽三年（西元六〇三年），命置常平官掌管義倉。隋代倉窖之廣，府庫儲藏之豐，是魏晉以來僅有的，到文帝末年時，天下倉窖的儲積，仍可供應全國五十年至六十年之用。

煬帝繼位後，建東都洛陽時，在宮城東建築了含嘉倉城。在宮城內右掖門街西有子羅倉，倉有鹽二十餘萬石，倉西有粳米六十餘窖。這些物資直到唐朝建國以後的太宗貞觀十一年（西元六三七年）尚未用完。大業二年（西元六〇六年）十月，隋政府於鞏縣（今河南）境內置洛口倉，倉城周圍二十餘里，共有三千窖，每窖容八千石左右，共容納二千餘萬石。並在倉城置監官及鎮兵千人。大業二年十二月，又在洛陽北面七里置回洛倉，倉城周圍十里，有三百窖，共容納二百餘萬石。

隋廣置倉窖，可見隋朝社會物資財富積累的豐盈。

裴矩撰《西域圖記》

裴矩約於隋大業元年至二年（西元六〇五年～六〇六年）撰成《西域圖記》。

裴矩（？～六二七年），字弘大，河東聞喜人，隋代著名的地理學家。隋煬帝爲了打通西域，以裴矩爲黃門侍郎，駐在張掖（今甘肅），並往來於武威、張掖之間，以主持與西域的聯繫及商業交通事宜，也兼管與西方各國的通商往來。裴矩向西域商人瞭解諸國情況，搜集了四四國政教、風俗、姓氏、服章、山川、交通、物產等資料，撰成《西域圖記》三卷。書中記有訪求的四四國情況，並繪有地圖，將西域的要害地區標出。

在《西域圖記》的序言中，記載著以敦煌爲總出發點，到地中海的三條大道。敦煌是由內地到西域的咽喉，而伊吾（今新疆哈蜜縣）、高昌（今新疆吐魯番）、鄯善（今新疆羅布泊西南）則分別爲三條大道的起點。三條大道即北道，在天山北路，由伊吾經蒲類海、鐵勒等部至西海；中道即天山南路的北道，由高昌、焉耆（在今新疆）、龜茲（今新疆庫車）等地而至西海；南道即天山南路的南道，由鄯善、于闐（今新疆和田）、朱俱波等地而至西海。其中的中道和南道，越過蔥嶺後分別到達波斯（今伊朗）和佛（即古代羅馬帝國）等西亞、歐洲各國，是歷史上有名的「絲綢之路」。

《西域圖記》記載詳確，爲《隋書・西域傳》所本。原書已亡佚，序言存《隋書・裴矩傳》中，是研究中國古代中西交通的重要文獻。

文化小事典

中日官方交往

隋大業三年（西元六〇七年）八月，日本派遣小野妹子出使隋朝，從此中日兩國開始了頻繁交往。

隋代稱日本為倭國。大業三年，日本派遣小野妹子為大使，鞍作福利為通事，攜國書出使中國，並帶來學問僧數十人來學佛，商談有關日本人來中國傳習佛經事宜。大業四年，隋煬帝派遣文林郎裴世清回訪日本，日本舉國歡迎，十分隆重。天皇特意派起士雄成率三十艘大船前往築紫迎接。隋使裴世清進入日本京城後，日本皇太子及諸王臣僚身著禮服，以最莊重的禮儀接待中國使者。臨別又舉行了隆重的送別宴會。

當裴世清回來時，日本再派遣小野妹子攜四名學生隨同來隋，並派高向玄理等八人來學佛法。這些留學生在長安學習時間很長，有的達二、三十年之久。他們中如高向玄理等，回國後大力宣傳中國文化，對日本的文化革新曾起過重大的作用。通過這些留學生，把日本的文化帶到中國，又將豐富多彩的中國文化不斷地傳入日本，增強了中日雙方的經濟文化交流。

小野妹子像

裴蘊閱實戶口

隋大業五年（西元六〇九年）民部侍郎裴蘊閱實戶。

裴蘊（？～西元六一八年），隋河東聞喜（今屬山西）人。煬帝時任民部侍郎，不久，升御史大夫，參掌機密。他迎合煬帝，嚴刑酷獄，後在宇文化及發動兵變時被殺。

大業五年（西元六〇九年），裴蘊因爲民間戶籍脫漏甚多，有的年已成丁，仍詐爲小；有的年齡未到老，已被免租賦。用詐老詐小，虛報年齡來躲過納稅年限。裴蘊深明此情，因此奏令貌閱。如果再有以上類似情況發生，則官司解職，分正裏長都要流配至很遠的地方。隋朝因襲北魏施行均田制時所立的三長制。隋朝的三

隋代文吏俑

隋代犢車

長，在畿內爲保長、閭長和族正，畿外爲保長、里正和黨長。三長就是封建政權在檢察戶口時所依靠的農村中基層組織。另外，又允許百姓互相告發，百姓檢舉得一丁者，令被檢舉之家代輸賦役。

這一年，隋共檢舉出四四三○○○丁，六四一五○○口。此年，隋共有一九○郡，一二五五縣，八九○餘萬戶。東西九三○○里，南北一四八一五里，是隋朝的極盛時代。

煬帝大陳百戲

隋煬帝爲了炫耀自己的富足，大業六年（西元六一○年），使西域少數民族的使者和商人齊集洛陽。大陳百戲，盛況空前。

百戲始於北齊武平年間，有魚龍、俳優、侏儒、剝驢等奇端異怪遊戲一百多種，故稱百戲。開皇初，文帝禁令廢遺，到煬帝繼位後，宮中甚爲流行。大業二年（西元六○六年），突厥啓民可汗來朝，隋帝爲炫耀富庶，使四方散樂齊集洛陽。在芳華苑積翠池大陳百戲。表演項目有黃龍變、倒舞伎、高伎等多種，使用磬、琴、瑟、箜等一○多種樂器，千變萬化，無奇不用。歌舞者都穿繒、錦，兩京繒、錦因此而用盡。

大業六年正月十五，又在洛陽端門街開設盛大的百戲場，給西域人演奏百戲。戲場周圍五千步，有一萬八千餘人奏樂，聲聞數十里，通宵達旦，燈火映紅了天地。海內奇伎，無不薈萃。一直演了一五天，所需費用以萬計。煬帝還勒令洛陽點綴市容，把域內外樹木用帛裝飾，市人穿上華麗服裝，甚至賣菜也用龍須席鋪地。

西域商人如果走到飯館門前，主人便請他入座，醉飽出門，不取分文，欺騙客人說：中國富足，飯店酒食照例不要錢。西域商人稍狡黠者知道這是吹噓，故意說：中國也有衣不蔽體的窮人，爲何不將纏樹繒帛做衣給他們穿？弄得飯店主人不知如何回答才好。由此可看出隋煬帝的奢侈和虛榮。

科舉制形成

大業二年（西元六〇六年），隋煬帝楊廣開進士科，確立科舉制度。

科舉制度作爲封建統治階級選拔人才的方法，萌芽於南北朝，開始於隋，而成型於唐。南北朝時期，舉孝廉，舉秀才等察舉方式代替了按門第選官的方式。隋朝隋文帝正式取消了九品中正制。使官吏的任用不再受門第的限制。六〇六年，隋煬帝楊廣開進士科，確立科舉制度。

隋白瓷雞首壺

科舉制度在唐代繼續實行並得到很大發展。唐代的科舉分爲常科和制科。

常科包括秀才、明經、進士、明法、明書、明算等六科。秀才爲最高科等，所試方略策，要求應舉者熟悉經史，精通經世治國的方略。這對於缺少經史知識、醉心詞華的唐初士子來說，是很達到的，因此他們往往不敢投考秀才科。明經主要考兩部儒家經典，唐初，明經是按照經的章疏試策，這使許多舉子不讀正經，只是把與對策有關的章疏義條抄錄下來進行背誦，高宗調露二年（西元六八〇年）開始加試帖經，即取經書中的一行，把其中幾個字蒙住，讓考試者填充。這樣儒家經典的背誦就成爲明經錄取的先決條件，這樣一來，應舉明經者死記硬背，不求義理的情況更爲嚴重。進士在唐初考試時務策五道。當時衡量策文的標準是看詞華。進士科主要走文學取士的道路，成爲選拔政治人才的主要來源。明法科試律、令各一部。明書科試《說文》、《字林》，帖試、口試並通，然後試策，要求通訓詁，兼會雜體。明算科考試以《九章算術》《周髀算經》等十部算經爲基礎，要求明數造術，辨明術理。

常科的應學者主要是生徒和鄉員。前者是國子監所統國子學、太學、四門學、律學、書學和算學的學生，以及在弘文館、崇文館學習的皇親、親貴子孫。後者是指不在館學的舉子，自己在州、縣報名，經縣、州逐級考試合格，由州府舉送到尚書省參加常科考試，特別值得注意的是，武則天長安二年（西元七〇二年）創立武舉，亦是常舉，由兵部主持，主要是選拔一般武官，而不是選拔將帥之才。

科舉考試圖

制科是由皇帝臨時確定科目下制舉行的，名目很多。如高宗時先後有詞贍文學科、詞殫文律科、文學優贍科，武則天時先後有超拔群類、絕倫科，玄宗時有文史兼優、博學通藝以及武足安邊、智謀將帥、軍謀越眾等科，但基本上沒有重複的。科目的變化，反映了隨著政治經濟形勢的發展，統治階級對人才的不同要求。參加制考試者可以有出身、有官職，也可以既無出身，也無官職，並且可以連續應舉。制舉是統治者收買人心的

重要手段，它對於發現卓有才能的官吏，也發揮了很大的作用。

隨著科舉錄取人數的不斷增加，科舉出身者擔任高級官吏的比重不斷提高，唐朝的科舉制度日益重要起來。唐初每年科舉錄取的人數很少，四十年間才有二百九十人，科舉入仕者在官員中的比重很小，但從高宗時起，在高級官吏特別是宰相中的比例卻在不斷增加，到玄宗二十二年（西元七三四年）前已經占三分之二，但以後這一情況一度發生逆轉，直到憲宗（西元八〇六年～八二〇年）起，科舉出身者才重新在宰相和其他高級官吏中佔據多數，並且穩定地持續下去，從而奠定了中國封建社會後期高級官吏由科舉出身者擔任這種格局的基礎。

科舉制歷經宋元明清各代，只在元代前期稍有中斷。各朝統治者根據各自的政治要求改革科舉制，使之日益複雜嚴密，在封建政治生活中發揮著舉足輕重的作用。

王通《中說》倡「三教可一」

王通（西元五八〇年～六一七年），字仲淹，謚號文中子，絳州龍門（今山西河津）人，出身於儒學世宦之家，從小深受儒家思想薰陶。仁壽三年王通西游長安時，曾向隋文帝獻《太平十二策》，不見納用，因此退居黃河、汾水之間，以授徒自給，有弟子千餘人，時稱「河汾門下」。講學的同時，王通深入研究《六經》子史，用八年多時間著成《續六經》（亦稱《王氏六經》）。在研究《詩》、《書》、《禮》、《易》、《樂》、《春秋》等儒學經典的基礎上進一步提出自己的見解。該書共八十卷，意在於振興儒學。此後，王通名聲大噪，求學者絡繹不絕。但是更爲成熟的更能代表王通哲學成就的著作則是他的門人記錄整理的《中說》（亦稱《文中子》），後者是對前者的深化、完善及具體化。

王通主張儒、佛、道三教合一，其基本立足點則爲儒學，提出「天者，統元氣焉」，認爲天是元氣組成的自然之天，同時又相信有「天神」存在。把治亂、窮達、吉凶歸結爲命，但又認爲這些都是由人自召的。這種「三教可一」的命題，王通認爲可以作爲儒學改革發展的外部動因。

王通以明王道爲自己的教育目標，以振興儒學爲己任。爲了弘揚王道，王通立志直接繼承孔子，以「當仁不讓」的精神氣概倡明儒家教育。爲此，他抓住仁政作爲教育的核心，並以此作為教育的主要內容。這就是在「三教可一」的基礎上突出了「儒家學」這一立足點。他說的仁政包括三個層次：一是講仁、寬、禮樂；二是講忠、恕、去私念；三是講謹而固、廉而慮。無論君臣，都以此作為標準，培養有德人才是其根本標準。

至於道德修養方面，王通提出「窮理盡性」的命題。他說：「周公之道，庸而當、和而恕，其窮理盡與以至於性乎！」又說：「樂天知命吾何憂？窮理盡性吾何疑。」可見，他把知命、窮理、盡性當作一個完整的修養過程，而這一過程既吸收了儒學的正心、誠、聞過等主張，也吸收佛道之人的無辯、無爭、寡言、靜、戒等思想。

大隋大業十二
年歲次丙子四
月丁巳朔八日
甲子於此函內
安置佛舍利三
粒願住持永劫
隋舍利石函（拓片）

王通採取專門與兼學的形式培養出薛牧、杜淹、溫彥博等文化人才。房玄齡、魏徵、杜如晦、李靖等隋唐重要人物也從其受益。教學實踐中的成功，更促進了王通去探討新問題，運用新方法，為適應時代的「新儒學」打下基礎，從而使隋唐的儒學從傳統的漢魏南北朝經學與玄學脫胎出來。王通也因此成為儒學明確吸收佛道思想，向宋代理學過渡的重要先驅人物。

隋代備騎出行壁畫

文化小事典

世界上第一座大跨度敞肩拱石橋——趙州橋建成

在中國古代橋樑建築中，拱橋是最堅固耐久的，也是各種橋樑中歷史較為悠久的一類。隋代出現了著名的趙州橋，顯示了建橋技術已日臻完善。

趙州橋橫跨在河北省趙縣洨河之上，又名安濟橋。此橋建於隋朝大業年間（西元六〇五年～六一七年），是在李春等匠師主持下建造的。趙州橋是世界上現存最古老的單孔敞肩式石拱橋，比歐洲早了整整十個世紀，至今一千三百多年，經受了多次大地震的考驗，依然挺立，被譽為「天下之雄勝」。

趙州橋為單孔敞肩式，拱券為半圓弧的一部分，淨跨度是三七點三七米，矢高七點二三米，坡勢平緩，利於車馬通行。在大拱的兩邊，對稱嵌有四個小拱，可使山洪急流通行無阻，既減輕洪流對橋的壓力，也減輕了橋自身的重量。四個小拱的設置可稱得上是空前創舉。

中國石拱橋有厚壁和薄壁之分，趙州橋屬於前者，厚壁長於載重，適合北方使用車馬運物載重較大的特點。趙州橋是由平行並列的二十八道拱圈構成，對於橋臺和橋墩之間略有的不同升降有著較大的適應能力。而且每個拱合攏後就可以單獨承受重力，便於施工和維修。李春等匠師在此基礎上，又在拱圈面上放置了一層橫向石板做護拱石，各個圈面之間安放了鐵腰，還在護拱石和拱背間加置了九根鐵拉杆和六塊鉤石，並將橋的寬度自兩端向中部遞減，使兩側各道拱圈微微向內收後，將整座橋聯成一體，較好地解決了並列拱圈間橫向聯繫不緊密，易於向側面傾散，缺乏整體性的問題。

其主拱宏大，弧度平緩，四個小拱具有對稱美。橋身造型空靈，六條弧線恰到好處，給人以古樸、蒼勁的藝術美感。橋上兩側有四十二塊石欄板，欄板上雕有龍獸、花草等圖案，刻工精麗，形態逼真，更增加了趙州橋輕盈秀美的風韻。

趙州橋開創了敞肩式拱橋形式以及四個小拱獨特的設計等巨大成就，極大地推進了中國建築技術的發展。它的手法為後代普遍繼承。到明清時候，形成了一整完套的造橋制度，建橋技藝也更高超。直到現在，趙州橋的技術也為現代鋼筋混凝土橋樑廣泛應用。

李春塑像

趙州橋

趙州橋欄干望柱

趙州橋雕刻獸面

房山石經始刻

佛教石經中規模最大、歷史最久

的文化珍品房山石經，存於北京房山縣雲居寺石經山。該山高約五百公尺，共開鑿有九洞，分上下二層，下層二洞，上層七洞。其中開鑿最早的雷音洞，原作經堂，即石經堂，有可啓閉的石門。另外八洞在貯滿石經後即用關熔而將其錮封。至遼金時，又在山下雲居寺西南角開挖兩處地洞，埋藏石經後兩洞合而爲一，並在其上建壓經塔鎮住。

房山石經山藏經洞

房山石經始刻於隋大業年間（西元六〇五年～六一七年），由靜琬（即智苑）繼承其師慧思遺願發起刻造。到唐貞觀十三年（西元六三九年），靜琬圓寂時，已刻完經石一六四塊，包括《涅經》、《華嚴經》，以及嵌于雷音洞四壁的《維摩經》等。繼承靜琬刻經事業的弟子可考者有所謂導公、儀公、暹公和法公等四人。唐開元年間，靜琬的第四代弟子惠暹得到帝室的支持，在雷音洞（石經堂）下開闢了兩口新堂，鐫刻石經。中晚唐時期，由於當地官吏的支持和佛教信徒的施助，先後刻有石經一百多部，經石四千多塊，分藏於九個石洞。石經刻造在唐末五代戰亂時陷於停頓，至遼代繼續鐫刻。

石經板

國子監體制的形成和發展

國子監，又稱「國學」、「國子學」，是中國封建社會的教育管理機構和最高學府。漢代以來，政府主辦的學校稱爲「太學」，實行漢武帝的「罷黜百家，表章六經」的文教政策。至西晉武帝咸寧四年（西元二七八年），爲適應門閥世族專權的需要，除太學外，政府特別設立了國子學。隋朝文帝時改爲國子寺，屬中國最早設立的專門從事教育管理的機構，下設國子學、太學、四門學、書學、算學等五學。隋煬帝大業三年（西元六〇七年）改國子寺爲國子監，國子監體制最後形成。

唐宋時期，國子監作爲國家教育管理機構，總轄國子學、太學、四門學、廣文館、律學、書學、算學，統稱「七學」或「七館」。元代的國子監下轄國子學、蒙古國子學和回回國子學。到了明清時期，國子監同時具有國家教育管理機構和最高學府的兩重性質。明朝是國子監的鼎盛時期，分別在北京和南京設立了兩大國子監。南監建於洪武十五年（西元一三八二年），規模龐大，「延十里，燈火相輝。規制之備，人文之盛，自有成均，未之嘗聞也」。清朝國子監完全採用明制，文化專制主義進一步加強，「設六堂爲講肄之所」，「師徒濟濟，皆奮自鏃礪，研求實學」。但不久國子監開始衰落，形同虛設。一九〇五年，清政府廢除國子監改設學部。至此，國子監不復存在。

國子監設立以來，歷代政府對教官人數的設置及稱呼都有所不同。總管監務的長官稱國子祭酒或判監事；唐代設博士、助教和直講；宋朝設直講擔任講學工作；明代設司業、監丞、博士、助教、學正等；清朝延用明制。各朝政府均規定，國子監祭酒、司業、博士要由「當代學行卓異之名儒」擔任，如一代名儒韓愈、孔穎達、宋訥、孔尚任等都曾在國子監執教任職，並給予他們優厚的待遇。以明洪武四年（西元一三七一年）爲例，單官祿一項，即規定國子祭酒二百七十石，司業一百八十石，博士八十石，助教六十五石等。此外還有其他封賜。待遇之高，足以說明政府對教育的重視。

在生員方面，歷代政府對學生的資格、來源和名額都有不同的規定。在監讀書的學生稱監生、太學生或國子生。唐代「國子學生三百人，以文武三品以上子孫、若從二品以上曾孫、及勳官二品縣公、京官四品帶三品勳封之子爲之」，並規定監生入學時要舉行獻禮儀式，贈絹給博士及助教。監生可在監內寄宿，並可免除勞

隋代青州舍利塔下銘

役。明朝「凡國學生員，一至九品文武官子孫弟侄，年十二歲以上者充補，以一百名爲額。民間俊秀年十五歲以上，能通四書大義，願入國學者，中書省聞奏入學，以五十名額」。監生的來源有兩類：官生和民生。官生又分品官子弟和土司子弟及海外留學生，由皇帝指派分定，民生由各地文官保送。明朝監生的生活待遇較好，政府「廣爲號舍以居之，厚其衣食而養之」，並允許監生帶家眷入學。清朝監生分爲貢、監兩大類。貢生分六種名目：歲貢、恩貢、拔貢、優貢、副貢、例貢。每種貢生的來源、名額等均有不同的規定。監生地位略低於貢，分例監、蔭監（又分恩蔭、蔭兩種）。貢監生除上述名目外，尚有外國肄業生，主要是琉球、俄羅斯所遺之官生。

在教學內容方面，歷代統治者都將五經或四書作爲國子監的主要教材，以培養封建社會的「文武之材」，「能出入將相，安定社稷」。

除此之外，唐代監生兼修「大經」（《禮紀·春秋左氏傳》）、「中經」（《詩》、《周禮》、《儀禮》）和「小經」（《易》、《尚書》、《春秋公羊傳》、《春秋梁傳》）及《論語》和《孝經》。明代學習《御制大誥》、《大明律令》等，最重要的是明太祖朱元璋親寫的《大誥》，主要內容是列舉他所殺人的罪狀，使人警戒，教人守本分，納田租，出夫役等訓詞。清朝則設立性理、習字等課程。

在管理方面，各朝政府都建立了嚴格的規章制度。唐代明確規定了博士、助教的職責以及監生的考試和放假制度。明朝按照監生文化程度的高低，把國子監分爲率性、誠心、修道、廣業、崇志、正義等六堂，以率性程度最高。每季考核三次，一年內積滿八分爲合格，一年半後分別升堂。據《明會典》記載，監生自洪武五年實行歷事制度，即肄業後分配到政府各衙門實習。歷事時間有三月、半年、一年不等，建文時定考核品級，上等選用，中下等仍曆一年再考，如再考仍下等者回監讀書。

清代國子監的肄業之所除按明分六堂外，六堂又分內班、外班。內班總人數爲一百五十人，外班總人數一百二十人，不久增至總數三百人，可見招生數量遠不及明代的規模。監生實行坐監肄業，時間長短依其類別不同而有所差異，如恩貢六個月，歲貢八個月等。雖爲坐監，實際上監生只在釋奠、堂期、季考時暫時集中，平時均散居家中學習，其教學、考試制度大體繼承明制。監生坐堂期間，管

理制度也相當嚴格。明朝政府制訂頒發了五十六條監規，嚴禁監生鬧事，輕者記過打板子，重者發配充軍或殺頭。清政府于建國初頒佈了十八條監規，禁止監生「立盟結社，把持官府，武斷鄉曲」，「違者聽提調官治罪」。這是封建專制政治在文化教育上的具體表現所在。

國子監自建立到衰亡經歷了近二千年的時間，培養和造就出一大批適應社會需要的文武官員和管理人材，對社會興旺，文化繁榮，促進中外文化的廣泛交流，起到了積極的、重要的作用。

二劉倡經學

隋朝開國之初，隋文帝大力提倡儒學，雖然政策有所波動，但大體上說，隋代經學是沿著融合南北經學的總勢向前發展的。其中劉焯、劉炫是提倡並推動隋代經學發展，為唐代經學奠定基礎的代表人物。

劉焯，字士元，信都昌亭（今屬河北）人，生於北魏孝明帝大同十年（西元五四四年），卒于隋煬帝大業六年（西元六一〇年）。劉炫，字光伯，生於五八一年，隋朝末年戰亂中凍餓而死。他倆在當時齊名，被稱為「二劉」。《隋書．儒林》說：「二劉拔萃出類，學通南北，博極古今，後生鑽仰，莫之能測。所制諸經義疏，縉紳咸師冠之。」

二劉均是劉獻之的三傳弟子，同時受業於劉軌思、郭懋、熊安生等人，後來得知劉知海家藏書很豐富，二劉就在其家讀書十載，即使衣食不

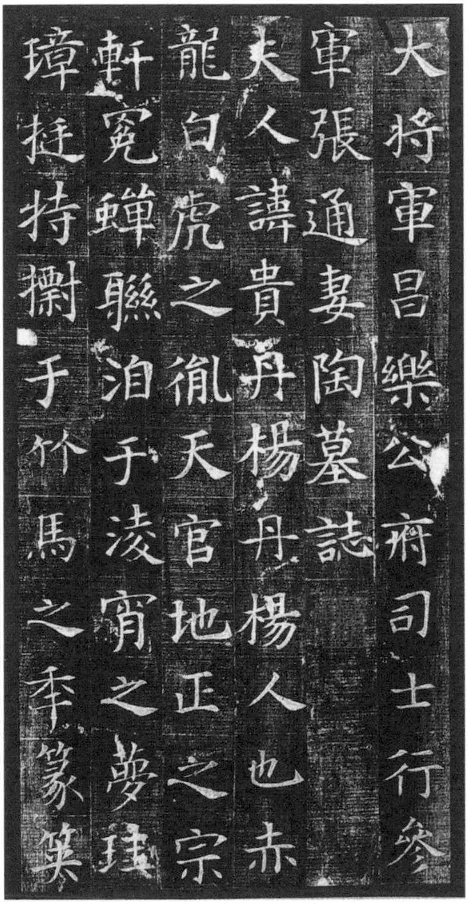

隋代張通妻陶貴墓誌

繼，也漠然處之。隋開皇年間二劉入京，一同考定洛陽石經，並與楊素等著名文人在國子監倡論經義，眾人無不服其學業精博。劉焯的著作有《稽極》、《曆書》、《五經術義》；同時，他對天文學的發展也有一定貢獻。《隋書．儒林》說幾百年以來的博學通儒，沒有人能超過他。劉炫也是位學通南北、博極古今的大儒，自稱六經無所不通。著作有《論語述議》、《春秋攻昧》、《五經正名》、《孝經述議》、《春秋述議》、《尚書述議》、《毛詩述議》、《注詩序》和《算術》等行世。從著作中可以看出他學識深邃淵博。

由於二劉的淵博學識，致使「天下名儒後進質疑受業，不遠千里而至者，不可勝數」。隋代經學之風在他們的倡導之下一時大盛。

陸法言編《切韻》

隋代音韻學家陸法言於六〇一年編成著名韻書《切韻》。陸法言是河北臨漳人，相傳他年輕時與劉臻、蕭該、顏之推等八人討論音韻，並由此編著成《切韻》一書。當時，陸氏家族爲隋朝所不容，《切韻》只是私家著述。但因爲《切韻》吸取了以前諸家韻書的長處，形成了一套比較科學的音韻體系，容易爲人接受，故唐以後廣泛流行。到宋代，《切韻》

隋代伎樂壁畫

的增訂本《廣韻》更是成爲國家規定考試的標準。

《切韻》收一一五〇〇字，全書五卷，共分一九三韻。分韻的標準除了韻母的差異外，還考慮到聲調因素，同一個韻母，聲調不同也分成不同的韻。一九三韻的分配是平聲五四韻，上聲五一韻，去聲五六韻，入聲三二韻。

各韻之內的字按同音關係分成小組，這種小組後來通稱小韻，小韻首字下用反切注出本小韻的讀音和本小韻的字數。字的訓釋簡略，常用字大多不加訓釋。

《切韻》原書已經失傳，後世編寫的不少增訂本則流傳至今。增訂本增訂的主要內容是加字、加注，目的在於增強《切韻》的字典作用，而韻數和反切也略有變動。

現存《切韻》完整增訂本只有兩個，一是王仁《刊謬補缺切韻》，一是北宋陳彭年等編的《大宋重修廣韻》。

《切韻》分韻在諸家韻書中最爲精密，問世不久就在韻書中取得了權威地位，唐初被定爲官韻，影響曆久不衰，數百年間增訂本層出不窮，而其他韻書則湮沒殆盡。

各代的流傳與增訂，使《切韻》成爲一部能把自己的語音系統完整流傳至今的最早韻書。

亭閣式石塔出現

隋大業七年（西元六一一年），在山東省曆城縣柳埠村青龍山麓建成神通寺石塔。塔身平面呈正方形，每面寬七點三八米。單層，高一五點〇四米。因四面均辟有拱門，故俗稱「四門塔」。

塔全部用青石砌成，塔簷挑出五層，層層收縮形成之截頭方錐形攢尖式塔頂。頂上立剎，爲方形須彌座，四角飾以山花蕉葉，正中立剎，拔起相輪，和雲岡石窟浮雕塔剎完全相同。塔內有粗大的石砌中心柱，柱四面各有佛像一尊，刻工精細，造型生動，整體內部形式同中心柱型石窟極爲類似。

石塔採用亭閣式造型，中柱、飛簷、尖剎，風格樸素簡潔，同當時模仿木結構裝飾的磚石塔情態迥異，自有其特色。

四門塔是中國現存最早的石塔，它開創了亭閣式的塔體造型，是中國古代塔建築中的一朵奇葩。

人物小事典

建築家宇文愷

宇文愷（西元五五五年～六一二年），隋朔方（今陝西靖邊北白城子）人。字安樂，北周宇文氏之後。其家世武將，只有他喜好讀書習文，多伎藝，號為名父公子。隋初，文帝想遷都城，因為宇文愷有巧思，下詔領營新都副監，一年後建成隋新都大興城，其規劃設計，全部出於宇文愷之手。並曾徵發民工，開鑿廣濟渠，決渭水達黃河，以通漕運。後被拜為仁壽宮監，與楊素一起營造仁壽宮，因其過於壯麗豪華，文帝為之動怒。獨孤后死後，文帝命令宇文愷營造山陵，建成後，文帝稱好。煬帝繼位後，遷都洛陽，以宇文愷為營東都將作大匠。他因煬帝喜好宏偉奢侈，所以將東都建造得極其壯麗，煬帝非常高興。煬帝北巡，宇文愷為之造作大帳，其下可坐數千人，又造觀風行殿，能容侍衛數百人，下裝輪軸可推移。

宇文愷建築成就卓著，撰有《東都圖記》二十卷、《明堂圖議》二卷、《釋疑》一卷傳世。他與閻毗、何稠被稱為隋代三大建築家，並位居其首。

隋雙螭把雙身瓶

隋束腰白瓷

《諸病源候論》總結各科病因學

大業六年（西元六一〇年），隋代太醫博士巢元方等奉詔編撰《諸病源候論》。該書依據《內經》中有關病因病理的知識，系統總結了隋代以前對許多疾病的認識，是中國最早論述以內科病爲主各科病因證候的專著。

《諸病源候論》又稱《巢氏諸病源候總論》，簡稱《巢氏病源》。

全書共五十卷，把內、外、婦、兒、五官、皮膚等科的一千七百多種病證分爲六七門、一七二九條（候），每候一證，分別論述了各種疾病的病因、病理、臨床表現、演變過程等。

山東濟南四門塔，隋代唯一的石塔

隋代蹲獅

內容十分詳細、明確。書中內科病所占篇幅居多，如風病、虛勞病、腰脊病、傷寒病、溫病、熱病等，其中風病即載二十九種。此外，外科中僅「金瘡」一類就記載了二十三種，婦科雜病達一百四十多種，皮膚病四十多種，眼科疾病三十八種。該書記載的內容如此廣泛，是前代醫書所不能比擬的。

《諸病源候論》注重從認識論和方法論的角度對疾病的病因、病理進行探討，比起《內經》中運用的籠統論述有了明顯的進步。如書中提出傳染性溫病是「歲時不和，涼溫失節，人感乖戾之氣而生病」。這種「乖戾之氣」的觀點為明代醫家吳又可繼承發展，為中醫外感病學作出了重要的貢獻。書中又指出疥瘡均由疥蟲引起，並認為「人往往以針挑得，狀如水中蟲」。這種說法比一七五八年歐洲Linne氏關於疥蟲的報告要早一千多年。書中還對消渴、腳氣、麻風病等進行了詳細的描述。並提到了人工流產、腸吻合術、大網膜切除術和拔牙術等，特別記載了傷口分層「八」字縫合的理論及方法，反映出當時較高的手術水平。

《諸病源候論》在許多病證後引錄了《養生方》的治療內容，而不是象一般醫書那樣附上藥方和針灸治療法。《養生方》是南北朝時一部論述養生方法的專著，早已佚失。但其中部分內容在《諸病源候論》中得以保存下來。

鄭譯改革音階體系

魏晉南北朝以來，由於民族間和地域間音樂文化交流的擴展，音樂實踐中宮調方面的差異自然顯露，反映到音樂理論方面，有時甚至產生相當激烈的爭辯。這種種矛盾的情況，在《隋書·音樂志中》裏得到前所未見的具體的反映。

隋代持杖老人俑

曾在龜茲音樂家蘇祇婆學過胡琵琶的音樂理論家鄭譯，開封（河南開封南）人，從樂學方面解釋了問題的癥結，並發表了見解。鄭譯說，隋宮廷音樂和龜茲樂都是一均之中有七聲，即都有七聲音階，但兩者並不完全對應。他認爲，用龜茲音樂的七個音階音（七調）來勘校中原的「七聲」，只是「冥若合符」（指模糊相符，大體一致），這可能指的是高音上有細微差別。

鄭譯按照龜茲音樂理論，並繼承了周、漢代的傳統音樂理論，主張採用七聲音階，在十二律的每一律上建立七聲調式音階，於是就可以形成八四種調式音階，實現完滿的旋宮。鄭譯還說服了蘇夔等人，使他們放棄了採用五聲音階的主張，他的音樂理論得到眾人的認可。

涉及音階結構這一重要問題時，鄭譯堅持其一元化的古音階的主張，

隋代猴相俑（十二生肖俑之一）

同時又認爲黃鍾宮的調首應在黃鍾而不應在林鍾，從而和當時受到龜茲樂影響，在西北地方業已流行，並爲宮廷所採用的音階之一，產生了種種矛盾。

鄭譯主張七聲古音階，不贊成使用清商音階，主張黃鍾宮的調首一定要在黃鍾。他反對並擔心的是，如果黃鍾宮的調首移到林鍾，實際會變成新音階或清商音階。而根據實際情況，主張把調首放在林鍾的倡議，早在北周武帝時已經出現（《周書・長孫紹遠傳》），這意味著清商音階乃至新音階，當時已經在社會音樂實踐中根深蒂固。

鄭譯和萬寶常都主張採用八十四調和旋宮之法，在中國樂律學史上是有建樹的。鄭譯徹底研究了龜茲琵琶樂調，在理論上進行了溝通和吸收，也是其歷史功績之一方面。但終未得到宮廷肯定。

據《樂府雜錄》、《唐會要》和《新唐書・禮樂志十二》記載，唐代有俗樂二十八調，今人或稱燕樂二十八調。二十八調較鄭譯音樂理論上的八十四調數目要少，但它是在實踐基礎上總結出來的，對後世的宮調實踐和理論有十分重要的影響。

653A.D. 唐永徽四年

・二月，高陽公主及附馬都尉房遺愛等謀反，事發，皆死。十月，睦州女子陳碩真起事，稱文佳皇帝，十一月，碩真被俘死。《唐律疏儀》頒行，對後代及東亞影響巨大。

655A.D. 唐永徽六年

・十月，廢皇后王氏、淑妃蕭氏，十一月，冊立武昭儀武氏為皇后，王妃、蕭妃旋為武后所害。

659A.D. 唐顯慶四年

・四月，許敬宗攜武后旨誣長孫無忌謀反。六月，改氏族志為姓氏錄，升后族為第一，餘悉以仕唐官品高下為准，凡九等。七月，許敬宗攜武后旨，遣人逼長孫無忌自縊。

660A.D. 唐顯慶五年

・十月，帝苦風眩，政事委武后裁決。

651A.D. 661A.D.

663A.D. 唐龍朔三年

・九月，劉仁軌等大破倭援百濟之兵於白江口，焚其舟四百。百濟王扶餘豐奔高句麗，王子忠勝等降，百濟盡平。

664A.D. 唐麟德元年

・十二月，殺宰相上官儀，賜廢太子梁王忠死。自是政無大小皆歸武后，天下稱「二聖」。

674A.D. 唐咸亨五年 上元元年

・八月，帝稱天皇，武后稱天后，改元上元。以武后請，詔王公以下習老子，舉明經者加試老子。

675A.D. 唐上元二年

・四月，皇太子弘死，人以為武后所鴆。六月，立雍王賢為皇太子。

唐朝

唐朝年表 618～906A.D.

618A.D. 唐武德元年

・五月，唐王李淵稱帝。

624A.D. 唐武德七年

・八月，突厥分擾原、忻、并、綏等州，頡利、突利二可汗連手南下；秦王世民禦之於豳州，與突利可汗結盟。

626A.D. 唐武德九年

・六月，秦王世民殺太子建成、齊王元吉及其諸子；唐高祖立世民為皇太子。高祖自稱太上皇，傳位太子世民，是為太宗。

629A.D. 唐貞觀三年

・十二月，突厥突利可汗來朝，遣使入貢，名僧玄奘赴印度求經。

630A.D. 唐貞觀四年

・四裔君長上太宗號為天可汗。

618A.D. 640A.D.

640A.D. 唐貞觀十四年

・令孔穎達等撰定《五經正義》，以資講習。十月，吐蕃贊普獻金寶請婚，以宗女文成公主妻之。

643A.D. 唐貞觀十七年

・二月，繪功臣二十四人像於淩煙閣。四月，太子承乾謀反事發，廢為庶人，立晉王治為皇太子 。

645A.D. 唐貞觀十九年

・帝親攻高句麗，大敗，死二萬餘。九月，詔班師。玄奘自印度回國。

649A.D. 唐貞觀二十三年

・四月，太宗死，太子治即位，是為高宗，罷遼東之役。

755A.D. 唐天寶十四年

・十一月，安祿山反於范陽，以討楊國忠為名，河北郡縣多望風迎降。十二月陷東京。

756A.D. 唐天寶十五年 肅宗李亨至德元年

・六月，乾祐陷潼關。帝聞潼關失，倉皇西走，至馬嵬驛，軍士殺楊國忠等，帝被迫縊殺楊貴妃。七月，太子即位於靈武，尊帝為上皇天帝，改元至德，是為肅宗。十二月，回紇援兵至，與郭子儀軍合，大破同羅等胡於榆林河北，河曲皆平。

757A.D. 唐至德二年

・正月，安祿山為其子慶緒所殺，慶緒即位。命子儀為天下兵馬副元帥。郭子儀東進，與安慶緒兵戰於香積寺，大敗之，遂復長安。

759A.D. 唐乾元二年

・正月，史思明自稱大聖燕王於魏州。史思明殺安慶緒。史思明自稱皇帝，國號燕。

761A.D. 唐上元二年

・三月，史思明為其子史朝義部將所殺，史朝義即位。

763A.D. 唐寶應二年 廣德元年

・正月，史朝義自莫州突圍走，其部將田承嗣降，范陽李懷仙亦降，史朝義自縊死。

751A.D. 780A.D.

780A.D. 唐德宗李適建中元年

・正月，用宰相楊炎議，約丁產定等，作兩稅法。

792A.D. 唐貞元八年

・王武俊圖謀奪平盧之三汊城，李師古遣將拒之，遣人諭止。左神策監軍宦官竇文場譖統將柏良器去之，自是宦官始專軍政。

808A.D. 唐元和三年

・四月，策試賢良方正直言極諫科舉人，牛僧孺、皇甫湜、李宗閔等指陳時政缺失，直言無隱；宰相李吉甫惡之，泣訴於帝，為之貶試官，僧孺等亦久不得調。於是遂種後日牛李黨爭之因。

683A.D. 唐永淳二年

· 高宗死，太子顯嗣，是為中宗，遺詔大事取決武后。

684A.D. 唐中宗李顯嗣聖元年 睿宗李旦文明元年

· 二月，武后廢帝為廬陵王，立豫王旦為皇帝，三月，逼廢太子賢自殺。徐敬業等起兵揚州，移檄聲討武后。后遣李孝逸等擊之。十一月，徐敬業兵敗，為部下所殺，事平。

690A.D. 唐載初元年 周聖神皇帝武天授元年

· 二月，武后親策貢士；殿試自此始。八月，殺故太子賢二子，唐之宗王存者無幾。九月，侍御史傅遊藝帥關中百姓九百人上表請改國號曰周，賜皇帝姓武氏；皇帝亦表請賜姓武氏。武后可其請，以唐為周，改元天授，后稱聖神皇帝，以皇帝為皇嗣，賜姓武氏。

681A.D. 700A.D.

713A.D. 唐先天二年 唐玄宗開元元年

· 七月，太平公主結宰相等陰謀廢帝，帝與郭元振等先發，殺助逆者，賜公主死；以宦官高力士有功，破格命為右監門將軍，知內侍省事；宦官之盛自此始。

725A.D. 唐開元十三年

· 十月，作水運渾天儀及地平令儀成。

741A.D. 唐開元二十九年

· 李白入長安，作《清平樂》等，成酒中八仙。

748A.D. 唐天寶七年

· 六月，賜安祿山鐵券。十一月，楊妃三姊被封為國夫人，恃寵納賄，門庭如市。

750A.D. 唐天寶九年

· 五月，封安祿山為東平郡王。將帥封王自此始。

868A.D. 唐咸通九年

・六月，置定邊軍節度使，以制南詔。王玠造《金剛經》，為現存最早的印刷品。

874A.D. 唐咸通十五年 僖宗李儇乾符元年

・濮州人王仙芝起義。隔年冤句人黃巢起應之。

878A.D. 唐乾符五年

・正月，王仙芝大敗，走黃梅，二月又敗，死。尚讓率餘部歸黃巢於亳推黃巢為主，號沖天大將軍。

880A.D. 唐廣明元年

・十二月，黃巢入潼關，下華州。長安大震，田令孜擁帝奔成都。巢隨入長安，稱皇帝，國號齊。

868A.D. 881A.D.

882A.D. 唐中和二年

・九月，朱溫叛黃巢降於王重榮，以為同華節度使，繼賜名全忠。

884A.D. 唐中和四年

・五月巢趨汴州，朱全忠告急，李克用追巢，數破之，巢走兗州。朱全忠圖害李克用未成，自是結怨。感化節度使時溥遣兵追黃巢，巢至泰山狼虎谷，為其甥林言所殺。

903A.D. 唐天復三年

・李茂貞殺韓全誨等二十餘人以和於朱全忠。全忠擁帝還長安，大殺宦官。

904A.D. 唐天復四年 李柷天祐元年

・六月，李茂貞、王建等檄討朱全忠。八月，朱全忠使人殺昭宗，立輝王李祚為皇太子，更名李柷，尋即位，是為哀帝。

905A.D. 唐天祐二年

・二月，朱全忠殺昭宗九子。五月，全忠大貶逐朝士，六月，皆殺之於白馬驛，投於河。帝以朱全忠為相國，進封魏王，加九錫，以宣武等二十道為魏國，全忠不受。

821A.D. 唐穆宗李恒長慶元年

・翰林學士李德裕惡中書舍人李宗閔譏其父吉甫，借貢舉事與元稹等傾之，自此是朋黨相軋垂四十年。

826A.D. 唐寶曆二年

・十二月，宦官劉克明等殺帝，宦官王守澄等殺克明等，擁皇弟江王涵即位，是為文宗。

821A.D.　841A.D.

845A.D. 唐會昌五年

・僧尼及大秦、穆護、祆僧皆勒令歸俗，寺非應留者毀撤，田產沒官，銅像、鍾磬以鑄錢。毀寺四千六百餘，僧尼歸俗二十六萬五百，收田數千萬頃，奴婢十五萬人。

849A.D. 唐大中三年

・李德裕死於崖州，由是朋黨之爭漸平。

李淵稱帝建唐

李淵（西元五六六年～六三五年），大業十二年（西元六一六年）任太原留守。當時隋朝在農民大起義打擊下土崩瓦解，他乘機起兵反隋，攻取長安，立隋煬帝孫侑爲帝。隋恭帝義寧二年（六一八）五月，隋恭帝禪位於唐，唐王李淵在長安即位稱皇帝，建元武德。罷郡置州，以太守爲刺史。

李淵稱帝後，很快制定方針，鞏固關中，逐步消滅割據勢力，採取誘降與武力並舉，遠交近攻，各個擊破等策略。在以後七年間，先西北，後東南，陸續消滅恭薛舉、李軌、李密、劉武周、王世充、竇建德、蕭銑、杜伏威、輔公祏等眾多割據政權，基本控制了全國。至貞觀二年（西元六二八年），消滅依靠突厥的朔方梁師都後，徹底的統一全國。

李密降唐

唐武德元年（西元六一八年）九月，李密率萬餘人入關投降唐朝。

李密殺了翟讓以後，獨攬大權，驕矜專橫，與瓦崗軍舊將逐漸疏遠，將士心中多有怨言。等到在潼關戰役大敗宇文化及後，精兵良將損失嚴重，士兵疲憊不堪，氣勢轉衰。武德元年九月，王世充趁李密疲憊之機，精選兵卒二萬多人，戰馬三千匹，進至偃師。李密驕矜，不聽部將裴仁基以精兵守要路，然後西逼東都擊其虛弱的正確策略。王世充以精騎二百餘潛入北邙山，伏兵突襲李密，縱火焚燒房屋輜重，瓦崗軍大敗，李密帶萬餘人逃回洛口。王世充又乘勝攻佔偃師，俘獲裴仁基、鄭頲、祖君彥等幾十人，邴元眞、單雄信等驍將也向王世充投降。李密戰敗後，見大勢已去，就率部二萬多人西入關中，投降唐朝，轟轟烈烈、盛極一時的瓦崗軍終於失敗。

十月，李密到長安，並沒有得到

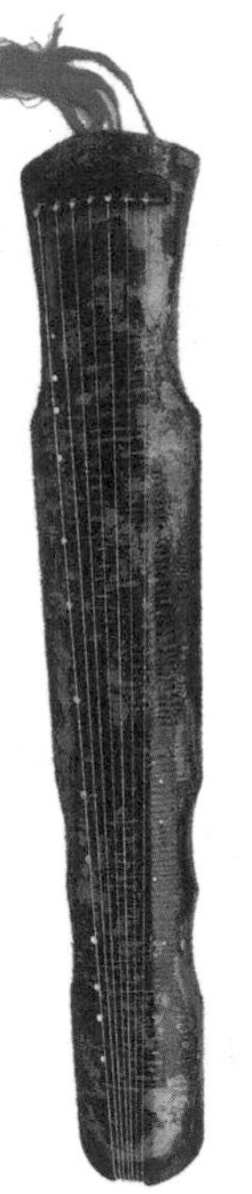

唐代「九霄環佩」紫漆琴

此琴為伏羲式，桐面杉底，漆深栗殼色，朱漆修補，鹿角灰胎，底及兩側灰胎下施葛布，通身發小蛇腹斷紋，蚌徽。琴面圓厚作半橢圓形，腹內納音高起，中開圓溝通貫終始，寬度幾與長圓池沼等。琴背龍池上方篆「九霄環佩」四字，池下方「包含」細邊大印皆最早的鐫刻，其餘黃書、蘇書、開元癸丑三年斫腹款及詩夢齋題識等均為後刻。琴音溫勁松透，純粹完美，形制渾厚古樸，優美而有氣魄，是傳世唐琴中最罕見的一種。清代末年此琴即享有盛名。被譽為「鼎鼎唐物」和「仙品」。

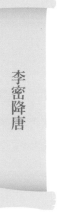

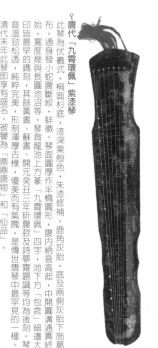

唐狩獵出行壁畫

他所希望的一切，雖被拜爲光祿卿、上柱國，賜爵邢國公，但並無實權，待遇也不高，他所帶士兵甚至整天都沒有食物，李密心懷不滿，於是產生叛唐之心。他奏請唐高祖，請求去山東收撫瓦崗軍舊部，企圖東山再起。當時，瓦崗軍的部分將士仍在山東堅持鬥爭，李淵十分希望李密前往收撫。十二月，李密離開長安前往山東，賈潤甫、王伯當與之同行。途中，長史張寶德測知李密等的陰謀，便將之報告唐廷。唐高祖於是降敕書命李密單騎入朝，另給任務。

李密在稠桑（今河南靈寶縣西）接到敕書，知道事情不妙，乃與王伯當等人殺掉唐廷使者，不久，又施計攻克桃林（今河南靈寶縣治），直奔南山（指陝州以南之秦嶺諸山）乘險而東。並派人與舊將張善相聯繫，讓他迅速起兵回應。當時唐將史萬寶鎮守熊州（今屬河南），其行軍總管盛彥師識破李密的意圖，在熊耳山（河南澠池縣南）南設置伏兵，襲擊李密。李密猝不及防，慌忙應戰，無奈身處絕境，隊伍首尾不能相應，遂被唐軍殲滅，李密被斬首，驍將王伯當也力戰而死。盛彥師因功被賜爵葛國公。

李密被殺後，唐高祖爲了警告瓦崗舊部，特命使者專程將李密的頭顱從長安擕至黎陽給徐世勣看，並把李密謀反的經過告訴他。徐世勣看到李密的首級，伏拜號哭，奏請爲李密收葬。高祖答應了他的請求。瓦崗軍將士身穿縞素之衣，列隊出行，將李密葬於黎陽山南。

初立租庸調

唐武德二年（西元六一九年）二月，唐朝初定租、庸、調法，五年以後與均田制同時頒佈執行。它以每一男丁授田百畝爲前提，在此基礎上實行「有田則有租，有家則有調，有身則有庸」的賦役辦法，故簡稱租庸調制。

唐初租庸調制直接從隋代的租調力役制度沿襲而來，並作了改進，對於遭受自然災害的地方有減課辦法，百姓的租調負擔比前代稍有減輕，並在納絹與服役之間有一定的變通性，客觀上有利於農業生產和貨幣經濟的進一步發展，也多少減弱了個體農民對封建國家的依附關係，符合當時社會政治經濟的發展要求，因此唐初出現了社會經濟繁榮的景象。德宗建中元年（西元七八〇年），隨著計丁授田的均田制的解體，「以人丁爲本」的租庸調制也同時廢弛了，代之以兩稅法。

乾陵六十一王賓石人像

西域音樂傳播中國

隋唐時期，中國政治穩定，經濟繁榮，中國文化也達到一個高峰時期。以此爲基礎，再加上對待外來文化的兼收豁達，使得隋唐王朝與各國外文化的交流日益興盛，表現在音樂方面，則是邊遠地區各少數民族和鄰國各民族的音樂藝術，相繼傳入中原地區，並得到廣泛的發展，成爲中原文化不可或缺的一部分，其中尤以西域音樂爲最。

西域音樂之所以能傳入中原並得到推廣，原因是多方面的。首先，隋唐王朝要有足夠的經濟實力，才能支付音樂團體的巨大開支，這是經濟基礎；其次，隋唐王朝各皇室的血緣關係使得他們易於接受來自西域的音樂，如唐高祖母親元貞皇后，姓氏爲獨孤氏，這一血統與匈奴族有很大牽連；最後，隋唐王朝各皇室的祖籍居住地與西域有著類似的文化、地理連繫背景也促成了西域音樂的傳播，如唐高祖李淵是成紀（今甘肅安北）人，祖籍則在狄道（今甘肅臨洮），均屬隴西地域，與西域的文化背景極爲類似，語言、文化、生活習慣有很多相通之處，故接受西域音樂自然在情理之中。

西域音樂在中原地區的傳播，並與中原舊有的漢族傳統音樂相融合，最後被官府以樂部的形式加以確認。依時代不同，被確認的樂部數目也有所不同，如隋朝開皇初年是七部樂，到大業中年則爲九部樂，唐王朝武德初年爲九部樂，到貞觀十六年則擴展到十部樂。這裏所說的樂部的數量是指當時官府確認的樂曲的數量。大致有燕樂、清商樂、西涼樂等等。其中有的樂部承襲自中原舊有的傳統音樂，而大部分則是來自於西域音樂，如唐貞觀十六年的十部樂（燕樂、清商樂、西涼樂、高昌樂、龜茲樂、疏勒樂、康國樂、安國樂、天竺樂、高麗樂）中，除清商樂爲中原舊有，高麗樂來自東方鄰國外，其餘八部都是來自於西域音樂，其中又以龜茲樂對中原音樂的影響最大。

西域音樂在中原的具體體現曲目，有《霓裳羽衣》和《秦王破陣樂》。《霓裳羽衣》是唐玄宗在西涼節度使楊敬述所獻的《婆羅門曲》的基礎上加以潤飾而成的，情調幽雅清

唐舞樂屏風

唐舞樂屏風

麗，著力渲染虛無縹渺的天外世界。全曲分三大部分：散序（六小段）、中序（十八小段）和入破（十二小段）。《秦王破陣樂》也是唐代大型宮廷樂舞，講述秦李世民打敗叛將劉武周，百姓爲之歡呼的故事。

西域音樂在中原的傳播，使得唐代宮廷音樂帶有濃郁的西域地方色彩，強大地震撼了中原舊有的音樂傳統，極大地影響著後來的中華音樂文化的發展。

李世民開館延士

武德四年（西元六二一年）九月，鑒於秦王李世民功高望重，唐高祖任世民爲天策上將軍，位在王公之上，並兼任司徒。

李世民認爲其時天下逐步統一，海內平定，便在秦王宮西部開館，延請四方飽學之士。

唐太宗畫像

秦王出教以秦府屬官杜如晦、記室房玄齡、虞世南、文學褚亮、姚思廉、主簿李元道、參軍蔡允恭、薛元敬、顏相時、諮議典簽蘇勖、天策府從事中郎于志寧、軍諮祭酒蘇世長、記室薛收、倉曹李守素、國子助教陸德明及孔穎達、蓋文達、宋州總管府戶曹許敬宗，並以本官兼任文學館學士。秦王又讓著名畫家閻立本爲各學士畫像，褚亮撰寫贊文，號稱十八學士。秦王李世民將十八學士分爲三批，輪流值班，自己一有空閒，便到文學館，與各位學士討論文籍，直到深夜。文學館在社會上名望頗重，如果得爲學士，時人便稱爲「登瀛州」。

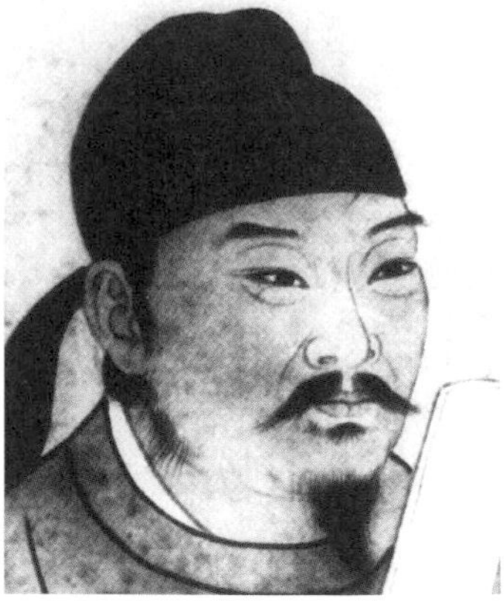
杜如晦

文化小事典

唐行開元通寶錢

唐高祖武德四年（西元六二一年）七月，下令廢止隋舊幣五銖錢，改行新鑄的唐幣開元通寶錢，給事中歐陽詢奉命撰文題字。開元通寶也讀作開通元寶。開元通寶每枚直徑八分，重二銖四絫，每十枚重一兩，這對中國的衡法產生了重大的影響，使古代衡法由原來的一兩等於二十四銖演變為一兩等於十錢。

開元通寶製作工整，大小輕重適宜，《舊唐書．食貨志》曾稱讚它說「輕重大小最為折衷，遠近甚便之」，唐代幾百年間都有鑄造。

開元通寶的創制在中國貨幣發展史上具有劃時代的意義。當時對銅錢的成色作了嚴格的規定，如天寶年間規定銅錢的成分為銅百分之八三點三二，白百分之十四點五六，黑錫百分之二點一二，這是鑄錢制度的極大進步。另一方面，以通寶來為貨幣命名，反映了人們對貨幣作用的認識進一步深化，也反映了貨幣的地位在社會經濟中不斷增強，具有深遠的社會意義。唐行開元通寶錢。對後世人們的貨幣觀念及貨幣的流通使用產生了很大的影響。

三館制形成

唐高祖武德四年（西元六二一年），置修文館於門下省。九年，改爲弘文館。唐中宗神龍元年（西元七〇五年），爲避唐孝宗李弘諱，改名昭文館。唐玄宗開元七年（西元七一九年），複弘文館舊名。弘文館是國立中央國書館，唐代弘文館中藏書二十餘萬卷，置講經博士。唐高宗儀鳳年間，選五品以上者任學士，掌校理圖籍，訂正謬誤。下設直學士、文學直館，皆由他官兼領，無定員。武後垂拱以後，以宰相兼領館務，號館主，由判館事一人輔助辦理館務。另設令史、楷書手、折書手、筆匠、裝潢、亭長、掌故等，辦理校理典籍的各項事務。館中有學生三十八人，選自皇族、勳臣子弟學經史書法，凡教授、考試，如國子監之制。

宋太宗太平興國三年（西元九七八年），創立子弟三館書院，賜名崇文院，官職皆沿唐制之名。

唐綠釉罐

唐制定新制度

武德七年（西元六二四年），唐頒佈新制，包括官制、戶籍法、均田制及租庸調法三部分內容。

唐中央機構由三省、一臺、九寺、兩監組成。三省及御史臺是輔佐皇帝的最高權力機關。三省中長官皆爲宰相。中書省起草詔令，門下省審

犀牛石雕

核、簽署，尚書省爲全國最高行政機關，下設吏、戶、禮、兵、刑、工六部掌具體事物。御史臺負責彈劾中央及地方官員，爲最高監察機關。中央其他事物由太常、光祿、衛尉、宗正、太僕、大理、鴻臚、司農、太府等九寺和將作監、國子監等兩監管理。地方機構分州、縣兩級，分由刺史、縣令統管。

新戶籍法規定，民戶均以一百戶爲里，五里爲鄉，四家爲鄰，五家爲保的方法組織起來。男女始生爲黃，四歲爲小，十六歲爲中，二十一爲丁，六十爲老。國家三年一造戶籍，戶籍包括人口、年齡、土地、身份、戶等、課稅等項。戶籍法還列有皇族、奴婢、僧道等特別身份籍。戶籍法規定，工農工商各司其業，良賤禁婚，賤民世襲，民戶不許擅自遷徙等條款項。

唐初均田制有平民、官兩種授田。平民授田又分丁男、中男、殘疾、寡妻妾、僧道、工商業者等數種。丁男和十八歲以上授承業田一百畝，其中口分田八十畝，其餘各種人酌減。各級勳員授勳田一百頃地租收入作爲俸祿之一。各類官署可占公解田四萬至一百畝，收入充爲公經費。授田有寬、狹鄉之別，狹鄉口分田爲寬鄉的一半。在所授田中，永業田可傳子孫，口分田在身死後歸官府，平民不許輕易賣田，官賣田限制不嚴。永業田、口分田均不許買賣，但遷徙別鄉及身死無力營葬可買賣永業田。

租庸調製與均田制相配合，是唐主要賦役制度。以「有田則有租，有家則有調，有身則有庸」爲原則，此法按丁徵派賦役。每丁均納「租」粟二石；「調絹」二丈（或綾二丈，布

加三分之一），綿三兩（或麻三斤）；服勞役每年二十天，無役則每日征絹三尺，此謂輸庸；凡加役或遇自然災害則酌情減免賦役。

唐初頒行的戶籍法，將農民牢固束縛在土地上。而均田制的實施又取得了墾辟荒地，增加戶口，穩定兵源的良好效果，加快了社會經濟的復蘇。租庸調法的實施，使丁身、土地、賦役緊密結合起來，做到「有田則有租，有家則有調，有身則有庸」，穩定了國家的財政收入。總之，唐初各項新制度的頒行，爲以後唐朝的穩定、繁榮打下基礎。

修訂大唐雅樂

唐朝建立初年，軍務、政務繁忙，根本無暇顧及雅樂之事，宴享時均沿襲隋朝舊制，奏九部樂。

幾年以後，唐朝境內逐漸平定，四海皆安，唐高祖李淵才於武德九年（西元六二六年）正月，才詔令時任太常寺少卿的幽州范陽人（今河北涿縣）祖孝孫負責修訂雅樂。因祖孝孫曾爲官隋朝，並且熟習梁、陳、齊、周及隋朝舊樂、吳楚之音及吳戎之伎，所以他仔細斟酌南北音樂，並考證古音，歷時二年半，於貞觀二年（西元六二八年）六月，作成《大唐雅樂》。修訂過的大唐雅樂以十二月各順其律，以旋相爲宮，制訂十二樂，總共三十二曲，八十四調，祖孝孫恢復已亡絕很久、世人都不懂的旋宮之義，對其前的音樂保留作出了貢獻。

《大唐雅樂》的修訂，打破了南北胡漢音樂的界限，將南北胡漢音樂融於一體，在古代宮廷音樂史上有重要的地位。

李世民增設相位

貞觀元年（西元六二七年）九月，李世民命御史大夫杜淹「參預朝政」，相額開始增加。

唐朝初年宰相爲尚書、中書、門下三省長官，但因尚書省主要負責執行政令，且權力有過大之嫌，制定政策的「機要之司」漸漸轉移至中書、門下二省，但二省官員人數不夠，而太宗即位後，爲廣集思路，決定吸收一些有才幹而資歷淺的官員參決大政。貞觀二年（西元六二七年）九月，令御史大夫杜淹參預政事，開始以「他官參預政事」。其後又設參議得失，參知政事等，均爲宰相之職。後又於貞觀十六年（西元六四三年），因中書令、侍中皆三品，授李勣「同中書、門下三品」，它官任宰相名稱始起於統一。

房玄齡，曾任秦王府記室，貞觀元年（西元六二七年）任命為中書令，後於貞觀三年（西元六二九年）三月，被任為尚書左僕射。杜如晦曾任陝東道大行台司勳郎中，與房玄齡同時拜相，任命為尚書右僕射。房杜倆人均長年追隨秦王四處征戰，房玄齡善謀略，而杜如晦則善於決斷大事。貞觀三年，房杜二人拜相後，成為唐太宗的主要助手，房杜倆人成為唐朝名相，人稱「房謀杜斷」。

貞觀之後，任宰相者除中書令、侍中外，長期皆加「同中書、門下三品」，尚書省長官也不能例外。貞觀時，以它官任相職者人數很多，其中有杜淹、魏徵、李靖、李勣等大量人才。李世民藉此制，充分發揮了他們的才幹，為「貞觀之治」提供了重要保證。

房玄齡

人物小事典

玄奘

玄奘於貞觀三年玄奘為統一佛法分歧而西行取經，前往天竺。

玄奘，唐代高僧，佛教學者，旅行家、翻譯家。玄奘俗姓陳，洛州偃師人，出身儒學世家，十三歲出家後，遊歷各地，遍訪名師，博讀經論，但感到各種佛教理論有分歧，無所適從。於是決定西行天竺尋求可以總結諸論的《瑜伽師地論》，遂聚結僧侶上表太宗，乞准赴天竺求經，有詔不許，衆僧侶都退縮，唯有玄奘堅持，並於貞觀三年（西元六二九年）八月，獨自一人由長安出發，經數年艱跋涉，終於到達印度。在天竺十幾年研習經文，於貞觀十九年（西元六四五年）攜六百五十七部梵文佛經返回長安。受到唐太宗李世民盛大歡迎。

玄奘精通梵、漢文，將直譯、意譯巧妙融為一體，共譯經論七十五部，一三三五典，對佛教傳播做出了貢獻，並耗時一年，寫成介紹西行沿線經過的國家、地區的情況的《大唐西域記》，以滿足太宗瞭解西域及天竺各國情況的急切之心。

玄奘還創「法相宗」，他綜合印度十大論師著作揉譯而成《成唯識論》，作為「法相宗」經典，提出「入識論」，宣傳「萬法唯識」、「心外無法」，故法相宗又稱唯識宗。

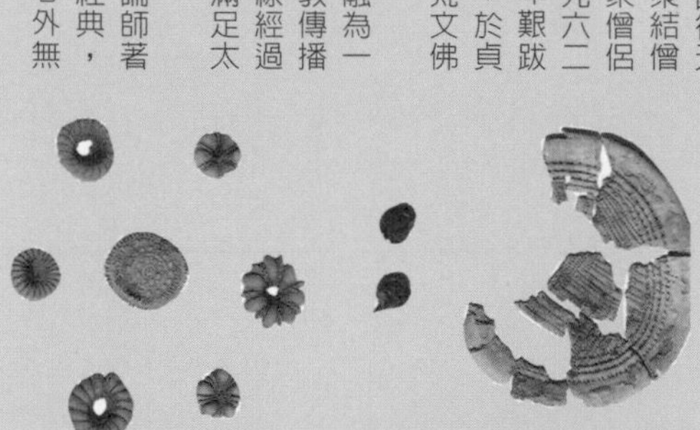

花點和饢
絲綢之路多穿行在沙漠中，「上無飛鳥，下無走獸」。在這樣的道路上旅行，首先要自備水和食品。左圖為新疆阿斯塔那唐墓中出土的各種麵食花點；右圖為同一處出土的有維吾爾族飲食特點的。這些食品可能就是當時絲綢之路上的主要食用乾糧。

唐與東突厥的征戰

貞觀四年（西元六三〇年）正月，唐大破東突厥頡利可汗，俘男女牲畜各數十萬。

突厥勢力最大時在西元六世紀，東至遼海，西達鹹海，南抵阿姆河南，北抵貝加爾湖，屢與北朝、隋戰爭。五八三年後分為西、東突厥兩部。

唐朝武德初年，東突厥處羅可汗入侵唐朝并州，高祖派鄭元璹為使勸處羅可汗退兵。後頡利可汗繼位，扣留唐使鄭元璹，並仗其強大軍隊和精銳騎兵，聽從其妻隋朝義成公主及王世充使者勸說，進兵攻打汾陰、石州，六二一年四月又派兵騷擾雁門、并州，五月又擾北邊，失利西還。六二二年三月，高祖因中國還未統一，對突厥態度謙恭，派使者送重禮與頡利可汗，對方送回扣留使者鄭元璹、李瑰、長孫順德、及特勒熱寒、阿史那德，兩國和好。

六二二年八月，頡利可汗進入唐境雁門關，分兵攻打并州、原州，高祖令太子建成出幽州道、秦王世民從秦州道出擊突厥，同時派雲州總管李子和趕赴雲中，突襲頡利，段德操奔夏州，截斷突厥的歸路。高祖採納中書令封德彝建議，先戰後和。并州大總管、襄邑王李神符、汾州刺史蕭瑀分別在汾東等地敗突厥，殺敵五千餘人，但突厥來勢兇猛，進犯廉州，攻陷大震關（今甘肅清水）。高祖忙派鄭元璹為使，往見頡利可汗，可汗退兵，兩國復好。

六二三年十月，頡利可汗又派兵騷擾馬邑、原州、朔、渭、幽等州，高滿政在馬邑殺突厥軍萬餘人，頡利親率大軍攻馬邑，高滿政被部將所殺。突厥佔據馬邑，後又歸還唐朝，並請和親，六二四年七月，頡利可汗又率突厥軍進犯原州、隴州。高祖始有遷都之念，秦王世民不同意遷都，極力勸諫。八月，突厥頡利、突利兩可汗進犯原州、忻州、并州等地，關中震動，京都長安戒嚴，接著攻綏州（今陝西綏德），被刺史劉大俱擊退。二可汗又率全部軍隊進犯中原，秦王世民率兵前去抵抗，在豳州（今陝西彬縣）五隴阪，雙方佈陣。此時唐軍疲憊，武器受雨，糧道受阻，秦王毅然獨騎到突厥陣前，指責頡利同意和親而今違約，又與突利談往日結盟之事，離間兩可汗關係，同時趁雨夜突襲突厥軍，最後致使二可汗意見不統一，頡利不得不派突利與其夾畢特勒阿史那思摩來見秦王，請求和

四鐵人

漢民族的形成實際是多民族交融的結果。四尊鑄於唐代的鐵人分別代表了當時四個周邊民族，正是他們給以中原為活動中心的漢民族注入了新鮮血液。，圖為四鐵人其中二尊。

親，李世民同意並與突利結爲兄弟，突厥撤兵。

六二五年高祖派張瑾駐石嶺，李大亮領軍赴大谷，再派秦王往蒲州屯兵防禦突厥南侵。八月，又令安州大都督李靖從潞州道出兵，行軍總管任環駐屯太行山，以防突厥。突厥軍十萬餘人大掠朔州，敗張瑾於大谷，唐軍全軍覆沒，張瑾逃奔李靖，溫彥博被俘，囚於陰山。突厥又發兵犯靈武，靈州都督任城王李道宗擊退突厥兵。突厥攻綏州後，遣使向唐請和退兵。

六二六年九月，頡利、突利二可汗合兵十餘萬人攻佔涇州，進至武功，京都長安戒嚴。突厥軍進攻高陵，被涇州道行軍總管尉遲敬德擊敗，殺千餘人。頡利又領兵至渭水便橋之北，派親信執失思力進長安探聽消息。太宗指責突厥負盟，囚執失思力於門下省。太宗親率高士廉、房玄齡等六騎至渭水邊，隔岸責頡利負約。繼而唐大軍趕至，頡利見狀，請和，兩軍橋上結盟，突厥退兵。

六二七年，頡利政治混亂，各部內亂，薛延陀與回紇、拔野古等部相繼叛離，頡利可汗勢力更弱，加之又遇大災，缺糧。頡利可汗又派其侄兒突利可汗前去討伐回紇、薛延陀。突利大敗而歸，頡利大怒，囚禁突利，突利遂生怨言。頡利向突利徵兵，突利不給，並於六二八年四月遣使赴唐求援，後突利於六二九年十二月入朝，太宗命他爲右衛大將軍，賜爵北平郡王。

六二九年八月，太宗採納代州都

督張公謹建議，以頡利可汗與唐結盟又援助叛軍梁師都爲藉口，派大軍征討突厥。同月以兵部尚書李靖爲行軍總管，張公瑾爲副總管，又以關州都督李世勣爲通漢道行軍總管，李靖爲定襄道行軍總管，華州刺史柴紹爲金河道行軍總管，靈州大都督薛萬徹爲暢武道行軍總管，合兵十餘萬，分道出擊突厥。

六三〇年正月，李世勣出兵雲中（今山西大同市），在白道（今內蒙呼和浩特西）與突厥激戰，敗突厥，李靖又在陰山大敗頡利可汗。頡利逃至鐵山（今陰山北部），遣使請降，欲圖積蓄力量來年東山再起。李靖與李世勣二將趁夜襲擊頡利，李靖在陰山俘突厥千餘帳，殺死突厥萬餘人，俘虜十萬餘人；李世勣亦俘五萬餘人。

東突厥被唐滅後，尚有十萬餘降兵。太宗採納溫彥博建議，安置突厥降兵在幽州到靈州一帶。突利故地設置順、佑、化、長四州都督府；又分頡利故地爲六州，設定襄、雲中兩都督府。加封頡利原舊將。至此東突厥平定，漠南一帶盡歸唐境。

拓本方法開創

初唐，人們爲了將碑石上的文字、繪畫複製下來，開創了拓本方法。

拓本又名拓片，方法是將紙濡濕，覆蓋在石刻版面上，先用刷子將紙打入石刻的陰線凹陷處，然後用特製的撲子蘸墨撲打紙面，使墨色慢慢在紙面上拓開，直到滿爲止。

這種拓本方法有別於長期以來的木刻印本，木刻版是爲印刷而製的，它的特點是字畫都是反刻的，並且多用陽線，在版上塗墨後用紙即可印出正面成品。而碑石的刻製是爲了歌功頌德、表忠旌孝，並非爲日後印刷而繪刻，所以字劃是正形，只有用捶拓的方法才能得到正形成品。

唐代有一些關於捶拓石刻的記

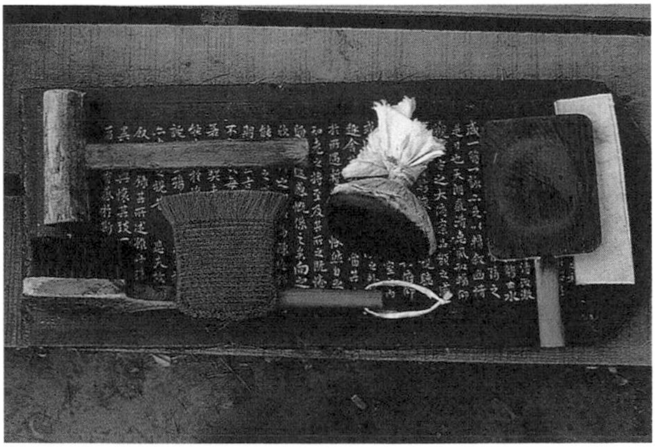

拓碑工具

載。大詩人韋應物的詩《石鼓歌》記載了拓本的方法，墨字題跋「永徽四年八月，圍穀府果毅兒」的唐拓本《溫泉銘》和敦煌發現的唐代碑刻拓本等實物都證明拓本方法最遲產生于初唐時期，但唐代還未出現「拓本」二字。

最先提出「拓本」一說的是宋代黃伯思，他在《東觀餘證》中《石經》一文稱捶拓之法爲「拓本」。古人搜集拓本，往往是爲收集優秀書法作品，或是對碑文考異辨訛，宋氏以來，又出現對畫像磚、畫像石的捶拓，產生了中國藝苑中特有的一種藝術式樣——石線刻畫，擴大了中國美術的範圍。

玄應編《一切經音義》

玄應是唐代都城長安大慈恩寺專門翻譯佛經的僧人。他智慧超群，博聞強記，學識非常淵博，對漢語文字、音韻、訓詁、校勘等學問都有很深的造詣。他所著的《一切經音義》大約於唐太宗貞觀末年完成。

《一切經音義》又名《玄應音義》，《新唐書・藝文志》作《大唐眾經音義》，共有二十五卷，是爲了佛教徒研習佛教經典而寫作的。這部書解釋了從《華嚴經》到《順理正論》一共四百五十部佛家經典，全書的體例是仿照《經典釋文》。每卷先列出本卷注釋佛經的篇目，然後根據詞語在經文中出現的秩序，依次摘錄出疑詞語加以解釋。其注釋方法是按音義體，先注出音切，然後解釋其含義，並且引用書證來證明詞義。例如：卷一，《華嚴》第五卷，船舶，音白，《埤蒼》，「舶，大船也。」《通俗文》，「吳船曰艑，晉船曰舶。長二十丈，載六七百人者是也。」

唐貼花壺

玄應的《一切經音義》是流傳至今的最早的一部佛經音義體注釋書。它不僅是佛門弟子學習佛教經典的重要工具，也是文字訓詁學的重要工具書。玄應在著書時徵引廣博，所引的書，除佛經梵音外，還有鄭玄的《尚書注》、《論語注》，賈逵、服虔的《春秋傳注》，李巡、孫炎的《爾雅注》等，保存了大量的古代文獻的佚文，爲後人研究訓詁、考證典籍，提供了非常寶貴的資料。

《藝文類聚》成爲文學教材

隋唐五代時期，詩歌、賦、古文、傳奇、變文等文學樣式都有很大發展，文人騷客不僅競相參加文學創作實踐，也爲文學教育的發展作出了積極的努力。詩文教育是人們喜聞樂見的一種文藝教育方式，影響廣，容量大，是隋唐五代教育的主要內容。隋唐之際，人們除了普遍學習梁朝蕭統編撰的《文選》外，還採納了別的文學教材，《藝文類聚》即爲其中重要一部。

《藝文類聚》共一百卷，是在唐朝高祖武德五年（西元六二二年）由李淵下令編修的。受詔參與編修的共有歐陽海、令狐德、陳叔達、裴矩、趙弘智、袁朗等十餘人，都是當時文壇上的精英，在文史方面均有較深造詣。到武德七年九月，《藝文類聚》修成。全書共分四十六部，列子目七二七，約百餘萬言，所引用的古籍共一四五一種，分類整理、保存了前人遺留下來的大量詩文歌賦等文學作品，在當時主要是供學習者廣泛獲取豐富的文學知識或在寫作詩文時參考查閱之用。

《藝文類聚》同它以前的類書或以後的大多數類書在輯存文獻的方法上有一個重大的不同之點，即將「事」與「文」會編共類，創始以類事屬前，列文於後的體例，改善了以往類書的偏重類事，不重采文，以及隨意摘句，不錄片斷的缺點，有利於完整地保存自漢至隋大量的詞章名篇，予後人以研究上的便利，爲其他唐宋類書所不及，對後代類書的編纂具有很大影響。

在內容取捨和結構安排上，《藝文類聚》表現出鮮明的儒家正統觀點及其倫理、道德、教育等主要內容。凡是與儒家思想有關的重要概念和範疇，如符命、帝王、後妃、聖、賢、忠、孝、德、讓、智、孝悌、交友、言志、宗廟、社稷等都列有專題，並附有充實的詩文內容，使讀者可以從多種角度去感受；在提高文學方面修養的同時，又能夠加深認識儒學的基本思想和概念。如在「聖」字之下，先引用《尚書》、《莊子》、《風俗通》、《家語》、《易》、《禮記》、《毛詩》、《列子》、《論語》、《父子》、《荀子》、《淮南子》、《揚子法言》、《白虎通議》等書的解釋，然後一一列舉「頌」，「碑」、「論」、「贊」等自古以來各種論聖贊聖的文體。

《藝文類聚》是繼《文選》之後

歐陽詢《皇甫誕碑》

編寫的既有特色，內容又十分豐富的文學教材，爲經書之外最重要的儒學教材之一，在當時及後世的文化教育領域中頗有影響。

《緝古算經》成書

大約在唐武德九年（西元六二六）以前，王孝通完成了現存最早系統地研究三次方程的著作——《緝古算術》，顯慶元年（西元六五六年）國子監開設算學館，該書被列爲教科書之一，並改稱爲《緝古算經》。

解三次方程在中國古代稱爲「開帶從（縱）立方」，是開立方問題的自然推廣。漢代《九章算術》中已有了一套完整而統一的開平方、開立方法。南北朝時祖沖之父子可能探討過三次方程問題，但僅存片言隻語的記載。王孝通的《緝古算經》則系統地研究了三次方程。

《緝古算經》全書爲一卷，共二十個題目。第一題是關於天文曆法的計算問題，用算術方法解答。第二至第十四題是關於土木工程中的體積和長度計算，特別是已知某一部分的體積而返求特定的長度，因而需要列出並求解三次方程。第十五至第二十題是勾股問題，涉及三次方程和雙二次方程。每個問題之後都有術文，主要是說明三次或雙二次方程各項係數的演算法。在一些重要術文之後還附有王孝通的自注，一般都是說明立術或建立方程的理論根據及其運算過程。《緝古算經》中沒有敘述求解一元三次方程的演算程式，也沒有數位計算的細草。這也許是因爲當時的主要問

題是如何根據實際應用問題列出方程，而一元三次方程的演算法在其他書裏已有記載。現在研究一般認爲，求解三次方程的演算法是由《九章算術》「開立方術」推廣而來的，只要對「開立方術」的術文稍加修改就可得出三次方程的演算法。

在古代，由於缺乏簡便有效的代數符號，所以要由實際問題列出高次代數方程是相當困的。王孝通在這方面表現出了高超的運算技巧和推理能力，他由實際問題的幾何意義出發，經過一系列推導而確定方程的各項係數，推導過程中用到複雜的幾何公式、勾股恆等式和代數恆等變形。算經中的土木工程問題一般都比較複雜，例如第三題的第二部分的堤防問題，就今天來看也是具有一定難度的。

《緝古算經》用三次方程解決實際應用問題這一輝煌成就不僅是中國現存典籍中的最早記述，而且在世界數學史上也是系統論述三次方程數值解法及其應用的最古老的著作，比其他國家至少要早六百年以上。

人物小事典

魏徵

魏徵（西元五八〇年～六四三年）字玄成，唐朝貞觀時期名相，因善諫而著稱於世，鹿下曲陽（今河北晉縣西）人，為唐初「貞觀之治」的出現起過舉足輕重的作用。

魏徵從小胸懷大志，貫通書術。六一七年，參加瓦崗軍起義，為李密所重。次年瓦崗軍被王世充打敗，魏徵隨李密投奔李淵，遂為唐臣。武德九年（西元六二六年）六月，「玄武門之變」，李世民取得勝利，次年李淵退位，李世民登基，即唐太宗，改元貞觀。太宗素重魏徵之才，引為太子東宮詹事府主簿，拜諫議大夫，後相繼任給事中、尚書右丞、宰相、侍中、左光祿大夫、封鄭國公，晚年曾為太子太師。

魏徵不僅有卓越的文治武功，而且有一套系統的政治思想，總結了歷代治國安邦之道，在中國古代政治文明史上是無與倫比的。由於唐朝是在農民起義中取得統治地位，因此魏徵在奏章裏經常提醒李世民：「怨不在大，可畏惟人，載舟覆舟，所宜深慎」（《貞觀政要．君道》），並建議李世民要「十思」，後見李世民漸好奢侈，又上了《論十漸疏》，指出李世民「漸不克終」的十個問題，這「十思」、「十漸」的中心思想，是要求李世民嚴於律己，寬以待民，不能橫行恣意，以防「覆舟」之禍，這便是貞觀年間與民休息政策的思想基礎，李世民採納了魏徵的建議。同時魏徵與唐太宗討論如何用人時提出親疏並舉，德才兼備的用人標準：「亂代惟求其才，不顧其行；太平之時，必須才行俱兼，始可任用」。（《貞觀政要．擇官》）這樣加深了唐太宗對用人重要性的認識，使之能知人善用。

唐太宗為防止乖謬，改正錯誤，廣開言路，求諫納諫，魏徵常為一件小事與太宗爭得面紅耳赤。魏徵進諫所言事二百多件，達數十萬言，且都面對皇帝直言奏陳，他還提出了「兼聽則明，偏聽則暗」的政治思想，列舉秦二世、梁武帝、隋煬帝「偏信」而亡的事實，說明君主「兼聽」就會有天下大治，「偏信」就會造成天下大亂。在太宗朝廷上，他機智勇敢，每每犯顏進諫，雖激怒皇帝，但他神色不移。魏徵能做到這一點，與他剛直廉潔的政治品格關係密切。唐太宗甚至把貞觀時期的政績歸之為「魏徵之力也」。（《舊唐書．魏徵傳》）。可見魏徵的批評和主張得到了李世民的接受和採納，為唐代文明的繁榮打下基礎，也為後世提供了許多可供借鑒的統治經驗。

穆斯林建懷聖寺光塔

唐代時，旅居廣州的外國人以阿拉伯和波斯人爲主，他們保持自己的風俗習慣和宗教信仰。相傳唐太宗貞觀年間，穆罕默德近臣阿布·宛葛素由海道來廣州貿易並傳教，在廣州城西建伊斯蘭寺、塔各一，作爲廣州穆斯林祈禱和禮拜之所。

懷聖寺爲中國最早的伊斯蘭教清眞寺，光塔在懷聖寺的西南角，高三六點三米，呈下大上小的圓筒形，上面加一同形小塔；小塔上部挑出兩層疊澀出簷，再加一筆頭形尖頂；塔下部南北對開兩個入口，有螺旋形磴道對旋而上。塔內外粉刷成白色。

光塔是中國現存最大的邦克樓之一，據傳因「邦」與「光」音近，加上塔身光潔，故稱光塔，又稱「喚醒樓」，其主要功能是召喚信徒參加禮拜。

唐青釉蓮花紋瓜形壺

成玄英注《莊子》

唐初道學家成玄英，推崇老莊之學，致力於道教學術的研究。他吸收佛學思想，注重輕修，並著書立說，傳佈道教理論。他注《老子道德經》二卷、《莊子》三十卷、《疏》十二卷、《開題序決義疏》七卷。其中《莊子》注疏對後世影響巨大，對道教理論的發展作出了重大貢獻。

成玄英以道學宗教觀點注釋《老子》、《莊子》，重點闡釋了所謂「重玄之道」。他認爲道是虛無，即是「非有」，然而道生萬物，又是「非無」，所以道是「非有非無，而無而有」。天地萬物雖然是「有」，但以道爲本體，「應道有法而生」，所以也就是「無」。因此得道之人既不執著於「有」或「無」。這即是「遺之又遺」、「玄之又玄」的「重玄之道」。這是引佛入道，用佛教「雙遺法」來論證客觀世界的虛幻不實，以說明「道」與「萬物」，「有」與「無」的關係。他又進一步概括說：「至道深玄，不可涯量，非無非有，不斷不常」，「萬象森羅，悉皆虛幻，故標此有，明即以有體空」，將道說成是一個至虛至無，超越時空，至高無上，永恆存在的絕對本體。他既反對把天地萬物看成實有，也反對把客觀世界看成絕對虛無。所以在道教修養方法上，既反對「斷情忍色，棲托山林，或卻掃閉門，不見可欲」，又反對金丹法，而主張精神解脫法，即通過忘情，了悟「夫萬象森羅悉皆虛幻」，「外無可欲之境，內無可欲之心」，使人的精神達到虛靜而「與道爲一」，不復生死。

王玄覽著《玄珠錄》

王玄覽也是唐代在道教的唯心主義理論體系方面的代表人物。他原名暉，主要著作有《玄珠錄》。

他以佛教思想來充實道教的理論，具有鮮明的主觀唯心主義特點。他將道分爲「可道」與「常道」；「可道」生萬物，萬物有生死，「常道」生天地，天地能長久；「可道」與「常道」又統一不可分，故道是假又眞，「道中有衆生，衆生中有道」；衆生非道，但有「道性」，修煉心識，便能得道。他又運用佛教法相宗（即唯識宗）「萬法唯識」論來解釋世界與人生：「心生諸法生，心滅諸法滅，若證無心定，無生亦無滅。」他指出道教修道成仙要修得一個清淨不變的「識體」——「識體是常是清淨，識用是變是衆生，衆生修變求不變，修用以歸體，自是變用識相死，非是清淨眞體死。」

因此，他所講的「道」生萬物，實際就是「心」生萬物，「空見與有見，並在一心中」，「十方所有物，並是一識知」，「心之與境，常以心爲主」……根本否定客觀事物及其運動變化，並把它歸之於主觀意識的產物，是徹頭徹尾的主觀唯心主義理論。

他的道學理論與成玄英同出一轍，而佛教色彩更爲濃烈，明顯地受佛教法相宗的影響，並套用其理論以附會以道教教義炮製出來的主觀唯心主義神學理論。

貞觀之治形成

貞觀年間，太宗推行「偃武修文」使百姓安樂的方針，採取輕徭薄賦、整飭吏治、健全法制等政策，努力做到虛懷納諫，知人善任、以古爲鏡，取得顯著效果，社會上一度出現「天下大稔，流散咸歸鄉里，米鬥不過三、四錢，終歲斷死刑才二十九

人。東至於海，南極五嶺，皆外戶不閉，行旅不離糧，取給于道路焉」的興旺景象。後人譽之爲貞觀之治。

唐太宗李世民親自經歷和目睹了隋王朝的腐朽和殘暴，通過對這一歷史教訓的深刻總結，制訂和推行了豐富的、比較順應當時歷史發展要求的政治思想和政策。隋末人民的揭竿而起迅速瓦解了隋王朝的統治根基，使他看到了民眾的力量，認識到只有重民保民，使人民安居樂業，才能鞏固自身的統治。這成了他政治思想和政策的出發點。他常說君主是舟，人民是水，水可以載舟，也可以覆舟。因而解決人民吃穿問題，緩和階級矛盾成了貞觀初年最爲迫切的任務。在長達十年的社會動亂和戰爭之後，唐初經濟凋蔽，城鄉呈現出一派殘破景象，人民生活十分困苦，國家財政也嚴重拮据。爲了改善財政狀況和人民生活，唐太宗首先實行了輕徭薄賦，與民休息的政策。當時恢復和發展農業生產的最大困難就是勞動力的嚴重不足，他採取了許多積極措施，如招徠、贖還隋唐之際流落到沿邊各少數民族地區的漢人和被掠去的漢人，獎勵男女及時婚嫁，提倡鰥寡婚配，以達到繁殖人口的目的，人口因此迅速增長。與此同時，唐太宗大力倡導節約國家財政支出，爲此採取了合併省州縣，精簡吏員，完善府兵制等措施。他反對隋煬帝侈奢糜爛的生活作用，放免宮女三千餘人，不僅節省了宮廷費用，也使這些幽閉深宮的女子得以婚配，產生了良好的社會和政治效果。爲了節省開支，唐太宗儘量避免和減少戰爭，以緊縮軍費支出，有力地保障了農民安居壟畝，發展了農業生產。

親疏並舉、德才兼備的人才政策是唐太宗政治統治的重要保證和基礎。從戰爭年代起，他就注重搜羅和使用各類人才，將前太子李建成的幕僚魏徵予以重用，貞觀年間的許多政策的制定都是魏徵參與和策劃的。當他任用房玄齡、杜如晦爲丞相時，非常瞭解其優點和弱點，恰當地把他們優缺點互爲補充，以利於國家。

爲了集思廣益，糾偏補過，唐太宗建立了一套比較完整的監察和諫官制度，諫官直接參與政事，五品以上的京官在中書內省輪流值夜，以便隨時召見，詢訪外事，討論政教得失。魏徵就是當時最有名的「諍臣」，他性情抗直，敢於諫諍，既使惹怒唐太宗，他也神色不改，據理力爭，凡有所諫，多被唐太宗採納。從而朝廷上下形成了一種敬賢納諫的政治風氣。唐太宗還採取一些手段獎勵和籠絡臣下，提高其政治熱情和參政議政的積極

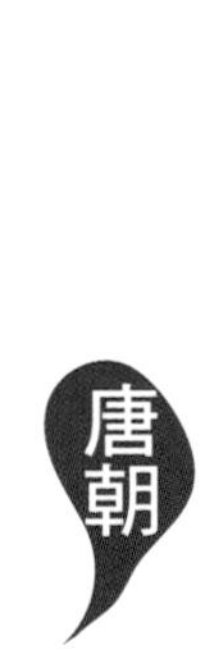

性。在唐太宗統治的時代，科舉制度得到了恢復和完善，並且最終定型下來，成爲貫穿整個封建社會後期的官吏選拔制度，通過這一手段，使各階層的優秀人才得以進入政治統治集團，使知識份子有了仕進的方便之門。

在政治統治中，唐太宗李世民特別重視倫理教化，將其作爲鞏固統治的精神支柱，而「仁義」則是國家盛衰、治亂的重要標誌，以儒家思想爲基礎，建立封建等級制度和倫理道德規範，在推行禮治的同時卻並不忽視法律建設，制訂和實施了一系列法律、法令，中國古代最完備的法典《唐律》就是他授意房玄齡、長孫無忌修訂的，表明其對刑罰還是相當重視的。

唐《蠻夷執貢圖》

通過這一系列的政治、經濟和軍事政策的制訂和推行，唐初政治空氣開明而清廉，生產力得以迅速發展，經濟空前繁榮，社會安定，人民獲得了一個較爲安定的政治環境，能夠安心地從事勞動生產，從而創建了中世紀少見的文化燦爛、國力鼎盛富強的景況。

人物小事典

長孫皇后

唐太宗皇后長孫皇后，性情賢孝儉樸，喜好讀書，做事遵循禮節。經常與太宗從容談論古事，並提出多種建議，對太宗很有幫助。在為秦王妃時，長孫氏就孝敬高祖，秦王與太子建成、齊王元吉有隙，長孫氏亦常從中勸慰。

貞觀六年（西元六三二年）三月，長孫皇后親女長樂公主將出嫁。因太宗對長樂公主寵愛至極，所以陪送的嫁妝比永嘉長公主（高祖長女）多一倍。魏徵極力勸諫，太宗從之，並以此事告知長孫皇后，皇后贊同太宗採納魏徵的意見。另一次，太宗退朝後，面帶怒容對皇后說：「我遲早會殺死這個鄉下佬。」長孫皇后忙問太宗何故，太宗告知皇后，魏徵在朝廷上公然強諫令其受辱。皇后聽後退而更換朝服向太宗表示祝賀，說：「我知道皇帝英明則臣子必正直，今日魏徵敢於直諫，原因就在於皇帝的英明，所以我不敢不向你表示祝賀。」太宗聽後轉怒為喜，更加喜愛魏徵的正直。太宗有時無故斥責宮人，長孫皇后等太宗息怒後，便依宮中律令，公正裁決。長孫皇后生活節儉，不徇私情。皇后於貞觀十六年（西元六三六年）六月病重，彌留之際仍勸太宗納忠容諫，不要聽信讒言，重新起用房玄齡，減省畋獵和營建，勿寵外戚，喪事從簡等。二十一日長孫皇后卒，年三十六歲。十二月，太宗建昭陵，諡文德。自制表序，立於墓旁。太宗覽皇后集古婦人之得失而編成的遺著《女則》，更悲歎失良佐。

唐定律、禮令

貞觀十一年（西元六三七年）正月，太宗下詔令房玄齡制定律令。房玄齡定祖孫與兄弟連坐都配役，並制定律令五百條，定立刑名二十等，比隋朝律令削減大辟九十二條，減流刑爲徒刑的有七十一條；往朝的死刑亦被削減大半，由重變輕，削繁爲簡的條目更是不勝枚舉，總共定律令一千五百九十多條，並確定刑具枷、木醜、鉗、巢、杖、笞的長短、寬窄。還刪除武德以來的敕格，保留七百條。律令於貞觀十二年正月正式頒行。

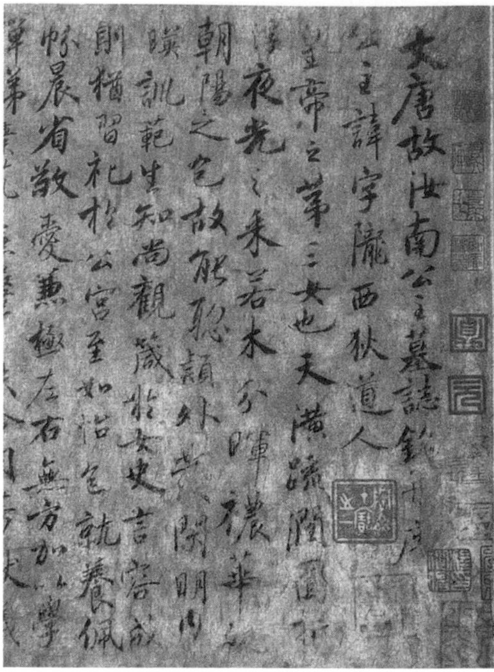
虞世南《汝南公主墓誌》

同年，太宗令中書令房玄齡、秘書監魏徵等禮官、學士修改舊禮制，制定《新禮》，所定《貞觀新禮》總共一百三十八篇，其中《吉禮》六十一篇、《賓禮》四篇、《軍禮》二十篇、《嘉禮》四十二篇，《凶禮》六篇、《國恤》五篇。《貞觀新禮》共分爲一百卷，於貞觀十一年三月頒行天下。

孔穎達撰《五經正義》

貞觀十四年（西元六四〇年）二月，唐太宗李世民爲提倡教育、推尊儒學，命孔穎達撰定《五經正義》。

孔穎達，字仲達，冀州衡水（今屬河北）人，唐代經學家。少時從劉焯學習，曾任隋河內郡博士。唐朝任國子博士、國子司業、國子祭酒諸職。

貞觀年間，太因儒經師說多門，

太宗下詔令孔穎達撰寫《五經正義》以資講學。《五經正義》共一八〇卷。所選注本基本參照陸德明的《經典釋義》作法，以全國通行注本爲准：《尚書》注主要以僞孔安國傳；《詩經》主要用毛公的傳和鄭玄的箋，劉焯、劉炫的義疏；《禮記》主要用鄭玄注，皇侃的義疏；《左傳》主要用杜預注，劉炫的義疏；《周易》主要用王弼注。疏證依據「疏不破注」的原則對選定的注釋進行闡發、證明和補充。

在《五經正義》中，爲了更好地考證詞義，孔穎達有時用古文獻資料來考證詞義，有時根據音義關係考據詞義，有時根據詞義之間的關係考據詞義，有時利用說明訓釋詞與被訓釋詞之間的意義關係的方法考證詞義，有時又利用語境證明詞義。在疏證中，孔穎達十分強調儒家的「禮」，提倡尊卑貴賤的區別。他在《禮記正義序》中說禮是人生最大的事情，沒有禮無以辨君臣長幼之序位，爲了提高「禮」的地位，孔穎達甚至把「禮」說成是先於天地產生，並將與天地共存的東西。

在哲學思想上，孔穎達受曹魏玄學家王弼的影響，將「虛無」視作宇宙萬物的本原。他宣稱「萬物之本，有生於無」，「無陰無陽謂之道」，提出了「先道而後形」的思想，對宋代的程朱理學產生了很大影響。

以孔穎達《五經正義》爲代表的二度注釋的出現，標誌著考據工作已經成爲傳統訓詁學的一項重要內容，使傳統訓詁學進入了一個嶄新的階段。《五經正義》從內容上看，其《詩》主毛詩，《書》主古文，《易》用王弼一派，《禮》注重《禮記》，《春秋》則偏重《左氏傳》，基本上以古文經爲主，結合了一些隋唐經學研究的成果，由於依據的傳注不同，又疏散駁雜，一般認爲，其中以《毛詩正義》、《禮記正義》爲優。通過唐初一批名儒對《五經正義》的編撰，對兩漢魏晉南北朝以來的經學作了總結，結束了經學內部宗派的紛爭，後世學習研究儒家經典，多依據該書的內容和釋義，經學從此獲得了空前的統一，這是經學史上的一個進步，它爲宋元明新儒學準備了

孔穎達像

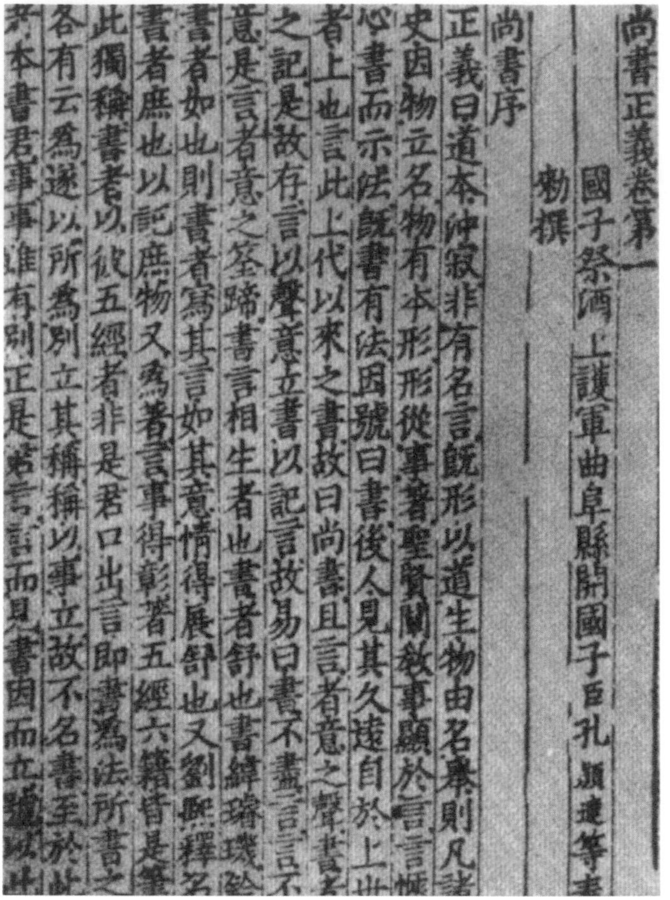
尚書正義卷第一
國子祭酒上護軍曲阜縣開國子臣孔穎達等奉
勑撰
尚書序
正義曰道本沖寂非有名言既形以道生物由名舉則凡諸
史因物立名物有本形形從事著聖賢闡教事顯於言言
心書而示法既書有法因號曰書後人見其久遠自於上世
者上也言此上代以來之書故曰尚書且言者意之聲書者
之記是故存言以聲意立書以記言故易曰書不盡言言不
意是言者意之筌蹄書言相生者也書者舒也書緯璇璣
書者如也則書者寫其言如其意情得展舒也又劉熙釋名
書者庶也以記庶物又爲著言事得彰著五經六籍皆是筆
此獨稱書者以彼五經者非是君口出言即書爲法所書之
各有云爲遂以所爲別立其稱稱以事立故不名書至於此
本書君事事雖有別正是君言言而見書因而立

《五經正義》書影

條件。另一方面，其偏重訓詁考據而輕視思辨和發揮，雖然給教學、考試帶來一定便利，但同時大大束縛了思想的發展，士子們習經應試都墨守《正義》，不敢另立新說，經學於是形成一個僵化的模式。《五經正義》在唐代及至後代的經學教育和科舉考試中一直佔據統治地位，爲統治者所倚重。

停止刺史世襲

貞觀五年（西元六三一年）十月，太宗召群臣商議封建，魏徵、李百藥均認爲有害無益。十一月，太宗下詔議定皇親、宗室、勳貴大臣的等級，令他們各統一方，世代相傳，除非犯有大罪，否則世襲。貞觀十一年，太宗封荊州都督、荊王李元景等二十一王爲世襲刺史，又以功臣長孫無忌等十四人爲世襲刺史。左庶子于志寧上疏認爲世襲刺史不是久安之道。禦史馬周說，堯舜之賢，猶有不肖子孫，世襲之後代倘有驕縱，豈不禍國殃民，與其危害百姓，不如停止世襲。長孫無忌也堅持不願前往受封之地，又請其兒媳、太宗寵愛之女長樂公主勸諫太宗。認爲前代封建，乃是國力不夠強而爲之，漢代置侯即是如此。而且若世襲的後代有不肖子孫，冒犯刑憲、自取誅夷，或因延世受賞，招致宗族剿絕之禍，都是十分可悲的。長孫無忌堅決辭讓。太宗於是在貞觀十三年（西元六三九年）二月下詔停止世襲刺史。

唐農業生產力提高

唐代，由於社會安定，戰亂減少，統治者又實行了休養生息政策，社會經濟各方面都有所發展，農業生產力也相應提高。

唐王朝十分注重擴展耕地面積。耕地數量的增加是農業生產恢復的重要標誌。唐代雖實行了均田制，但對於受田之外的荒地開墾，不僅不加以限制，而且還予以鼓勵。如本來規定均田制下口分田嚴禁買賣，但只要是從狹鄉遷到寬鄉去墾田闢地，那麼這條禁令就不再適用。《唐律》中規定荒廢耕地要加以處分，對於占田過限的，只要屬於開墾荒地性質就不算犯罪。政府的這種態度，明顯地爲荒地的開墾和水土資源的開發創造了條件。

隋唐以前的漫長歲月裏，水土資源的開發呈如下趨勢：沿著由北向南的方向逐步向外延伸，由中原向兩淮，由兩淮向江南，由江南到嶺南，至唐已經擴展到南海之濱，而且由原先開發可耕平地發展到圍水造田，開山闢田。唐代更向造田的深度進軍。開始於南朝的圍田，到唐代成爲開發水土資源的一個重要專案，這種方法比過去「決湖以爲田」的方法更爲科學，因爲它不再大規模地破壞生態平衡，而是保留水源以利灌溉，因此在興修農田水利的同時，也將許多良田沃土墾闢出來。玄宗時張九齡開河南水屯百餘處；武宗會昌期間，下令凡開闢荒山澤地，五年內可免稅。特別是江南農民，在低窪地區興修水利時，修建了許多堤堰和水門，也開闢、灌溉了大量耕地。

唐代造田的另一個方向是山地，在人口壓力日益增大、平原開發殆盡的情況下，開發山地成爲必然。唐代耕墾山地的多是近山農民，因爲土地兼併十分激烈，大莊園制日益發展，開墾山間小塊土地正適合貧苦農民的需要。開山的方法則與前代無異，稱爲「燒畬」、「火田」或「火耕田」。即先用畬刀將草木砍倒，縱火焚燒，然後在草木灰中候雨下種，三年後地力衰竭不能再種，就另選一處重新開墾。這種方法雖然能暫時獲得一些耕地，卻因植被破壞，給環境造成惡劣影響。儘管如此，開山作爲造田的一種重要方式一直在發展，並且由此產生了一些地處荒田僻野的縣治，如夜郎縣（今四川）、古田縣（今福建）等的設置都是山地開墾、人口發展的結果。

唐代北方仍普遍實行漢代以來就已定型的輪作復種制，發展不大。而在南方則大有改進，出現了稻麥輪作復種的一年二熟制，並且已大量栽培雙季稻，形成水稻的一年二熟制。

各類糧食作物品種在糧食總產量中所占的比重也在唐代發生了一些變化，水稻的比重有較大的增長。隋代大運河的開鑿，爲稻穀的北運創造了條件，使生產稻穀的江南經濟區更受倚重。唐代江南水稻種植迅速擴展，唐初每年北運稻穀不過二十萬石，以後日漸增多。到唐玄宗時，每年北運稻穀達二百到三百萬石，標誌著水稻在各糧食作物中地位已十分突出。另一方面，由於江南普遍實行稻麥輪作復種制，小麥開始在南方得到普遍種植，改變了原先南方單一播種水稻的局面。南方種植小麥，使水田以外的旱地也得以利用，促進了糧食生產的多樣化，也適應了北方人口南移的需要。

唐代另一個標誌農業發展的特點是經濟作物廣泛種植，並發展成一個獨立部門。其中，茶葉種植及其商業化最值得注意。唐代飲茶之風傳播很快，遍及全國。陸羽的《茶經》對茶葉的產銷、焙制、飲法等都作了詳細介紹，並品評各地名茶優劣，對飲茶之風起到推波助瀾的作用。江南各道都種植茶葉，茶葉的生產已成爲農業生產重要部門，唐政府繼食鹽專賣之後，又實行了榷茶制度。除茶葉外，傳統經濟作物桑、麻等的種植也有所發展，甘蔗、水果、花卉、藥材生產也發展很快。

衡量農業生產發展最直接的標準是生產率，也就是糧食畝產量，唐代畝產量比前代有所增長，比漢代提高了四分之一，這是農業生產發展的重要標誌。

唐代農業經濟在廣度和深度上的拓展都是引人注目的。一方面水稻與小麥的種植面積和總產量都迅速上

唐擀麵女俑

升；另一方面，糧食作物的種植不再是唯一選擇，出現了大量專爲銷售的經濟作物。另外農業生產率也有較大幅度的提高。

唐代變文流行

變文是唐代通俗文學形式之一，簡稱「變」。它是在佛教僧侶宣揚佛理的所謂「唱導」的影響下，繼承漢魏六朝樂府詩、志怪小說、雜賦等文學傳統的逐漸形成的一種文體。其特點是有說有唱、韻白結合、通俗易懂、接近口語。題材則以佛經故事爲多，也有一部分選自歷史故事和民間傳說。這種文學樣式，是在敦煌藏經洞發現大批手抄寫本變文後，才逐漸爲人們所認識和重視的。

和南北朝「唱導」一樣，唐代早期的變文是以講經形式和民間說唱形式相結合來演繹佛經神變故事的。它首先出現於佛門，是把佛教經典藝術化、形象化的產物。僧人在講解深奧的佛理經義時，逐漸加述了一些歷史故事和現實內容，以使其通俗化。即以佛經爲本，以「變」助講經，也就是把經義演變成文，即變文。後來還出現了專門講唱故事的俗講僧。中晚唐時期，長安城內許多寺廟經常進行俗講，場面極之隆重盛大。這種俗講變文在流傳過程中逐漸脫離原來的軌道，非宗教的現實內容日益增多，終於走出佛門，進入民間，於是出現了以專唱變文爲職業的民間藝人。這些人進而創作出許多以歷史故事、民間傳說和現實生活爲題材的變文，而講唱場地也逐漸多起來，不僅可與各種雜戲一起在「戲場」演出，而且還出現了專門講唱變文的「變場」。

唐代樂舞俑

在講唱變文時還配有插圖。圖畫、音樂和講唱相互配合，使變文成爲一種向綜合性藝術過渡的、具有較強感染力、爲群眾所喜愛的文學表現形式。它除了敘事曲折、描寫生動、想像豐富、語言通俗外，體制上韻文與散文相結合是其重要特點。

其韻句一般用七言詩，間雜三

言、五言、六言句式。散文多爲淺近的文言和駢語，也有使用口語白話的。它或者以散文講述故事，而以韻文重複吟唱；或以散文串起情節，而用韻文鋪寫情狀，相互補充。

敦煌變文包括講唱佛經故事的《維摩詰經變文》、《大月乾冥間救母變文》、《降魔變文》等和講唱世俗故事的《伍子胥變文》、《漢將王陵變文》、《舜子至孝變文》、《王昭君變文》、《孟姜女變文》等。

隋唐宮廷燕樂鼎盛

燕樂，亦稱「宴樂」，一般指中國隋唐至宋代宮廷宴飲時所用的供娛樂欣賞、藝術性很強的歌舞音樂。

「燕樂」一名，始見於《周禮·春宮》。系指天子及諸侯宴飲賓客時所用的音樂，由後妃在宮中演奏，故亦稱「房中樂」，其歌詞俱載於《詩經》的《周南》、《召南》中。漢代宮廷中也有「房中樂」，這些都是雅樂的一部分，性質與唐、宋燕樂不同。廣義的燕樂，如北宋沈括在《夢溪筆談》中所言：「先王之樂爲雅樂，前世新聲爲清樂，合胡部爲燕樂」，是指漢族俗樂與外來（外國或外族）音樂的總稱。而狹義的燕樂則專指唐十部樂第一部，即張文收所作的燕樂。

從唐初到開元、天寶時期的百餘年間，社會空前繁榮安定，形成兩漢以後封建社會的最偉大時代，文化藝術也發展到高峰。音樂藝術則以新的宮廷音樂燕樂爲中心，並且容納了更多的外來音樂，在幾個嗜好音樂的皇帝的提倡下，得到了很大的發展。

隋、唐時期幾個君主成爲宮廷音樂的組織者。隋煬帝好尙奢侈，集中了六朝以來流散在各地的樂工，常常做極豪華的表演；隋亡後，唐太宗宮廷中也有大規模的音樂舞蹈表演，如用一二〇人表演《破陣樂》，借此讚揚他的武功；唐玄宗李隆基是一個精通音樂的皇帝，既能作曲，又是打羯鼓的能手，他精選樂工數百人，在宮中親自教練，稱爲「皇帝梨園弟子」。這個時期的宮廷音樂規模更大，藝術水平更高，許多有名的大柳在這個時期形成。

隋唐時期設有規模宏大的宮廷音樂機構。隋煬帝有專業樂工三萬人，乙太常寺轄之。唐玄宗時宮廷中樂工多至數萬人，設「教坊」五所加以管理。又設「別教院」，專門教練宮廷音樂創作人員，下設梨園、宜春院、小部等三部。教坊和別教院是音樂人才薈萃的處所，成爲音樂活動的中心。

隋煬帝時把大型的宮廷樂隊按照所演奏樂曲的來源，分爲「九部樂」。包括：清樂（傳統音樂）、西涼（今甘肅）樂、龜茲（今新疆庫車）樂、天竺（印度）樂、康國（今新疆北部及中亞）樂、疏勒樂、安國（中亞細亞）樂、高麗樂、禮畢樂（最後演奏，一說即文康樂）。唐初改爲「十部樂」，包括：燕樂（雜用中外音樂）、清商伎（傳統舊有音樂）、西涼伎、高麗伎、龜茲伎、安國伎、疏勒伎、康國伎、高昌伎。清樂或清商伎，保存了漢魏以來的傳統音樂。其他以外族名稱立名的樂部，隋有七部，唐有八部。它們所演奏的樂曲是根據外來音樂重新創作的，並保存了較多的外來音樂的面貌，仍冠以外國或外族之名。

唐玄宗時將十部樂改爲「坐部伎」和「立部伎」兩部。坐部伎在室內演奏，人數較少，樂器聲音較清細，樂師需要有較高的技藝。立部伎在室外立奏，人數較多，樂器聲音較大，常是很喧鬧的合奏，故技藝上要求較低。坐部中不合格的降入立部，立部中不合格的則降到雅樂隊中去。

唐朝的燕樂中，最突出最輝煌的是大曲。這是在樂府音樂和外來音樂的基礎上，經過樂師們的創造而發展起來的，綜合了歌唱、器樂和舞蹈等的大規模音樂，它完成於唐代的開元、天寶年間，集中地代表了燕樂的成就。大曲中的「法曲」更是大曲中的精緻絢麗部分。

隋唐時期各族樂工在互相學習、協作的過程中，還共

唐代樂舞群俑

同創造了一套記譜法和一套宮調系統。這套記譜法在早期是半字譜，後期發展爲比較完備的俗字譜，這些譜字的讀音就是後世工尺譜的讀音。

安史之亂後，唐代宮廷音樂衰落，宮廷音樂家們多流落民間獻藝謀生。五代時的南唐及後蜀的宮廷中薈集了一些樂工，但終未能恢復唐朝的規模。北宋時，雖仍立教坊，沿用唐時舊曲，但規模大爲縮減，至南宋時更已極度衰微。此後音樂發展的主流已轉到新興的市民藝術（戲曲、說唱、城市歌曲等）中去，宮廷音樂無論燕樂或雅樂，都已失去發展的勢頭。

文化小事典

彩勝興盛

隋代剪紙作為一種民俗，它的藝術水平卻大致和南朝時一樣，只不過在形式上多添了燕子等花樣。記載中的用剪綵、縷金箔來帖飾屏風，做成彩勝互相贈送等都是歲時的風俗活動形式。

唐代的剪紙藝術在此基礎上得到了更大的發展。彩勝除了做民間饋送之物，還被皇帝當作「立春」日的恩賜之物賞給臣屬。據載：正月八日立春，內出彩花賜近臣。孫思邈的《千金月令》裏也記述了這種狀況：唐制，立春，賜三省官彩勝各有差。唐朝皇帝賜給群臣的是用金箔、五彩綢帛做成的彩勝，開了浪費財物的風氣，臣屬紛紛仿效，揮霍的程度更勝一籌。宰相元載就是其中一例，他的寵姬薛瑤英在七月七日讓衆婢女用輕盈五彩的綢帛剪成連理花，並用陽起石染色，中午時把它們散開放在庭院中，彩勝隨風而上，天空裏像是飄滿了五色雲霞，這是《妝樓記》記載的。唐代彩勝的興盛在詩文中也有所表現。比如大和年間進士李遠的兩首詩。一首題為《彩勝》：

剪綵贈相親，銀釵綴鳳真；雙雙銜綬鳥，兩兩度橋人。

葉逐金刀出，花隨玉指新；願君千萬歲，無歲不逢春。

詩中描繪了剪紙的情況和剪出的各種花樣，是有關剪紙的詩文資料。但李遠的詩和其他唐人詩文一樣反映的多是用彩帛和金箔剪制而成的，而普通平民剪紙的文獻資料卻不多見。唐代的剪紙實物除出土的之外，傳諸於世的只有一片華勝殘圖。

唐代彩勝的盛行，為剪紙藝術的流傳和應用起了啓發作用。

富有中國民族特色的敦煌佛教藝術寶庫形成

西元四世紀以來，歷代王朝不斷在敦煌地區開鑿石窟，使之逐漸形成了一座博大精深，融建築、壁畫、雕塑爲一體，堪稱世界上保存最好、富有中國民族特色的佛教藝術寶庫。

敦煌是位於西北交通要道的一個邊陲重鎮，是古代東西方文化交流的必經之地，是漢武帝已建立的河西四部之一。兩晉時代，這裏已有佛教活動。前秦建元二年，樂僔和法良兩位僧人開始在此建窟。最早的石窟爲西域式穹窿頂向覆鬥藻井過渡的殿堂窟。二七五窟爲縱長人字披頂殿堂窟，南北兩壁還保留有漢式闕形龕。表明敦煌石窟一開始就形成把西域石窟與中原宮闕建築結合起來的構築範式。

北魏時期，西域保持了相當長時間的相對穩定，崇佛之風迅速蔓延，石窟被大量開鑿。在整個北朝，共開鑿石窟四十座，其中北涼七座，北魏八座，北周十五座，西魏十座。窟型已逐漸由覆鬥藻井殿堂窟代替了中心柱窟。

隋統一南北以後，經濟得以迅速發展，爲了防禦突厥的侵擾，隋煬帝銳意經營西域，敦煌的商貿活動十分繁榮。崇信佛教的隋文帝、隋煬帝對開鑿石窟十分熱心，在短短的三十七年間，共開鑿石窟八十座，敦煌藝術寶庫已初具規模。

北朝時期的洞窟窟形主要有平面長方形或方形，正壁開龕，兩側壁附有方形小禪室，窟頂平頂和覆鬥形頂的禪窟，有平面長方形，中後部鑿有連頂接地的方形塔柱，柱的四面開龕造像，前部人字坡形頂，後部平頂的中心塔柱窟。還有一種是平面方形；正壁開龕造像或僅造像，個別窟兩側壁開列龕，覆鬥形頂或人字坡形頂的殿堂窟。隋朝除沿襲這些建築格局外，規模更趨闊大恢宏，有以倒塔式須彌山爲中心柱者，四龍旋繞，環列千佛，形式新穎，內容獨特。

壁畫是敦煌莫高窟及其他洞窟的藝術主體，是研究那一歷史階段不可或缺的寶貴資料。北朝壁畫主要有四種類型。其一是佛像畫。有佛、菩薩、弟子、天宮、伎樂、金剛力士等。其二是佛經故事畫。有佛傳故事畫，描述釋迦牟尼一生或某些主要事蹟的傳記故事，本生故事畫爲釋迦牟尼前生作各種善行救渡眾生的故事，如屍毗王割肉貿鴿，薩土垂太子捨身飼虎，須達拿樂善好施等十三種，而因緣故事畫，則爲佛度化世人或外道皈依佛教的故事，如沙彌守戒自殺、五百盲賊得眼皈依等九種。故事畫有單幅情節、單幅多情節、多幅連環畫等形式。其三是傳統神話傳說畫如東王公、西王母、伏羲、女媧、羽人、飛廉、風神、雷公、雨師、辟電等。最後是供養人畫像，也就是出資開窟造像者在窟內畫出自己和眷屬供養佛菩薩的形象，其身份有王公貴族、世家大族、僧侶以及少數民族等。形象不滿一尺，千人一面，排列成行，繪於四壁下部，像前有題榜，題寫供養人的姓名、籍貫、職銜。

隋代壁畫處於向民族化轉變的過渡時期，內容上故事畫日漸減少，而經變畫正在增多。《法華經變》、《藥師變》、《維摩變》、《彌勒變》等相繼出現。以漢式宮闕表現彌勒淨土，彌勒菩薩交腳坐於宮殿內，兩側的垂樓高閣中著霓裳羽衣的天女

彈琴奏樂，載歌載舞，樓閣之外，菩薩摩頂受戒，天女淩空散花，構成一幅幅新穎畫卷。隋代人物造型，逐步走向寫實，其面相豐潤而多樣，比例適度，上身多著僧祇支，腰束錦裙，衣裙遍飾波斯風織物花紋，金碧輝煌，燦爛奪目，使隋代菩薩別具風格。

敦煌石窟的彩塑分爲圓塑和影塑兩種，圓塑包括主像和其兩側的脅侍像，主像有釋迦牟尼、彌勒、釋迦多寶並坐像等，脅侍像早期爲二菩薩，晚期增二弟子，影塑有粘貼於中心塔柱和四壁上方的供養菩薩、飛天、千佛等。此時彩塑體態健碩，神情端莊寧靜，姿態簡單，風格簡樸厚重。歷經北朝和隋朝的敦煌石窟，規模不但擴大，藝術積澱已顯得十分厚實，標誌著這座中華民族的藝術寶庫逐漸形成，爲它在唐代走向成熟和輝煌奠定了堅實的基礎。至唐代武則天時，已有窟室千餘龕。現尚存北魏、西魏、北周、隋、唐、五代、宋、西夏、元各代壁畫和塑像洞窟四九二個，壁畫四五○○○多平方米，彩塑二四五五身。

奉先寺文殊菩薩

奉先寺天王和力士

隋唐三教並用

漢末經學統一局面徹底崩潰以後，歷經魏晉六朝，宗教政策因國而異，在很大程度上受皇帝個人信仰和興趣的左右而搖擺不定，多數統治者傾向於保持儒家正統地位而相容佛、道二教，顯然無法形成統一而成熟的宗教政策。隋、唐時期，大一統政治迫切地需要宗教政策與之相適應，三教並用的宗教政策逐漸形成。

隨著隋唐政權的建立，統治集團的內部矛盾得以緩解，制定普遍適用於全國的宗教政策的政治條件基本具備，學術上表現出調和儒道佛的傾向。從隋文帝開始，就採取了一系列三教並用的政策。在對前朝速亡教訓進行深刻總結的同時，隋唐統治者認識到嚴刑峻法導致階級和社會矛盾加劇是歷代王朝壽數不長、國運不強的根本原因。因而緩和社會矛盾，穩固政權的最有力的武器就是清簡法令，施行相對開明的政策。他們因此提倡儒學，企圖用儒家忠孝倫理思想規範人們的道德和行爲，增強民眾對封建王朝的向心力。

隋文帝楊堅曾說儒學教人以父子君臣之義尊卑長幼之序的「禮」。魏晉以來南北對立、戰亂頻仍的根本原因乃是儒學衰微，仁義孝悌淪喪。因而令楊素、牛弘修定五禮。振興儒學，重整禮治，使儒學贊理時務，弘揚風範。大力倡辦各類官學以傳習儒學經典，招納儒士，給予重用。隋王朝還搜求整理儒家及各黨派典籍，以經、史、子、集四類編排，取代了原有圖書分類學的七略之法，爲後世所繼承。首創了科舉取士的人才選拔制度，使學者奔走於道路，儒士雲集中州，儒學達到漢末以來的鼎盛局面。作爲傑出政治家的唐太宗也篤信儒學，即位以後，一直採取「偃武修文」政策，尊孔子爲先聖，顏淵爲先師，設置弘文館，精選天下文儒之士。在政事之餘，講論經史，有時直至深夜。全國各地的儒士都抱負經籍，雲集京師。儒生多達八千多人，儒學達到前所未有的高潮。

對於佛道二教，隋唐統治者也採取開放的政策。曾在佛寺中成長過的隋文帝楊堅，認爲隋王朝因佛而興。因此，吸取北周武帝禁絕佛、道的教訓，大興佛、道二教。而不信佛、道的唐太宗，在吸取南北朝統治者信奉佛教而未能達到安定治理目的的教訓時，看到了佛教教義和儒家君臣、父子、夫婦的綱舉倫理之間的矛盾和僧侶特權制度給國家利益，諸如賦稅、

勞役、兵役帶來的損害，採取了既尊重和利用佛教，有效地加以抑制的政策，爲了達到這一目的，他有意提高道教以平衡佛道勢力，同時也借道教始祖老子李耳以提高李姓的地位。對能輔助王政的佛、道加以獎勵，常詔令儒學重臣與佛、道領袖在宮廷和公開集會上進行討論，儒釋道三教並立的局面最終形成。但儒學仍被看作與國家興亡攸切相關的大事而受重視。

在這種相容並包的文化及宗教政策影響下，各種宗教都得到了較充分的發展，佛教在這時達到了極盛並形成了若干中國式的佛教宗派，教義哲理也有重大創造和飛躍發展，出現了一大批高僧大儒。求法、譯經和佛典著述以及傳教活動空前活躍。

除了儒、道、佛三教並重外，唐朝統治者對各種宗教如伊斯蘭教、景教、摩尼教、火襖教也採取相當寬容的態度，以尊重外國商人、使者、僑民的不同宗教信仰，多教共存的局面一直保持到唐中期以後。

《三教圖》　清代丁雲鵬繪

然而，三教之間依然時常有鬥爭，有時甚至相當尖銳，但鬥爭多集中於辯論宗教的利國還是危國的問題而非教義的內容本身，這進一步說明宗教的政治附庸性質，政治利益是意識形態的終極目的。與這種鬥爭本身相比，南北朝以後三教合流、多數共存是時代的主流，唐太宗正確地處理好了這一時期的宗教政策，使其最終成熟，奠定了唐王朝政治、經濟繁榮的思想基礎。

字樣學興起

唐代初期，在唐太宗的積極倡導下，以統一楷書字體爲目的的字樣學應運而生，出現了大量的字樣學著作。其中對後代影響最重大的著作有顏師古的《字樣》、杜延業的《群書新定字樣》、顏元孫的《幹祿字書》、歐陽融的《經典分毫正字》、唐玄度的《開元文字音義》、張參的《五經文字》和唐玄度的《新加九經字樣》等。

魏晉南北朝時期，由於政治分裂、戰亂紛擾、南北阻隔以及漢字形體正處於從隸書到楷書的交替階段，造成了漢字使用的混亂，人們越來越缺乏文字規範的概念，用字非常隨意。文人在寫字時隨便改變筆劃，自造字體，各種俗體字、異體字不斷產生並四處流通，連嚴肅的著作甚至經典中的用字也異體歧出。用字不規範，異體繁多，用字標準不統一，嚴重地影響了文字功能的發揮，給人們學習和使用文字造成了極大的困難，思想更於統一。北齊的顏之推呼籲過統一南北的字體，但直到隋唐國家統一、政治穩定後，文字的統一才成爲可能。

第一本開字樣學先河的著作是顏之推的孫子顏師古在整理五經文字的基礎上撰寫的《字樣》。這部書爲以整理和統一字形爲目的的字樣學的完備奠定了基礎。顏師古，名籀，字師古，京兆萬年（今陝西西安）人，擔任過中書侍郎等職。唐太宗曾讓他在秘書省考定五經用字，他訂正了很多錯誤的字體。貞觀年間，他把校正典籍文字的成果總結出來，作爲字形標準，被稱爲顏氏《字樣》，在當時影響極大。但早已佚失。

流傳至今最重要的字樣學著作是顏元孫的《干祿字書》。顏元孫，字聿修，是顏師古的四代從孫。該書主要是把適用不同使用範圍的異體字區分爲俗、通、正三體，並明確規定了這三種字體的使用範圍：日常生活中大家共同使用的後起字叫作俗字；沿用已久，常在公文中出現的稱作通字；來歷久遠，寫入著作的，名爲正字。

奉先寺藥叉像

其體例是按平上去入四聲分成四部分，各部分中列字的秩序按韻次的先後排列。解說的方法是先列出字的不同異體，再注明每個字所屬的類別。

「干祿」是求取官位的意思，《干祿字書》是參加科舉考試、求取功名利祿的必讀書，在當時受到很大重視。這部書是流傳至今最早的一部規範整理楷書形體的專著，在漢字學史上具有重要地位，對唐代和後代的漢字規範工作都產生了積極的影響。

中國造船業馳名世界

隋唐時期，中國經濟發達，國力昌盛，與外界的溝通與聯繫也日益頻繁，由於陸路交通受地理環境影響很大，迫使人們將眼光投向海上，海上交通得以發展，再加上內陸湖泊河流的眾多，水上交通較爲發達，都促使了水上交通工具——船舶的進步，造船業得到了迅猛發展。

隋唐時期的造船材料，大多採用較爲堅硬耐久的楠木，其次是樟木，也包括少許的木蘭、杉樹、柯樹等。由於這些木料多產於長江流域和珠江流域，故隋唐時期造船業大都集中於江南地區。

在造船工藝技術方面，隋唐時期發明了很多新型的工藝，提高了所造船舶的質量水準，如水密分倉、沙船、船底塗漆及鐵錨的發明。

「水密分倉」是利用水密艙壁把船艙分隔成很多的小單間，對船上甲板起到支承和加強的作用，使船體具備足夠的橫向強度和抗扭剛性，還可增強船的抗沉性，即使一艙漏水，由於隔離倉壁的存在，其他船艙可安然無恙。

沙船發明於唐代中晚期，並成爲後來幾代的主要船型，它是由古代平底船發展而來，具有平底、方頭、船身寬、吃水淺的特點，航行時較爲平穩，並易於通過淺水地帶，具有很大的實用性。

船底塗漆，則是爲了減少水的阻

唐海船模型

力，增加船行速度，另外還可對船底起到適當的防腐作用，特別適用於水質微呈酸性的江南一帶。

在採用先進工藝技術的基礎上，隋唐時期製造出了大量高質量的船舶。據《隋書・楊素傳》所載，楊素曾「造大艦，名曰五牙，上起樓五層，高百餘尺。左右前後置六竿，並高五十尺，容戰士八百餘人」。唐開元天寶年間，劉晏在揚子縣（今江蘇儀征）設置十個宮府船場，造船多達二千艘，品種繁多，有平底船、座船、網船、車船、鐵頭船等。唐代所造的遠洋海船，長二十餘丈，可載客六百到七百人，船體堅固，抵禦風浪能力強，最適合於海上交通，深受從事遠洋貿易的各國商人所喜愛。

隋唐造船技術的提高，又影響到各國的造船工藝，是對世界造船技術的一大貢獻。

草市普及

草市是一種自發形成的初級市場，在魏晉南北朝時就出現了。隨著經濟的發展，商品交換的日益頻繁，草市在唐代得到了普及。

草市是農村市場中的一種大型市場，所以大多設在城市附近、交通要道、驛站或大的村鎮等地方。市上以出售農產品和林牧產品居多。赤壁的草市、德州境內的灌家口草市和汴州城郊的汴水渡口草市在當時都很著名。草市是長期固定的商品交換場所，有常設的貨肆店鋪。草市沒有都市市場那樣高級，多出售生產剩餘品，從段成式在《酉陽雜俎》中記載的荊州廬山人在草市上販賣石炭的情形可見其一斑，而李嘉佑的《中興間氣集》裡的「草市多樵客，漁家足水禽」就更明顯地反映了這種情況。但並不是所有草市都是這樣的。有些大的草市里物品繁多，甚至連名人的詩句都成爲市中交易的商品，象白居易和元稹的詩，經過繕寫模刻，在市井上出售，能用來交換酒茗等物。隨著繁榮程度的增加，草市出現了向都市轉換的跡象，甚至有些草市被改爲縣治，成爲當地的政治中心，例如歸化縣的縣治在開元年間就是被提升後的原灌家口草市。宗州的永濟縣治，也是由張橋草市改造而來的。當然，草市的繁榮並不一定能導致都市的建立，但也由此可見了當時草市的興盛和廣泛。

草市之外，還有墟市，就是隔日一會，或隔三五日一會的一種初級農貿市場。這種集市雖然有固定的地點，但保持日中爲市的原始狀態。

另外，還有一種與草市、墟市都不同的集市，這是一種較爲高級的集市形式，類似於後代的廟會。雖然也是定期臨時一聚，但間隔時間有一個月之長。這種集市尤爲重要的是作爲外地、遠地甚至外國商客購銷商品的場所。當時很多大宗的交易就是在這類市場上進行的。配合集市，還舉行競技、比賽等各種娛樂活動。

楊上善校《內經》

唐代初年，楊上善校定《黃帝內經太素》。

楊上善，隋唐時期醫學家。籍貫生平事蹟不詳。據《舊唐書》載，隋大業年間，曾任太醫侍禦，精通醫術，頗有名望，爲整理注釋《內經》的早期醫家之一。《黃帝內經太素》簡稱《太素》，是最古老的《黃帝內經》（十八卷）的另一類傳本。唐代初年，唐政府指派楊上善校定和整理唐以前的古代醫書，其中也包括《太素》一書。楊上善將《太素》一書在原來只有二十篇的基礎上加以擴充，定爲三十卷，並爲全書撰寫了詳細的注文。該書問世不久即傳到日本。當時日本政府曾經將楊上善校定的《黃帝內經太素》列爲學醫的首選之書。至今全書尚存二十七卷，是現存最早注解《內經》的專著，對後世研究《內經》有較大貢獻。另外，楊上善還撰有《黃帝內經明堂類成》十三卷。已佚。

景教興而複滅

唐貞觀九年（西元六三五年），大秦國（中國對羅馬帝國及東羅馬帝國的古稱，或指敘利亞）主教阿羅本到長安，唐太宗給予優厚禮遇，請其在皇帝的藏書樓翻譯聖經，並時常在內室垂詢問道。貞觀十二年，唐太宗下令准其傳播，由朝廷資助在長安義甯坊建造波斯寺（後改名大秦寺，即景教禮拜堂）一所。這是景教在古代中國興盛流行的開始。

景教，是唐代對傳入中國的基督教聶思托里派的稱謂。四二八年，聶斯托利派與當時作爲羅馬帝國國教的基督教正派分裂，後日漸向東傳播。約五到六世紀經敘利亞由波斯傳入中國新疆，七世紀中葉傳入內地。是最早傳入中國的基督教派別。

唐太宗死後，高宗李治繼承太宗寬容的宗教政策，在長安及諸州均置景寺，並尊阿羅本爲鎮國大法主，保持其爲景教大總管的地位，景教得到

了很大的發展。武則天稱帝後，大力提倡佛法，景教一度受到壓制和打擊。玄宗執政期間，恢復了唐太宗時對宗教的寬容傳統。他曾命眾兄弟到景教寺設立神壇，並修復被毀壞的建築物，還將高祖、太宗、高宗、中宗、睿宗等五位皇帝的畫像安置在寺內，並飾以百匹絲綢。玄宗還號召集景教傳教士在興慶宮「修功德」（做禮拜）。其後，肅宗李亨、代宗李豫以及名將郭子儀均支持與保護景教。景教徒在平定安史之亂中曾起過重要作用。代宗曾在自己的壽辰「頒御饌以光景眾」。至德宗李適，雖極力提倡儒道釋三教調和，但對景教仍有好感。唐武宗李炎即位後，鑒於「僧尼耗蠹天下」，在道士趙歸眞的慫恿下，於會昌五年（八四五）下令禁佛，景教亦被波及，並以「邪法不可獨存」而受到很大打擊，一度絕跡於中原地區。唐末至五代北宋之間，景教僅在中國西北邊陲地區活動。

從貞觀九年到會昌五年，景教在內地流傳二百餘年。十三到十四世紀元朝建立後，景教再度進入中原，並向南北各地擴展。約於元世祖至元十二年（西元一二七五年），景教已在大都（今北京）設置主教座。除大都外，福建泉州已成爲南方景教中心，揚州、昆明以及甘肅等地還先後建立了景教寺。元至順元年（西元一三三〇年），據稱景教徒已超過三萬人。當時景教徒與來自歐洲的天主教傳教士，皆被稱爲元里可溫。

大秦景教流行中國碑

現存有關景教資料有大秦景教流行中國碑、《大秦景教短威蒙度贊》、《尊經》以及在敦煌發現的《大秦景教宣元（年）本經》、《志玄安樂經》、《序聽迷詩所經》、《一神（天）論》、《大秦景教大聖通眞歸法贊》等經教經典。

拜火教在中國流行

六世紀初，拜火教即已傳入北魏、南梁以及北齊、北周各朝，得到社會上層的支援，流傳于新疆地區。到了唐代，該教在中國得到進一步流行，教士很受唐皇室歡迎，頗得唐廷禮遇，東西兩京祆祠遍立。

拜火教是古代流行於波斯、中亞細亞地區的宗教。它是西元前六世紀由瑣羅亞斯德在波斯東部創立的，在波斯稱爲瑣羅亞斯德教。該教奉《阿維斯陀》爲經典，通稱《波斯古經》，主張善惡二元論，認爲宇宙原有善和惡兩種神靈：善神叫阿胡拉·瑪茲達，是光明、生命、創造、清淨、善行、眞理的化身，是智慧之主；惡神叫安格拉·紐曼或阿里曼，是黑暗、惡行、破壞、死亡、謊言、不潔的化身。善惡二神曾各率自己的僚神、眷屬反復較量，最後善神戰勝惡神，光明代替黑暗，阿胡拉·瑪茲達成了最高的存在，唯一的主宰。它認爲人可以在善惡之間自由選擇，但死後得經受末日審判，通過「裁判之橋」，善者進天堂，惡者入地獄，以此要求人們從善避惡，棄暗投明。該教認爲火是善神的兒子，象徵著神的正確和至善，人們應該在麻葛（祭司）指導下，通過一定儀式，禮拜「聖火」，完成教徒的義務。由於瑣羅亞斯德教認爲火是善和光明的代表，並以禮拜「聖火」爲主要儀式，因此，該教傳入中國後，被稱爲「祆教」、「火祆教」、「火教」、「拜火教」等。

瑣羅亞斯德教在大流士一世統治波斯時被定爲國教，後來流傳到亞非許多地區。西元三至七世紀，伊朗薩珊王朝曾把它奉爲國教。七世紀阿拉伯人統治波斯後，伊斯蘭教取代了該教，大批瑣羅亞斯德教徒被迫東遷，在七世紀中葉廣泛地影響了大食以東至中國的新疆地區。

唐高祖武德四年（西元六二一年），唐朝廷爲拜火教專建祆祠，設置官位專司其教。當時管教的官府稱薩寶府，官職分薩寶、祆正、祆祝、率府、府史等，主持祭祀，官位自四品至七品不等，也有流外的四、五品。可見唐朝統治者對拜火教頗爲重視。

唐貞觀五年（西元六三一年），拜火教教士曾將本教教旨向太宗起奏、講解。可知祆教教士在唐廷受到

唐男供養人頭像

很高的禮遇。

唐時，西京長安有祆祠四座，東都洛陽有二座，其他如涼州等地也有祆祠。河南府的立德坊以及南市西坊都有祆教的神廟。每年祆教教徒進行祭祀祈禱時，都要殺豬宰羊，在琵琶鼓笛的伴奏下，載歌載舞。祈告儀式結束後，就招募一名教徒作祆主。這位祆主取來一把鋒利無比的橫刀，用刀刺向腹中。不一會，腹部又完好如初。這可能是西域的幻術。祆教祭祀禮儀很隆重，並且保持了很多原始的面貌，說明祆教很為當時所重，能儘量保持固有的特色，不受環境左右。

武宗會昌五年（西元八四五年）的滅佛活動中，外來的祆教也遭禁絕。

使職制大量出現

唐初高祖、太宗時，為了維護中央集權、加強對地方的控制，在正常官僚機構之外，設立使職制。所謂使職，就是職官本制以外的差遣官。

唐代，社會發展進程加快，社會生活複雜多變，這就要求政治制度與之相適應。承擔著調節社會生活職能的國家，必須要求設置一些能適應新形勢的國家機關和執行新任務的國家官員。再加上原有的職官無法應付各種職位既定職責以外的事務，只好隨時補苴，臨時置使。這樣，大量的使官出現。唐代的使職制度就在這種情況下產生了。

唐男立俑

唐代使職的內容包羅萬象，在最高權力中樞出現了相當於宰相的同中書門下平章事、翰林學士以及宦官充當的樞密使，其中翰林學士被稱為「內相」。地方上設置了十道採訪使、節度使、觀察使等，高居於刺史郡守之上。在中央和地方各部門，上自宰相，下至尚書六部各司曹，幾乎都有差遣使喧賓奪主。差遣的使職名目繁多，如宣慰使（宣撫使、撫慰使、撫諭使）、青苗地錢使、兩稅使以及鎮守使、出陵使等，涉及到政治、經濟、軍事各個領域。從數量上看，唐代的使職的產生呈現出不同的階段，多數出現在武則天至德宗這個時期，而高祖至高宗和順宗至宣宗時期出現最少，唐朝末年又有回升。這種不均衡的狀態，也是由社會生活的變化及統治者採取的相應措施兩方面因素決定的。

使職制的盛行，造成了職官制度的混亂。使職獨立於三省六部職官系統之外，破壞了原有施政系統的職權，且造成權臣身兼數十職的局面，如楊國忠一身領四十餘職，權力高度集中，進一步形成「人治」而非「法治」政治。唐代中後期藩鎮割據、宦官專權等嚴重危害社會安定的現象都與使職制有著直接的聯繫。這種隨機應變、毫無規則的使職差遣制的盛行，是政治紊亂、政權失控的表現，是唐代由盛轉衰的政治反映，標誌著隋唐政治文明的衰落。

人物小事典

王梵志

王梵志是初唐詩僧，衛州黎陽（今河南浚縣）人，生平不詳。史載他被黎陽城東人王德祖從枯樹中發現收養，聰明伶俐，七歲能寫詩。

王梵志善於用通俗詼諧的語言、日常生活的事例入詩，寄寓哲理，懲惡勸善。有些詩篇具有諷刺世態人情的積極意義，如「造作莊田猶未已，堂上哭聲身已死。哭人儘是分錢人，口哭原來心裡喜。」又如「城外土饅頭，餡草在城裏。一人吃一個，莫嫌沒滋味。」「梵志翻著襪，人皆道是錯。乍可刺你眼，不可隱我腳。」表現了詩人對生死的徹悟和對世俗的鄙視。王梵志開創以俗語俚詞入詩的通俗詩派，詩的風格淺顯平易而蘊含深義，被後人稱作「梵志體」而加以模仿。但是他也有些作品宣揚封建倫理和宗教虛無主義，內容淺薄，格調不高。

王梵志的詩在初唐很有影響，人們認為其詩可以使「智士回意，遇天改容，勸懲令善」（敦煌寫本《王梵志詩原序》）。佛門禪院也以它來作為教戒學道的教材。唐氏詩僧寒山、拾得一路的詩作，直接秉承王梵志衣缽，而王維、顧況、白居易、皎然等也或多或少受其詩風影響。日本也有書目記載王梵志詩集，可見其詩早已東傳日本。明清後，王梵志詩逐漸湮沒，直到敦煌藏經洞發現王梵志詩手抄本後，重又引起人們的廣泛關注。

新疆出土唐代「坎曼爾詩箋」

唐朝

重建長安城

在隋統一全國以前，西周、秦、西漢、新莽、前趙、前秦、西魏、北周等先後在長安城建設都城，隋文帝定都長安時，原有的西漢長安城宮殿破壞嚴重，佈局零亂，供水嚴重不足。於是，隋開皇二年（五八二），隋文帝命左僕射高任總裁，命太子左庶子宇文愷制定規劃，在原漢長安城東南重建長安城。

新長安城建設於開皇二年（五八二）六月動工，先修築城牆，開闢道路，建造宮殿，隨後修建了坊市，次年三月即已初具規模。因隋文帝北周時曾被封爲大興公，故將新城命名爲大興城。經過隋一代的建設，新長安城已規模宏大且佈局嚴謹。

整個長安城面積八十四平方公里，雄渾壯麗，功能分區明確，北臨渭水，東依灞滻二水，交通運輸便利。全城可分皇城、宮城和郭城三大部分，先建宮城，後建皇城，郭城則最後形成，郭城東西長九七二一米，南域寬八六五一點七米，城周長三六點七公里，城牆夯土版築，厚達九到一二米，城外距牆三米處有寬九米，深四米的城壕。東、西、南各開三

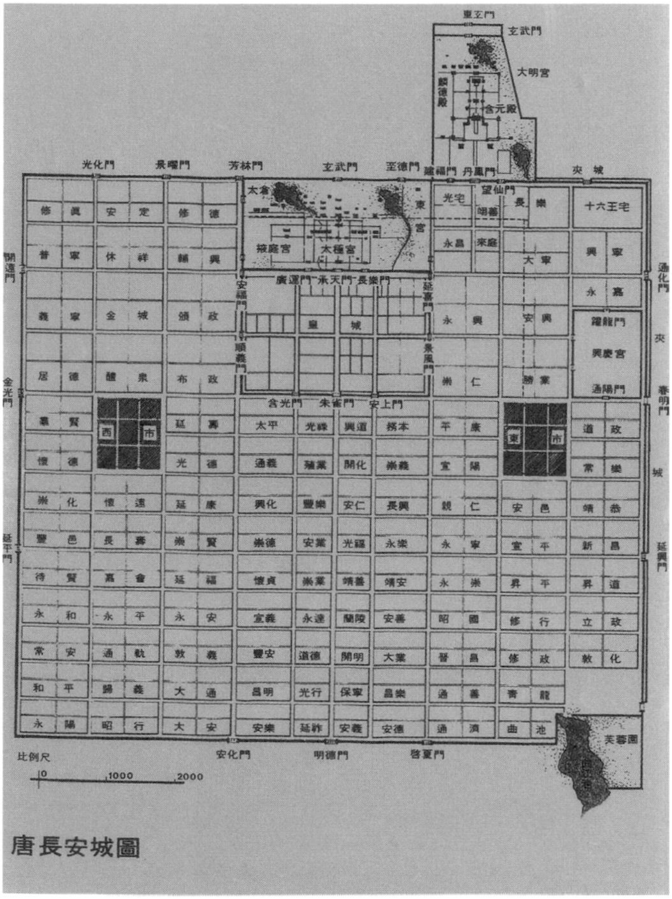

唐長安城圖

門，南門正中爲全城正門——明德門，最爲高大，有五個門道，其餘各門爲三個門道。城樓巍峨壯觀。城內自南而北有六條崗阜，象徵八卦中的六爻。

今西安的西城門

宮城包括太極宮、東宮、掖庭宮三部分，又稱西內，位於全城最北部的正中，宮城南北長一四九二點一米，東西寬二八二〇點三米，牆基一般一八米。宮城南部隔一條二二〇米寬的大街即與皇城相接，這裏是宗廟和軍政機構所在地。有太廟、大社、六省、九寺、十八衛等建築和官署。皇城內有東西向街道七條，南北向街道五條，寬達百步。

除了宮城和皇城以外，長安城內有南北並列的大街一四條和東西平行大街十一條，將全城劃分爲一〇八個里坊和東、西二市，佈置嚴整，經緯分明。街道寬一般在三五到六五米之間，最寬的達一百米，爲了便於排水，街面兩旁建築有寬二到二點五米，深二米的排水溝，沿街槐樹成行成列。

由縱橫的街道割裂而成的城中一〇八里坊是爲了便於管理居民而設計建造。每個裏坊都被高大的坊牆包圍，大量的居民夜間被控制在里坊以內。各坊都布列有佛寺，道觀和王府，它們都位於坊內的高崗處，極大地豐富了城市的立體輪廓線。

唐朝還將隋初對稱布列皇城東南、西南的大興城裏的都會、利人二市改稱東、西市，將手工業、商業店肆集中在這裏，體現了中國古代城市規劃的一大特點。成爲唐代工商業活動、國際貿易、文化交流的重要場所。

作爲隋唐兩代的政治、經濟、文化中心，長安城建築宏偉，佈局嚴整，功能完備，是當時世界上最大最繁榮的大都市之一。到唐末天複元年

（西元九〇四年），朱全忠強迫昭宗遷都洛陽，三百二十餘年的國都長安被全部廢毀。

六學二館系統形成

唐貞觀元年至貞觀十三年（西元六二七年～六三九年），在唐太宗等人的倡導和支持下，基本上形成了唐朝以「六學二館」爲代表的官學體系。「六學」系統是指傳統的國子學、太學、四門學和隋朝首創的書學、算學、律學（六學中只有律學屬大理寺）等專科類的中央官學，其中以國子學爲首，除律學外，都處在國子監控制之下。國子監是隋文帝時設置，用來作爲教育的行政領導機構。國子監初名國子寺，開皇十三年（西元五九三年）改爲國子學，大業三年（西元六〇七年）又改爲國子監，從此一直爲後世所沿用。國子監設祭酒一人總管國家教育事業，在行政上不隸屬太常寺，是獨立的最高教育機構。通常，在祭酒之下設主簿、錄事等專職人員，負責統領各級各類官學。這是中國歷史上首次設立的專門教育行政部門，也是專門設置教育負責官員的開端。

「二館」是指弘文館（由修文館改建）和崇賢館（六七六年改名爲崇文館）。唐朝建立以來，就大力發展文教事業。高祖武德四年（西元六二一年），在門下省設置修文館用來興學，貞觀元年又在門下省改設修文館爲弘文館，彙聚經、史、子、集四類書共二十多萬卷，精選天下著名儒家學者虞世南、褚遂良、姚思廉等人以本官兼學士，褚遂良任館主。館中不僅講論文義，商議政事，還傳授書法，教授經業。弘文館設在弘文殿左側，召勳貴三品以上子孫爲學生。六二八年，太宗恢復了隋代設置而在武德初年罷廢的書學、算學，貞觀三年又下詔命令各州設置醫學，貞觀六年再恢復了武德年間廢棄的律學。貞觀十三年，唐太宗又在東宮設立了崇賢館。這樣，在弘文館設置到崇賢館設置的十三年左右的時間裏，基本形成了六學二館系統。

唐朝政府盡召天下經師有德者作學官，廣建學舍一千二百間，大量增加學生名額。

貞觀十三年時，除六學二館外，屯營、飛騎等軍事機構中也都設置了學校，並有博士教學。高昌、吐蕃以及高麗、百濟、新羅、日本等還積極派遣子弟前來求學，學生總額達到八千餘人。

六學二館系統標誌著唐代教育制

度的完善，在教育發展史上是有著不容忽視的重要作用。

大明宮建成

大明宮是唐朝宮殿，位於今陝西省西安市城北的龍首原上，在唐朝長安城的禁苑中。貞觀八年（西元六三四年）開始興建，名永安宮，貞觀九年改名爲大明宮，自龍朔三年（西元六六三年）以後，是高宗以後的主要朝會場所。

據《太平御覽》，大明宮所處地「北據高崗，南望爽塏，終南如指掌，城市俯而可窺。」是理想的建宮地。高宗顯慶五年（西元六六〇年）武則天開始參與朝政，龍朔二年（西元六六二年）命司農卿大興宮殿，沿中軸線依次修築大朝含元殿、宣政殿（日朝）、紫宸殿（常朝），在這三組宮殿的兩側及後部共建三十餘處樓臺殿閣，並在大明宮北部依地形而鑿太液池，池中作蓬萊山，沿池四周修建四百間周廊，形成大明宮的宮苑區。

大明宮的正殿爲含元殿，位於丹鳳門正北龍首原的南沿上，是唐代最雄偉壯麗的宮殿組群，重大慶典和朝會多半在此舉行。含元殿始建于龍朔二年，它利用龍首山作殿基，據考古發掘可知，大殿前面兩側建有翔鸞、棲鳳二閣，爲門闕式樓閣，下設平座於高臺之上以烘托主殿，兩閣由曲尺形飛廊與大殿相接，雙閣的高聳與龍尾道的漸低互相輝映。大明宮另外一處重要宮殿群是麟德殿，是皇帝飲宴群臣、接待外賓、遊樂及佛事的地方。它是由單層廡殿頂的前殿與中後殿連接，是二層樓閣建築，大殿兩側有結鄰、郁儀兩樓，用飛橋接連後

麟德殿（模型）

殿，二樓前各建亭一座，造型別致。

大明宮與隋文帝時修建而唐朝沿用的太極宮、以及開元二年（西元七一四年）興建的興慶宮，並稱「三內」，是唐長安城內著名的三處宮殿區之一。

大明宮主殿含元殿及其後的宣政、紫宸殿三殿相重附會的「三朝」佈局形制，對後來歷代的宮殿佈局制度產生了深遠影響。大明宮是中國古代勞動人民偉大才能與智慧的結晶，反映了唐建築技術水平及成就。它的形制、佈局和建築基址的結構對我們後代瞭解唐代建築風格及歷史情況提供了歷史依據和形象資料。

閻立本丹青神化

閻立本，初唐傑出的工藝家與人物畫家。初為秦王府庫直，六二六年，受命畫《秦府十八學士圖》，貞觀十七年（西元六四三年），又應詔畫《淩煙閣功臣二十四人圖》。另外，他還作有《西域圖》、《永徽朝臣圖》、《步輦圖》及《歷代帝王圖》。他繼承家學，尤其擅長繪畫，他的畫筆線條圓轉流暢，疏暢堅實，色彩渲染濃重涼淨，富有韻律感，構圖比例和諧，技法純熟，刻畫入微。他常常配合當時政治上的重大事件來進行創作，以他敏銳的目光，純熟的技法，留下了具有深遠歷史意義的一瞬間。他的畫尤以《步輦圖》和《歷代帝王圖》備受後人推崇。

閻立本《伏羲女媧圖》

《步輦圖》描繪的是貞觀十五年唐太宗把文成公主嫁給吐蕃王松贊干布，松贊干布派使者祿東贊來大唐迎公主受到太宗接見的歷史事件。《歷代帝王圖》描繪了西漢至隋的十三個帝王像，創作主旨是為了「戒惡思賢」。從畫面可以看出，閻立本非常注意整幅圖畫中人物的比例，避免孤立脫節，有重點有分寸地刻畫了不同人物在特定場合中的各種動作、表情、心理狀態。他筆下人物形象豐滿，骨肉勻稱，善於選用特徵性情節，注意刻畫人物面部五

官的不同。除了在長卷限制的構圖上尋求一些變化外，他一般還著力於刻畫人物個性的差異。如在《歷代帝王圖》中，他根據帝王們各自特點和對其功過的「正統」評價，對其個性特點加以表現，並將自己的褒貶融諸於筆端。但是畫家又非常注意在表達自己的褒貶觀時從寫實出發，重在內心狀態的刻畫而不是流於表面形象的漫畫化或過分誇張，顯得含蓄精妙。閻立本的人物畫在吸取前人豐富的經驗的基礎上，將秦漢的純樸豪放與魏晉的含蓄雋永融合在一起，使中國人物畫進入一個精湛瑰麗的新時期。唐代評論家認爲閻立本的畫「六法該備，萬像不失」，「像人之妙，號爲中興」。他的丹青對後世影響頗大，他是開一代畫風的劃時代人物。他的畫體現了他的藝術風格和政治素質，使他成爲初唐最具代表性的著名畫家。後人稱讚他「兼能書畫，朝廷號爲丹青神化」。

唐錦流行於西域

唐錦是唐代工藝水平最高、最爲精美的絲織工藝品。在唐代，它已在西域廣爲流行。

唐代以前，織錦多爲經絲顯花，稱爲經錦。唐代，由經絲顯花一變而爲緯絲顯花，故唐錦又稱爲緯錦。一般用多種色緯分段換梭法織成，或用打緯器將緯絲打緊打密，使得織錦色彩絢麗典雅且花紋突出，豐富多變。

初唐時期織錦多爲聯珠紋錦，風格多樣，一派異彩紛呈的繁盛景象。這一時期織錦花紋明顯地受到波斯薩珊織錦的影響，薩珊錦的原型清晰可尋，異族情調很濃。隨著民族工藝水平的不斷提高，這種異域風格逐漸減少，民族風格愈趨濃郁。盛唐時期，織錦結構嚴謹，豐滿華麗，雄健豪放，昂揚的時代精神和盛唐氣象營鑄其中。這時聯珠紋錦減少，而諸如團花紋錦、對稱紋錦、幾何紋錦、散花紋錦等發展起來。其中聯珠團窠紋是聯珠紋和團窠紋的組合，後者一般在同樣大的圓形排連接的每個圓的周圍用聯珠圓環作邊飾，圈中間以動物、人物或花朵等立體紋樣裝飾，而對稱紋則格式左右相對，紋飾多飛禽走獸及人物，樹紋也較常見，幾何紋樣則多爲字、雙、龜背、鎖子、棋格、十字、鋸齒等形狀，此外還有將花朵、花、葉、花托等形象四向放射或多向放射，組織成多層次裝飾花紋的寶相花紋和以雪花爲原型的瑞錦紋、無固定規則的散花紋等。無不色彩鮮豔、富麗華貴。

唐代聯珠對鵝紋錦

新疆吐魯番阿斯塔那唐墓出土的《花鳥紋錦》鳥語花香、富麗堂皇，比較完整地表現了大唐織錦風彩。該墓下葬時期爲大曆十三年（西元七七八年）。而垂拱四年（西元六八八年）下葬的阿斯塔那張雄夫婦墓中出土的泥頭木身錦衣女俑，身著兩件絲織品爲緙絲和雙面錦，更顯珍貴。

府兵制興盛

府兵制創立於西魏，在後周、隋代得到發展，到唐代前期逐步發展到最興盛時期。

武德初年，設置軍府，由驃騎、車騎兩將軍府統領。武德六年（西元六二三年），改驃騎統軍，車騎爲別將。到貞觀十年（西元六三六年），又改統軍爲折沖都尉，別將爲果毅都尉。軍府改稱折沖府。

「折沖」一詞來源於古語「折沖於樽俎之間」，有不戰而勝的含義。折沖府軍事長官爲折沖都尉，副職是左右果毅都尉。府分上、中、下三等，上府編制一千二百人，中府一千人，下府八百人。府下設團，每團二百人，團的軍事長官稱校尉。上府轄六團、中府五團、下府四團。每團轄二旅，每旅一百人，旅有旅帥。旅下轄二隊，每隊五十人，隊有隊正、副隊正。隊下設火，火有火長，每火十人。

府兵自用武器、裝備以及征途所需糧食都由府兵自備。禁兵器，如甲、弩、矛、矛肖、戰馬等，由國家供給。到開元年間，府長所需糧食、衣物費用由所在州縣供給。

折沖府按居重馭輕的原則在全國各地部署。唐太宗劃天下爲十道，置軍府六五七個。唐代京城爲長安，關中最爲重要，部署軍府二八八個，占軍府總數的四三點九％。邊境地區以防備突厥爲重點，河東、河北、隴右等地軍府部署也較多。其他地區如江南、嶺南的軍府就比較少。

府兵制屬義務兵役制。士兵服役年齡一般爲二十一歲到六十歲，實際上是終身服役。每三年一揀點（徵兵），以補充軍隊中因退役和逃亡造成的缺額。府兵有內府、外府之分。內府稱爲三衛五府。其士兵由權勢子弟充任。外府即折沖府，其府兵由中等以上農民、以及六品至九品官子孫點充。徵兵的標準是：「財均者取強，力均者取富，財力又均者先取多丁。」以此保證官僚、地主的子孫在軍隊中占主要成份並成爲骨幹。每年冬季，折沖都尉率自己所屬人馬演練軍務。府兵輪流到京城宿衛，按路程遠近分番輪流，五百里內爲五番（五人一組互輪，每五個月上番一次），一千里內爲七番，一千五百內爲八番，二千里內爲十番，二千里外爲十二番。每番一個月。軍府大部分分佈於京師附近的關內、河東、河南等道，以關中臨舉四方，鞏固中央集權制度。

府兵平時從事農業生產，農閒時參加軍事訓練。各級長官向府兵灌溉忠君思想。這種從上至下對府兵的重視，使府兵表現出較高的軍事素質和政治素質。

唐建南北衙

六一八年，李淵入長安，下令沿用隋府兵制。貞觀十年（西元六三六年），唐太宗對府兵制進行整頓，設立十二衛和太子東宮六率爲府兵的中央管理機關。唐代中央官署因在南衙辦公，故稱南衙或南司，十二衛屬南衙，由宰相負責，所以又稱爲南衙禁軍。

而元從、羽林等禁軍起初沒有專門機構，多由皇帝通過宦官或武官親領。宦官居禁宛內，與南衙相對，故稱北衙。禁軍常屯駐北門，所以稱爲北衙禁軍。主要負責皇宮宿衛。

南衙十二衛有左右衛、左右驍衛、左右武衛、左右威衛、左右領軍衛、左右候衛。

各衛設置大將軍一人，將軍二人。各衛府還設長史，錄事參軍事，以及倉曹、兵曹、騎曹、胄曹參軍等官員，每員各有職掌。六衛率是左右衛庇、左右司御率、左右清道率。各率府設率一人，副率二人，其餘官員設置與十二衛大體相同。各衛、率的共同職責是平時管理府兵輪番宿衛諸事，並統領分佈在全國各地的折沖府，戰時奉命率軍出征。各衛、率在宿衛等方面各有專責，所統領折沖府數也多少不等。

由於十二衛與六率所領折沖府交叉分佈在全國不同地區，一個道的折沖府又分屬不同的衛、率系統，這

樣，各折沖府互相牽制，外軍很專擅軍權而割據一方，最高軍事管理機關將領也不易利用所轄府兵發動叛亂。而皇帝則通過兵部掌握了十二衛與六率所統府兵的發兵權，從而加強了對軍隊的控制。這對維護封建中央集權國家的安全與穩定有著至關重要的作用。因此，南北衙的建立也標誌著封建軍事管理制度的成熟與完善。

律宗形成宗派

律宗是中國佛教史上以研習和傳播戒律爲主的宗派，它所依據的經典主要是《四分律》。七世紀時，唐代道宣著成《四分律合注戒本疏》、《四分律刪補隨機羯摩疏》、《四分律拾毗尼義鈔》三部書，對《四分律》作了一尊的解釋，律宗作爲一個宗派正式形成。道宣長期在終南山傳道，故其宗派稱南山宗。

與此同時法勵及其弟子懷素並弘《四分》。分別開創了相部宗和東塔宗，故唐代律宗三宗並立，繁盛一時。

律宗所據的經典《四分律》出於印度部派佛教時期的「律藏」，曹魏以後傳入中國。魏正元二年（西元二二五元），曇柯迦羅譯出《曇無德（法藏）羯摩》（即《四分律》原棲），並正式剃度中國僧人，開律宗之

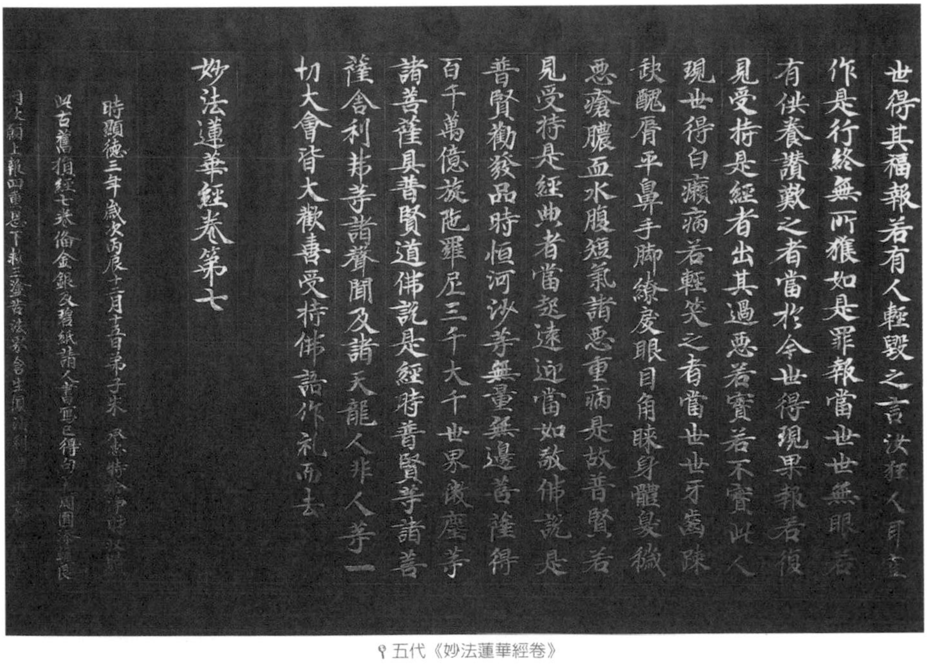

五代《妙法蓮華經卷》

源，律宗的譜系爲：曇無德…曇柯迦羅——法聰——道覆——慧光——道雲——道洪——智首——道宣…可見在道宣之前的數位中國僧人已開始對律宗典籍的研究。道宣以後，南宣律宗傳人鑒眞東渡日本傳戒，開日本律宗之源。

律宗認爲戒律是戒、空、慧三學之首，特別重視戒律的作用。將全部佛教戒律分爲「止持」、「作持」兩類。僧、尼二眾制止身、口、意作惡的別解脫戒爲「止持戒」；安居、說戒、悔過等行則爲「作持戒」。律宗又將教理分爲戒法（佛祖所制戒律）、戒體（受戒時佛門弟子以心領受的法體）、戒行（受戒後隨順戒體的如法行爲）和戒相（因持戒表現於外的相狀），其中戒體是核心。

律宗也有自己的判教理論，以化教和制教總括佛教諸派。化教是佛陀教化眾生爲教法，包括性空、相空、唯識三教；制教是如來教戒眾生的教法，包括實法、假名、圓教三宗，圓教宗主張心法戒體，南山律宗以此認爲自己是圓教宗，代表佛教的最高水準。

唐代律宗三宗並立的局面維持了一段時間，不久相部、東塔二宗相繼衰落，獨存南山一宗承傳法系，綿延不絕。

淨土宗建立

淨土宗作爲中國佛教流派中專修往生阿彌陀佛淨土的法門，在隋唐之際發展成一個正式的宗教流派，道綽和善導是淨土宗的眞正創始人。

道綽因見到記載曇鸞的碑文而改宗淨土，專念阿彌陀佛，日限七萬遍，教人以豆或念珠紀念佛次數，認爲在此末法時代，只有憑藉願力才能往生西方淨土。善導，初誦《法體》、《維摩》，後依《觀無量壽經》。曾在玄中寺聽道綽講淨土要旨，後去長安宣揚淨土信仰，著有《觀無量壽佛經疏》、《往生禮讚偈》等，且抄《阿彌陀經》幾十萬卷，畫淨土變相三百幅，至此，淨土宗的理論和行儀趨於完備，正式成爲一個宗派在隋唐之際廣爲流傳。

嚮往西方淨土的思想在東晉時期已經產生。慧遠被奉爲淨土宗初祖。此後淨土思想代有傳習者，東魏曇鸞著《安樂淨土義》、《贊阿彌陀佛偈》，是淨土思想的重要傳承者。

淨土宗重信仰輕理論，以三經一論爲典籍。三經是《無量壽經》、《觀無量佛經》和《阿彌陀經》，一論是世親所著的《往生論》。淨土

宗主旨以念佛行業為內因，以彌陀救拔眾生的願力為外像，內外相應，往生阿彌陀西方淨土（極樂世界）。淨土宗認為世風混濁，靠「自力」解脫甚，主張依「他力」往生淨土，以念佛為宗教實踐。念佛方法有四種：持名念佛、觀像念佛、觀想念佛、實相念佛。而尤重持名念佛，故後世唯持名念佛最為流行。信徒們認為只要一生至誠念佛，就能往生淨土。善導又把修行的方法分為正行和雜行兩類。由於淨土宗修行簡易，中唐以後廣為流行，同時其他各宗派的僧人一般都兼修念佛法門。因此，淨土宗在中國得以普及於一般社會，一直流傳至今。善導以後，淨土宗繼續流傳，歷代名師輩出。善導的《觀經疏》於八世紀時傳入日本，十二世紀時日本僧人源空受其影響，創立日本淨土宗；其後，源空的弟子親鸞又開創淨土眞宗。

「南青北白」

唐代陶瓷在隋代青、白瓷成熟的基礎上進一步發展，出現了「南青北白」的局面。同時還燒出成熟的黑、黃、花瓷。最引人注目的是創燒出中外聞名的唐三彩和釉下彩。《陶錄》上說「陶至唐而盛，始有窯名」，一些制瓷中心逐漸形成名窯，如越窯青瓷（秘色瓷）、邢窯白瓷、長沙銅官窯釉下彩繪等。由於海、陸絲路的進一步暢通，促進了陶瓷大量出口，對世界陶瓷產生了非常深遠的影響。

唐代青瓷是唐代陶瓷的主流，窯址遍佈南北，其中南方越窯青瓷最有名，最有代表性，主要分佈於對外貿易港口明州（寧波）附近，窯場林立，大量生產，大量出口，唐、五代、北宋時盛行。越窯青瓷胎骨較薄，施釉均勻，青釉瑩潤，多作茶具，這與當時飲茶之風盛行有關，陸羽《茶經》評品當時各地瓷器茶具時說「越州上」、「類玉」、「類冰」。越窯青瓷除出口外，還供宮廷使用，朝廷設官督造，從此開歷代官窯之先河，因此越窯青瓷又叫「秘色瓷」。器形有罐、壺、瓶、杯、碗等。壺多為短嘴長柄壺，有的還受波

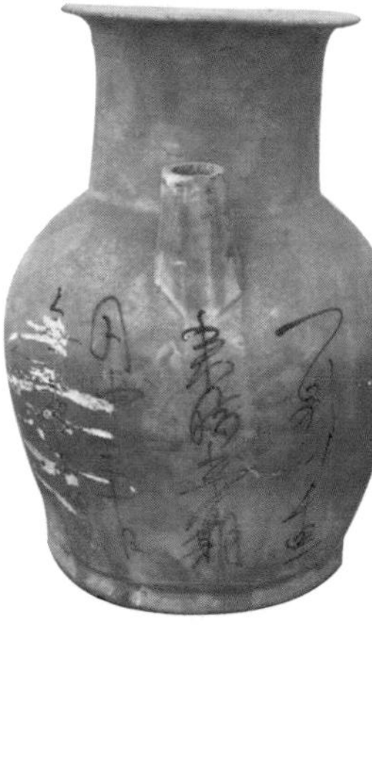

唐青釉褐彩詩文壺

唐黃釉胡人獅子扁壺

斯薩珊銀器影響，出現鳳頭壺、扁壺。例如，故宮收藏的青釉鳳頭龍柄壺就受波斯影響，造型別致，裝飾繁縟，藝術水平很高。瓶有雙龍耳瓶，是唐代特有的。杯也受外來影響，表現在高足和小環耳上。裝飾紋樣有獅子、鸞鳳、鸚鵡、鴛鴦、龍水、雙魚、牡丹、蓮花、卷草及人物、山水等。裝飾手法有刻花、劃花、印花、堆貼等，以線造形，圓熟流暢。唐代前期風格簡樸，多為素面，後期逐漸變得華麗。

唐代青瓷除越窯系統外，還有浙江的甌窯、婺州窯，湖南的岳州窯，江西的洪州窯等，此外福建、廣東、四川也有青瓷生產。

唐代陶瓷「南青北白」，說明當時白瓷主要產於北方，河北、河南、山西、陝西、山東都有生產，而其中河北臨城邢窯最有名，與南方越窯並稱。邢窯白瓷生產始於初唐，開元、貞元時普及全國，「天下無貴賤通用之」（《國史補》）。陸羽《茶經》說它「類銀」、「類雪」，胎上掛白化妝土，然後再上白透明釉，釉色白中閃黃。器內滿釉，器外半釉，釉不到足，自然垂流。唐後期改為施全釉，體薄釉潤，胎釉皆白，光潔純淨。器形樸素大方，不施紋樣，有罐、壺、瓶、碗、盤、枕、燭臺、玩具等，底多為平底和寬邊玉璧底。

唐蕃和親

七世紀初，松贊干布統一吐蕃後，就與唐建立了和好關係。但在以後的發展過程中，這種關係並不是一帆風順的，在和好的同時伴以矛盾、衝突，常以兵戎相見。除小的邊界摩擦之外，兩國還多次發生大的軍事衝突。

唐蕃之間儘管鬥爭比較激烈，但總的來看，矛盾、衝突是暫時的或局部的，和好總趨勢並沒有斷，在六三四年至八四六年的二百一十三年期間雙方使節往來異常頻繁，據不完全統計，共有一九一次，其中唐入吐蕃六十六次，吐蕃入唐一二五次。使臣的任務各種各樣，主要是雙方的和親與會盟。

唐與吐蕃的和親是在吐蕃建國之初開始的。松贊干布渴慕唐風，以能與唐和親為榮。

六三四年，松贊干布遣使入貢並請婚。唐太宗婉言拒絕，派馮德遐前往撫慰。松贊干布又遣使隨馮德遐入朝，「多齎金寶，以奉表求婚」，亦未獲准。

松贊干布為引起唐政府的重視，發兵直指唐松州（今四川松潘），為唐軍所敗。退兵後馬上「遣使謝罪，因複請婚」。六四〇年，松贊干布又遣大相祿東贊至長安，獻金五千兩，珍玩數百請婚。太宗許嫁宗女文成公主。六四一年初，文成公主在唐送親使江夏王李道宗和吐蕃迎親專使祿東贊伴隨下，出長安去邏些完婚。

據《吐蕃王朝世襲明鑒》等書記載，文成公主一行隊伍非常龐大，唐太宗的陪嫁十分豐厚。有「釋迦佛像，珍寶，金玉書櫥，三百六十卷經典，各種金玉飾物」，又給多種烹飪食物，各種飲料，各種花紋圖案的錦緞墊被，卜筮經典三百種，識別善惡的明鑒，營造與工技著作六十種，治四百零四種病的醫方一百種，醫學論著四種，診斷法五種，醫療器械六種。又攜帶各種穀物和蕪菁種子等入藏。松贊干布親迎於河源，對唐行子婿之禮，還專建宮室供文成公主居住。文成公主的隨行隊伍中還有各種工匠，這一隊伍成為傳播中原先進的農業、手工業、文化科學技術的使者。

唐高宗初年，又應請送去蠶種和善於釀酒、紙墨的工匠。吐蕃還派大批貴族子弟到長安國子監學習，唐的文人也受聘到吐蕃管理文書，連唐貴族的服飾也傳

吐蕃贊普禮佛圖

入吐蕃。

文成公主在吐蕃生活了近四十年，一直倍受禮遇並深得吐蕃人民的愛戴，六八〇年病故。

六八一年，吐蕃又請求婚武則天之女太平公主，遭到拒絕。七〇三年，吐蕃又遣使獻馬一千匹，黃金二千兩，上表求婚。武則天應允，後因吐蕃贊普西征泥婆羅戰死而作罷。

七〇七年，吐蕃遣其大臣悉薰熱入貢求婚，唐中宗允以養女（雍王守禮女）金城公主爲吐蕃贊普妻。七〇九年，吐蕃遣其大臣尚贊咄等千餘人至長安迎親。七一〇年金城公主成行。中宗賜「錦繒別數萬，雜伎諸工悉從，給龜茲樂」，並親至始平縣（今陝西咸陽西北）送行。金城公主的和親進一步促進了唐與吐蕃的經濟、文化交流，唐的大量絲織品和生產技術更廣泛地傳入吐蕃。應金城公主之請，七三一年唐還賜給吐蕃「《毛詩》、《禮記》、《左傳》、《文選》各一部」。赤德祖贊，金城公主則獻方物入貢。在政治上金城公主在緩解唐與吐蕃的衝突，促成雙方的會盟等方面也起了積極的促進作用。

禁自傷身體

隋朝末年，國內戰爭紛起，宮廷奢侈，財政入不敷出，故強征苛捐雜稅，有些百姓爲避免苛重賦役，往往自廢肢體，稱做「福手」、「福足」，到唐太宗貞觀年間，這種不良風氣猶然存在。

太宗於貞觀十六年（西元六四二年）七月，下詔，規定今後自傷身體之人，要依法加罪，而且仍要服役。

畫功臣於凌煙閣

凌煙閣位於唐都長安內，座落太極宮內東北，閣內共設三隔，分別繪畫功高宰輔侯王及其他功臣像。

唐太宗貞觀十七年二月，太宗爲表示不忘舊臣功勞，下令畫各功臣像於凌煙閣。太宗自己作贊，褚遂良題閣，閣立本繪畫。共繪有二十四位功臣像，他們是長孫無忌，李孝恭、杜

李勣像

如晦、魏徵、房玄齡、高士廉、尉遲敬德、李靖、蕭瑀、段志玄、劉弘基、屈突通、殷開山、柴紹、長孫順德、張亮、侯君集、張公瑾、程知節、虞世南、劉政會、唐儉、李世勣、秦叔寶。

太宗更立太子

唐太宗貞觀十六年（西元六四二年），太宗因太子承乾失德，魏王泰得寵，爲解除天下疑惑，二月，任命魏徵爲太子太師，輔佐承乾，以昭示天下無廢立之心。但太子承乾貪圖享樂，荒廢學業，令太宗失望。同時漢王李元昌（太宗弟）也經常做違法之事，太宗多次責備他。因而太子、漢王兩人耿耿於懷，便籠絡朝臣，樹朋黨與魏王泰相對抗，還私下豢養刺客紇干承基及百餘名壯士，欲謀殺魏王泰。太子承乾見李泰恩寵日隆，日益不安，便糾集大臣侯君集及其女婿、東宮千牛賀蘭楚石、漢王元昌密謀造反，紇干承基上告太宗太子謀反之事。貞觀十七年四月，太宗下詔廢太子承乾爲庶人，賜漢王元昌自盡，侯君集及參與主謀者均被斬。

承乾被廢後，太宗與長孫無忌、房玄齡、李世勣、褚遂良等議立太子之事，太宗猶豫不決，欲立有才華的魏王泰，又恐重演父輩骨肉相殘悲劇。欲立晉王治，但又嫌其懦弱。最後太宗接受長孫無忌、褚遂良等元老重臣的意見，於貞觀十七年（西元六四三年）四月七日，詔立晉王治爲皇太子，並同時幽禁魏王泰於北苑。九月，太宗任長孫無忌爲太子太師、房玄齡爲太傅、蕭瑀爲太保、李世勣爲太子詹事。

譯《老子》爲梵文

貞觀二十一年（西元六四七年）李義表從西域返回長安，上書奏稱東天竺童子王處沒有佛法，而外道盛興，李義表於是告訴童子王，中國沒有佛法以前已有聖人（指老子）講道。童子王請譯之爲梵文。太宗遂命玄奘法師與道士蔡晃、成英等共三十餘人，集中在五通觀翻譯《老子》爲梵文，《老子》全文共五千言。玄奘與蔡晃、成英在翻譯過程中頗有分歧。

李靖論兵

李靖（西元五七一年至六四九

年），字藥師，京兆三原（今陝西三原）人，是唐代著名軍事家。他少時精研孫吳兵法，在後來長期征戰過程中總結出自己較為系統的軍事思想，主要體現在《衛公兵法》和《李衛公問對》等兵書中。

《衛公兵法》又稱《大唐衛公李靖兵法》，分為上中下三卷，在軍事學術上頗有見解。李靖特別強調以謀取勝，主張將領謀深慮遠，反對臨機應敵、陷於困境。書中對如何知己知彼決策制敵、帶兵治軍進行了具體論述，在總結實距經驗的基礎上對《孫子兵法》有所深化。李靖還從理論上提出「持久戰」問題，他對「兵之情主速」進行了具體分析，認為速戰速決與持久戰應根據實際情況使用，二者不可偏廢，從理論上糾正了只講速戰、反對持久的片面觀點，成為《衛公兵法》軍事理論上的一個重要貢獻。在治軍方面，李靖突出嚴格賞罰，他認為賞罰分明是治軍的當務之急，賞罰的施行要講求時效性，並對如何實施賞罰作了詳細規定，同時他也強調愛護兵士。《衛公兵法》還以較多篇幅論及戰術問題，表明李靖對這個問題的高度重視和高深造詣。他強調在戰術上重視敵人，即使對弱敵也必須慎重對待；在交戰之前，必須審時度勢，採取多種戰術手法；對陣法、行軍法、撤退法、行引法、安營法、教戰陣法、旗法等都有獨到的創見和詳盡的論述。

《李衛公問對》又名《唐太宗李衛公問對》，簡稱《問對》，是以唐太宗與李靖討論兵法的形式寫成的問答體兵書。此書作者不明，應是對李靖事蹟和思想有深入研究者，全書是對李靖軍事思想的總結和闡發。書中提出，用兵的核心問題是爭取主動權，無論進攻還是防禦，這都是首要問題，這一觀點至今仍堪稱真知灼見。《問對》對《孫子》提出的「奇正」原則做了辨證的論述，總結前代兵家的見解，指出戰場上沒有固定劃分，正和奇不是一成不變的，奇正在一定的條件下相互轉化，善用兵者必須善於運用奇正轉變規律，使敵人以預料，以達到制敵的目的，這一論點明顯高於前人。《問對》也揭示了奇正與虛災的內在聯繫，指出只有知奇

唐白瓷菱花口盤

正，才能知敵虛實；只有知敵虛實，才能正確使用奇正，這樣就能致敵而不被敵所知。

振興儒學運動興起

隋唐五代的教育主要是注重儒學的教育，學制系統基本上是圍繞儒學的基本精神建立和發展的。但在隋代，佛家、道家思想嚴重威脅了儒學在教育和思想領域中的統治地位，隋文帝在興廢儒學方面的反復就是典型的例子。

在唐初的一百年時間裏，統治者摒棄了隋朝棄儒佞佛的作法，在注重「三教並重」政策的同時突出了儒學在文教事業發展中的統治地位。在這種良好的背景環境中，儒學逐步完成了對前朝文教事業，特別是經學教育思想的總結和集大成的工作，儒學統一和復興的局面隨之出現，並湧現了一大批著名的儒家領袖人物，如房玄齡、杜如晦、陸德明、孔穎達等。此外，《五經正義》、《經典釋文》等一大批重要的儒學經典問世，爲唐代和後世提供了權威的教材和標準的科舉考試。

隋唐五代的儒學不是傳統儒學，而是經過整理和改造後的儒學，所以更加符合統治者的利益，也能得到歷朝帝王的提倡。唐太宗自幼熟讀儒家經史及文學之書，明確指出他所好的只有堯舜周孔之道，並在各方面顯示對儒學的尊崇。貞觀二十一年（西元六四七年），唐太宗下詔讓歷代經學家左丘明、卜子夏、公羊高、谷梁素等二十一人配享孔子廟庭。同時敕令將孔穎達等人撰定的《五經正義》頒行全國，令在下傳習。

太宗在爲太子所作的《帝範》十二篇中，基本上都採用了儒家的帝王之術思想。唐太宗以後諸帝基本上都崇尚儒術。唐玄宗在開元二十年下詔稱孔子之術能啓迪蒼靈，美政教，化風俗，爲此特追封孔子爲文宣王，將孔子抬上了帝王之位。尤其重要的是，在唐初及玄宗時代，尊崇儒學已用法律形式固定下來，作爲官方的政策來執行。唐玄宗還親注《孝經》，以此作爲全體百姓的欽定課本。當時制定的《大唐六典》中，對發展儒學作了詳細的規定，將振興儒學的政策進一步具體化。玄宗以後，唐代各朝皇帝都在發展和振興儒學方面作出了努力。代宗令官人子弟入學補國子生，同時選拔和培養經學師資，重興太學。文宗時，根據國子監的奏言，把九經字體刻在石上，進一步加強了經學教材的統一。文宗、宣宗、武宗等也都採取了一系列的排擠佛道的措施，以試圖重振儒學。

但唐太宗以後，崇佛崇道之風不斷興盛起來，如何對待佛教成了人們關注並想妥善解決的重大課題。一方面統治者看到佛道思想有許多可取之處，可作爲儒家思想的補充；另一方面文人也看到佛道思想及學術成果有許多可資借鑒和學習的地方。因此，有不少人提出過以儒爲主，合彙三教的積極主張，揭開了隋唐五代儒學思想矛盾、變化和發展的序幕。這一時期的儒學發展形態可以被稱爲「前理學時期」的儒學，是宋代理學思想的淵源。

唐太宗主持撰修《晉書》

貞觀二十年（西元六四六年），唐太宗下令重修《晉書》。以房玄齡、褚遂良爲監修，參與撰述的有令狐德、許敬宗、李延壽等二十一人。

新修《晉書》以南朝齊人臧榮緒所撰《晉書》爲藍本，採諸家晉史及晉人文集予以補充，重新撰定。因唐太宗曾爲宣帝、武帝二紀及陸機、王羲之兩傳寫了四篇史論，故全書又題作「御撰」。

《晉書》記事，起於泰始元年（西元二六五年），迄於元熙二年（西元四二〇年），含西晉東晉十一帝，共一五六年史事。全書帝紀十卷、志二十卷、列傳七十卷、載記三十卷，敘例、目錄各一卷。對於西、東兩晉以及與東晉並存的北方十六國史事記述得井井有序。載記中精采紛呈，如關於石勒的兩卷，寫他「與鄉老齒坐歡飲，語及平生」，寫他「常令儒生讀史書而聽之」及所發議論，可謂酣暢淋漓，極負聲色。

《晉書》的天文、地理、律曆、禮、樂、職官、輿服、食貨、五行、刑罰等十篇志，寫出了兩晉的典章制度。如《地理志》，在總敘中寫出了歷代地理建置的沿革流變，也寫出了歷代封國、州郡的等級、寬狹、以及

唐貞觀年間儀衛壁畫

戶口增減情況，是一篇很有價值的地理總論。

《晉書》列傳中收錄了不少有價值的文章，如劉寔的《崇讓論》、裴頠的《崇有論》、陸機的《辨亡論》等等。《晉書》首創「載記」一體，用來記載十六國的興亡歷史，是現存有關十六國史事較爲完整的重要史料，極具參考價值。

「直錄史事」是《晉書》的優點，但它也存在不少問題。如取捨不當，虛詞浮藻等。但是，安史之亂後，諸家晉史完全失傳，唯該書獨存，因此，《晉書》以它廣博而豐富的史料成爲研究晉史的基本文獻資料。

昭陵六駿刻成

在唐代開國的歷次征戰中，唐太宗李世民曾先後騎馳六匹駿馬馳騁疆場，與之同生死，共患難。出於對這六匹戰馬的緬懷之情，貞觀十一年（西元六三七年）十一月，唐太宗李世民命令匠師將六匹駿馬的形象刻於石屏之上，並親自爲其作贊辭。後這石屏被置於安葬唐太宗的今陝西省禮泉縣東北九山主峰的昭陵，稱爲昭陵六駿。鑲嵌於昭陵玄武門下的六駿圖，作東西對稱排列，東爲颯露紫、拳毛騧、白蹄烏，西爲特勒驃、青騅、什伐赤。其中現藏美國費城賓西法尼亞大學美術館的颯露紫保存最爲完好。此是李世民征討王世充時的坐騎。在邙山之戰中，颯露紫身中數箭，李世民身陷敵陣，與大軍失散，護駕猛將丘行恭爲該馬拔出箭簇，使太宗脫險。畫面即是以高浮雕手法刻劃了丘行恭爲馬拔箭時的情節，浮雕中馬前腿挺直，肩項高聳，丘行恭沈著鎮定，雙手握箭杆，暗運氣力，人馬動作雖不大，但處理極爲含蓄，構圖精練，手法異常細膩。其餘五駿，以獨馬構成畫面，有站立的，有緩步款行的，有奔馳的，姿態生動，形象各異，注重整體感和大的體面關係，巧妙地運用曲直勁利的線索和微妙的起伏變化，表現出駿馬豐厚強健的體

什伐赤（昭陵六駿之五）

魄，收到了近乎圓雕的空間感和體量感。

昭陵六駿是唐代石刻藝術的精品，代表了這一時期中國雕刻藝術所達到的水平和取得的藝術成就。

歐氏父子創歐體字

中國唐代著名書法家歐陽詢（西元五五七年至六四一年）精通書法，尤擅楷書，學二王（王羲之、獻之），勁險刻厲，於平正中見險絕，自成面目，創立「歐體」字，至後世影響極其深遠。其子歐陽通，繼承家學。歐陽父子均聲著書壇，被稱爲「大小歐」。

歐陽詢，字信本，潭州臨湘（今湖南省長沙市）人，在隋代時書法就很有名，唐代時歷任太子率更令，故歐字也被稱爲「率更體」。他和虞世南、褚遂良、薛稷並稱爲唐初四大書法家。

歐陽詢由隋入唐，將二王書風帶入唐代。他的書法遠承魏晉，在六朝樸茂峻整的基礎上創造了自己的風格，他初學王羲之，後書體漸變，筆力險勁，成爲一時之絕。

他用筆古左隸出，凝重沈著，轉折乾淨俐落；結體緊結，方正渾穆，有一種極爲森嚴的氣度，在雍容大度中，又有險勁之趣。

歐陽詢《九成宮碑》

歐陽詢的墨蹟，取王羲之法則，又行以隸法，晚年字形修長，筆勢見方，有《夢奠帖》和行書《千字文》等。其中《夢奠帖》結體富於變化，最能表現歐書勁險刻厲、矛戟森列的特色。《史事帖》是他晚年力作，書體筆意近《蘭亭序》，深得二王風氣，被後人評爲「歐行書第一文」。歐陽詢傳世碑刻有《九成宮醴泉銘》、《皇甫誕碑》、《化度寺邕禪師塔銘》、《虞恭公溫彥博碑》。其隸書碑刻有《房彥謙碑》等，其中《九成宮醴泉銘》高華莊重，法度森嚴，用筆剛勁，纖濃得中，寓險峭于平正之中，成爲學習書法的楷模。《化度寺邕禪師塔銘》書法靜穆渾厚，嚴密秀腴，在精

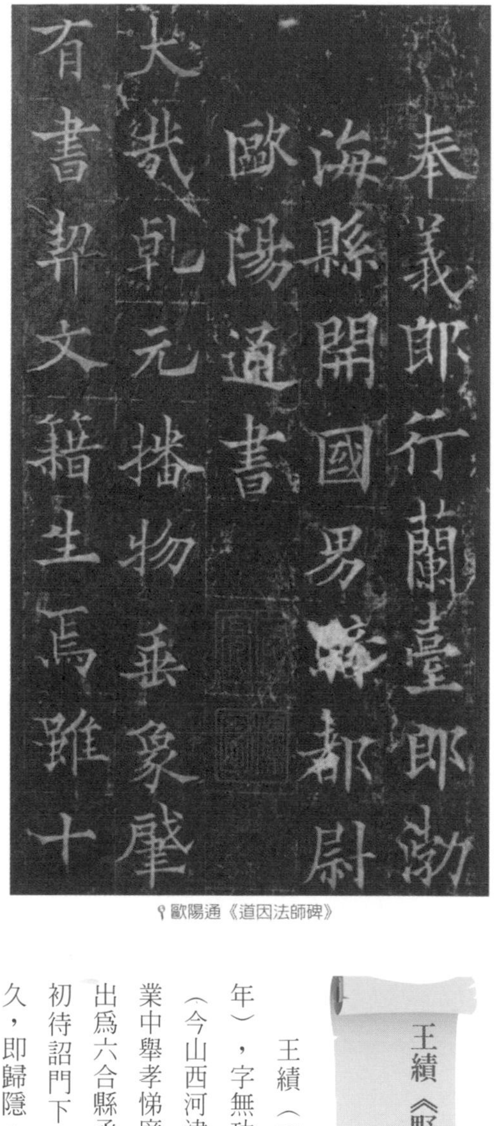
歐陽通《道因法師碑》

整險勁中別具風貌，是歐陽詢晚年得意之作。

歐陽詢之子歐陽通，繼承文學，自幼臨習父親遺墨，深得嫡傳，其險勁橫逸甚至超過父親。他的《道因法師碑》，隸意更濃，但鋒穎過露，含蓄處不及其父，更缺少其父那種方正嚴穆、雍容大度的風貌。

歐氏之子所創的歐體字，凝重沉著，方正端嚴，勁險刻厲。張懷《書斷》說他「八體盡能，筆力險勁，篆體尤精……，眞行之書別成一體，……其草書迭蕩流通，視之二王，可爲動色。」《宣和書譜》則列歐陽詢爲翰墨之冠。歐體字聲名當時已遠播國外，對後世影響更是深遠，歷代科舉取仕即以歐體字爲考卷的標準字體，學書者也多以此爲楷書入門的最佳範本。

王績《野望》顯示唐律詩成熟

王績（西元五八五年～六四四年），字無功，號東皋子。絳州龍門（今山西河津）人。初唐詩人。隋大業中舉孝悌廉潔科，授秘書省正字。出爲六合縣丞。因嗜酒被劾去職。唐初待詔門下省，一度爲太樂丞。不久，即歸隱。他的詩多以山水田園爲題材，其中透露出一種保全自身的避世思想，也往往寓有抑鬱不平的感慨。他的詩擺脫了唐初浮靡的詩風，對唐代五言律詩的形成也有一定的貢獻。

《野望》詩是早期出現的成熟的五言律詩之一，是王績的傳誦之作。這首詩描寫秋原景物，反映了詩人孤獨憂鬱的心情。詩的開始兩句「東皋薄暮望，徙倚欲何依」，指出詩人是在夕陽黃昏的「薄暮」中「野望」，眼前是一片蒼茫的暮景，恰好與他徬徨消極的心情相協調。接著四句「樹樹皆秋色，山山唯落暉。牧人驅犢返，獵馬帶禽歸」，具體描寫野望之所見。只見所有的樹木都凋殘枯黃了，一座座山峰都覆蓋著落日的餘輝，自然景物是衰敗暗淡的。牧人和獵馬也都返回了自己的家園，更襯托出詩人的孤獨之感。最後詩人又「相顧無相識」，所以便只好「長歌懷采薇」來作爲自己的精神寄託了。

這首詩借景抒情，質樸自然，洗盡了宮體詩的浮華和淫豔的風氣，這在初唐十分可貴。初唐時律詩尚未完全定型，不合律的情況時有所見，而此詩卻比較規範，是一首比較成熟的五律，對偶工整妥貼，但又自然而不呆板。因而此詩對唐代五言律詩的形成具有一定的影響。

文化小事典

邸店成為最早的錢莊

邸店最早出現於南朝時期，到隋唐時獲得了很大的發展。唐初時法律上明確規定了邸店的含義為：「居物之處為邸，沽賣之所為店。」但邸店實際上並沒有這樣嚴格的區別，它既同販運商相聯繫，又同零售商相聯繫，可以說是批發商同零售商之間的中間環節，除了收儲、寄存客商的貨物進行貨棧業務之外，還替客人代理批發和銷售業務，因此，邸店事實上成為存積貨物、商品貿易和商旅住宿的場所，經營的商品數量大，營業額極豐，生意非常興隆，這需要有大量的款項來收儲撥兑，所以邸店又開設了很多金融業務，於是邸店成為中國最早的錢莊。

邸店既經營直接交易，又經營居間交易，還開辦大量的儲貨、住客業務，所獲的利潤非常豐厚，邸店的金融業務規模也很大，經手的數目常常過千萬，吸引了很多富商大賈在京城、各重要的通商口岸和商業發達的城市大量地開設邸店。據《太平廣記》記載，定州的何名遠在每一個驛站旁邊都設立邸店；有的大商人在長安西市的秤行南邊開辦了二十多間邸店，每天獲利潤幾千文；西京的富商鄒鳳熾所造的邸店更是「遍佈海內，四方物盡為所收」。各地有權有勢的官吏，尤其是藩鎮，也紛紛經營邸店牟取暴利。唐朝為此曾在開元、大歷年間頒佈三次禁詔，一再禁止官員開設邸店，以此試圖樹立官員清正廉明的形象，限制這種風氣的蔓延。但屢禁不止，官員和各種富商開辦的邸店越來越多，使這種最早的錢莊迅速發展起來。邸店對唐朝商業發展起了很大的促進作用。

踏歌流行

唐代舞蹈高度發展，群眾性舞蹈活動亦十分興盛。「踏歌」便是一種極為盛行的節日群眾性歌舞。

「踏歌」歷史十分悠久。著名的青海大通縣出土的新石器時代舞蹈紋彩陶盆，所繪五人一組牽手而舞的形象，可以說是對這種舞蹈形式最古老的形象描繪。相傳堯帝時「有壤父五十人，擊壤于康衢」（《太平御覽》引《逸土傳》）的《擊壤歌》），也是與「踏歌」十分相似的民間歌舞。原始時代氏族成員人人都可參加的自如歌舞，應是「踏歌」的淵源。

唐代，在鄉村、城鎮，甚至宮廷組織的慶祝活動中，「踏歌」是人們十分喜愛的自由舞蹈。當時許多著名詩篇，描述了民間「踏歌」的情景：「李白乘舟將欲行，忽聞岸上踏歌聲。」據《朝野僉載》說，先天二年（西元七一三年）元宵節之夜，在安福門外裝置了裹錦綺飾金銀高二十餘丈的大燈輪。燃燈五萬盞。上千名宮女穿錦繡衣，戴珠翠飾品（據說裝扮一名女伎需三百貫錢）。又從長安、萬年（今臨潼縣西北）選出千多個青年女子，也穿戴得十分華麗，組織成數千人的「踏歌」隊伍，在燈輪、火樹、銀花之下踏歌三日三夜。

唐白陶舞馬

《新唐書．禮樂志》和《樂書》也記載了大中初（西元八四七年～八五二年）一次歡宴群臣時也曾組織過數百名伶人「踏歌」的史實。那些女伶，穿丹黃或淺紫色繡衣，飾珠翠，分行列隊。趨走俯仰，連袂而歌。樂聲清越有如仙樂一般。當時的文人學士爲宮廷「踏歌」作過許多《踏歌詞》，在作爲唱詞的同時，也描繪了宮廷「踏歌」豪華盛大的場景和旖旎萬方的歌情舞態：「彩女迎金星，仙姬出畫堂。鴛鴦裁錦袖，翡翠貼花黃。歌響舞分行，豔色動流光。……金壺催夜盡，羅袖拂寒輕。樂笑早歡情，未半著天明」（崔液）。「龍街火樹千燈豔，雞踏蓮花萬歲春……西域燈輪千影合，東華金闕萬重開」（張說）。「倩看飄飄雪，何如舞袖曲……欲同今朝樂，但聽歌聲齊」（謝偃）。張祜《正月十五夜燈》詩云：「三百內人連袂舞，一時天上著詞聲」。敦煌莫高窟二二〇窟北壁，《東方藥師淨土變》描繪「極樂世界」的初唐壁畫，金碧輝煌，再現了唐代宮廷樂舞的盛大場景：高大的燈樓聳立中間，舞人排列兩旁，兩株燈樹分立，彩燈滿綴。形象地印證了史籍記載及唐人詩歌中關於宮廷「踏歌」活動的描述。

長安坊市興旺

唐代社會安定，經濟發展，商業

繼隋代之後繼續繁榮，並取得了大的進展。唐都長安仍然實行坊市制，繁華程度遠遠超過隋代東京。

坊市制是中國古代官府對城區規劃和市場管理的制度，又稱市坊制。從西周即開始實行，城市建築的格局分爲市（商業區）和坊（住宅區），市內不住家，坊內不設店肆。市門朝開夕閉，市的設立、廢撤和遷徙都由官府管理，市內店鋪按商品種類區分，排列在規定地點，稱爲「肆」或「次」，其商品、交易人、度量衡、價格、稅收等都在市官的監督和管轄下。

唐代城市工商業較爲發達，市場規劃整齊，被認爲是坊市制最成熟的典型。長安城內有南北向大街十一條，東西向大街十四條，全城居民區分爲一○四坊，每坊占三百步。城南朱雀門大街的東西部各設有占地兩坊的東市和西市，是集中的商業區。

唐赤金碗

全城街道筆直、整齊劃一。市內貨肆行鋪林立，商賈聚集，東市有二二○行，四面設邸店，西市市內如東市相仿，「市署前有大衣行，雜糅貨賣之所」（韋述《兩京新證》）。會昌三年（西元八四三年），東市附近發生火災，一下子燒毀東市曹門以西的十二行四百多家店鋪，由此可見當時店鋪之多、規模之大。

隨著商品經濟的進一步發展，到了唐代後期，商業活動已漸漸不限於兩市，在兩市鄰近的各坊和城門附近也有手工業者和商人擺攤設店，進行交易。大城市出現了夜市，打破店肆白天營業的慣例。

坊市制在唐代達到鼎盛時期，到北宋年間，這種自古相沿的商業體制被打破，市場的地域限制和時間限制逐漸取消，城裏隨處可開設商鋪，小商販也可在各處沿街叫賣，夜市盛行，城市各處都形成繁華的商業區，並出現專門性批發交易市場。明清之後，近代市場形成。

江東犁出現

唐代的農業生產力獲得巨大發展，明顯表現爲農具在構造和使用上的進步。南方「江東犁」這一新式農具的出現就是證明。

「江東犁」又稱曲轅犁，唐陸龜蒙在《耒耜經》中對其組成結構有相當詳細的介紹。它的構成部件有一一個，鐵制的部件有犁鑱（又稱犁鏵）和犁壁；其他犁底、壓鑱、策額、犁轅、犁梢、犁箭、犁評、犁槃等零部件爲木制。從《耒耜經》記載來看，唐代江南地區這種犁的使用已經相當普遍。

「江東犁」與以前的犁相比已有很大改進，與近代農村中使用的犁沒有多大差別。

首先，它的短轅、曲轅較之從前的直轅、長轅減輕了犁架重量，降低了受力點，從而使扶犁而耕者的體力消耗大大降低，而畜力的使用效率則得以提高。以往長轅犁「回轉相妨」，「江東犁」以輕巧見長，無此弊端，轉彎方便，操作靈活。其次，它的鐵質犁「長一尺四寸，廣六寸」，尖銳而窄長，呈明顯的等腰銳角三角形，翻起的耕壟較窄，達到「犁欲廉」的要求，適於耕作南方比較粘重的土壤。其三，犁可以轉動，且可用軟套索、曲軛牽引，便於擺動犁體，掉轉方向，使傳統「二牛三人」的操作方式變爲一人二牛。其四，增加了犁評。通過犁評的進退調節犁箭的長短，用以改變牽引力的高低並控制翻土的深淺度。其五，耕者把握的扶手犁梢長達四尺，成爲相對獨立的部件，使耕者能更好地操縱耕犁，掌握耕垡的寬窄。其六是，江東犁犁壁側面扭向角度很小，「鑱臥而居下，（犁）壁偃而居上」不成連續曲面，這樣耕出來的垡條是斷續的，與歐洲犁耕出的連續垡條不同。這種窴垡的作用，一方面可使耕深較少受耕寬的限制，而往往大於耕寬；另一方面，在低速的牛力條件下，可達到碎土的要求，使耕地質量得到保證。

由上可知，「江東犁」的基本結構和原理不單適用於南方水田耕作區，同樣也適用於北方旱作地區。它的出現，是中國耕犁發展史上的一次重大革命，也是較完整的水田耕作農具體系形成的標誌之一。

卷軸裝經折裝圖書盛行

從隋唐開始，卷軸裝、經折裝圖

武則天像

書先後盛行。

隋唐主要是寫本書，尤其六一七世紀是寫本發展到最高峰的時期。作爲這時期寫本書形式的卷軸制度，發展到了一定的高度。

在歷史上，寫本書是接續著帛書出現的。寫本書書寫時可以「依書長短，隨而裁之」，要用幾張紙粘連才能成爲一卷。紙卷的長度不同，長的有二、三丈，短的僅二、三尺；每張紙的一般長度爲四十到五十公分左右，高約二五到二七公分。爲了辟蠹，卷子用的紙大都用黃蘗染過，名爲「潢紙」。每張紙上用墨或鉛劃上直行，唐時稱爲「邊准」，上下也有欄，稱爲「邊欄」。每張紙一般爲二十行至三十行，每行字數經卷一般爲十七字左右。

卷、軸、飄、帶，是卷子書的四個主要組成部分。卷子的軸，通常是一根有漆的銅木棒，比卷子的寬度要長一點，兩頭露在卷外，以便卷舒。卷子右端往往接上一張較堅韌而不寫字的紙，以資保護，叫做「飄」。爲了防止破裂，在卷子的兩端及上下天地，裝裱邊緣，稱「裝池」。飄頭再繫上一種絲織品的帶子，作爲紮縛之用。

一部書往往有許多卷，爲了免於把一部書和別的書混在一起，通常用布或其他材料包裹起來，叫做「帙」。

卷子在書架上排架時，總是軸頭向外，這樣就便於抽出和插入。所以稱爲「插架」。

經過長期的使用，人們對卷子的形式感到不便。因爲卷子展開、卷起都非常費時費事，如果想在一卷的中段或末段檢查一字一句，需要展開全卷或大半卷又重新卷起。於是有人把一幅長卷一反一正地折疊起來，成爲長方形的一疊，在這疊紙的前後，各加一張硬紙，以便保護。這就出現了一種新的書籍形式，稱爲「經折裝」，在使用上更爲便利了，人們要查閱哪一頁書，就可以直接翻到那一頁，而無需把全卷都展開來了。

經折裝是折疊式的最初形式，使用時較卷子便利。根據其容易散開的缺點，人們後來又對其加以改進，成爲「旋風裝」實質上已是冊頁的書，而在外形上還保留著卷子的形式。

修建九成宮、華清宮

隋唐的統治者爲了滿足其避暑消夏和窮奢極欲的需求，在長安、洛陽附近和全國許多環境優美的風景名勝之地，興建了許多離宮別院，如長安附近的九成宮、翠微宮、玉華宮，臨潼溫泉華清宮，洛陽附近的萬安宮、三陽宮，嵩山奉天宮，澠池紫桂宮，永寧綺岫宮，太原附近的晉陽宮、汾陽宮等，規模巨大，建築豪華綺麗，其中以九成宮和華清宮最爲典型。

華清宮，爲唐代所建離宮之首，位於陝西省臨潼縣驪山北麓，此地有溫泉湧出，山上瀑布飛泉，重崗青翠，景色絕佳。周秦時期就曾在此建離宮，隋文帝也在這裏營造宮室，唐貞觀十八年（西元六四四年），在此修建溫泉宮，七四七年，又大舉興造擴建，並更名華清宮。華清宮面向北，宮內隨地勢之高下曲折，因地制宜規劃修建殿、台、亭、閣幾十處，寢殿名飛霜殿，掩映在青松翠柏之間。宮內建有若干溫泉浴室、石制浴池。每年冬春之際，唐玄宗居住此宮，宮前建有百司衙署和公卿邸第，使驪山幾乎成了冬季的臨時都城。是中國歷史上最著名的離宮型園林。詩人杜牧有詩云：「長

華清宮

安回望繡成堆，山頂千門次第開。一騎紅塵妃子笑，無人知是荔枝來。」就是唐明皇和楊貴妃在此生活享樂的逼眞寫照，至今流傳的許多關於其二人的故事，大都是以華清宮爲背景的。

九成宮，位於陝西省麟遊縣附近的天臺山上。這裏層巒疊嶂，群峰環繞，松柏常青，澤茂草豐，又以醴泉而聞名。九成宮始建於隋文帝開皇十三年（西元五九三年），初名仁壽宮。後毀於戰火。唐太宗貞觀五年（西元六三一年），在破壁殘垣的基址上將宮殿重新修復，更名九成宮。它規模宏大，宮垣周長「一千八百步」，宮內建有華麗的殿寢樓臺，引水鑿池可以泛舟，環池建飛廊高閣，並建有宮寺、武庫等建築。據《九成宮醴泉銘》描述九成宮「冠山抗殿，絕壑爲池，跨水架楹，分岩竦闕，高閣周建，長廊四起，棟宇膠葛，台榭參差。仰觀則迢遞百尋，下臨則崢嶸千仞。珠璧交映，金碧相輝，照灼雲霞，蔽虧日月」。可見當時建築之富麗堂皇。自武則天執政後，政治中心東移，這座著名的離宮逐漸被人遺忘。

從華清宮、九成宮可以看到唐代是離宮別院建築的極盛時代。

唐人寫經多出高手

唐代佛道普及，寫經成爲唐代書法中値得重視的品類，唐人寫經高手輩出。唐代寫經書法風貌大致可分爲初、中、晚三個階段。初唐由隋而入，接踵隋代《大般涅經》，貞觀二十二年（西元六四八年）國銓所書《善見律》與之同風；龍朔二年（西元六六二年）尉遲寶琳命經生沈弘所造之《阿毗曇毗婆沙卷五十五經》，已趨於輕瘦修長，結體整飭，運筆精到，秀色可餐，與咸亨三年所寫趨於一致。

進入開元天寶年間，書體筆劃漸趨潤厚，提按較速，整體上尚能保持統一，個別字不夠謹嚴，微露敗筆，開元二年（西元七一四年）書《金剛般若波羅密經》，天寶六年（西元七四七年）和十五年（西元七五六年）書《大般涅經卷第三十》、《妙法蓮華經卷第七》諸經書風，基本一致。

至遲到文宗李昂大和時開始，寫經書體肥厚，結體由修長而扁方。寫經高手如門下省群書手公孫仁約、秘書省楷書手孫爽，以及經生王思謙、沈弘、張昌文等人，他們的書體精良，佈局合理，疏密相間，即是上萬字的正楷經卷，能一以貫之，一氣通之，而無一懈筆。另外，還有一般民間寫經高手，如敦煌郡的王崇藝、張嗣球等人，雖在天寶年間唐朝最繁榮時期，但功夫欠缺，功力不厚，書法不佳。但也有例外，如開元二年索洪范造《金剛般若波羅密經》七卷等。

作爲唐代書法藝術的有機組合，更引人値得爲之矚目的，是今日猶傳少量的「佛經說法講義稿」，爲智僧大和尚在佛壇講學的稿本，純用今草書寫，與一般寫經出規入矩大不一樣，信手寫來，信筆所至卻筆法精到，可與《十七帖》媲美。

人施器仗與衆僧不得賣唯得打壞隨處用
若比丘往戰鬪處見此是棄掃器仗先打壞
然後拾取若得楯破作杖離用一切樂器不
得捉若未成器者猶是朴得捉若人布施者
得隨意賣夜叉居句者乃至他化自在天夫
人亦不得捉若捉偷蘭遮法師曰
易可解耳
善見律

貞觀廿二年十二月十日國詮寫
用大麻紙七張二分
淨住寺沙門道䇿初挍
會昌寺沙門法倫再挍
裝潢手輔文開裝
門下坊主事臣馬仁義監
右內率府錄事參軍事臣道模監
左武衛倉曹參軍事蜜爭臣監
殿中尚乘直長僧藉丹監
銀青光祿大夫行家令臣閻

唐代國銓《善見律經卷》

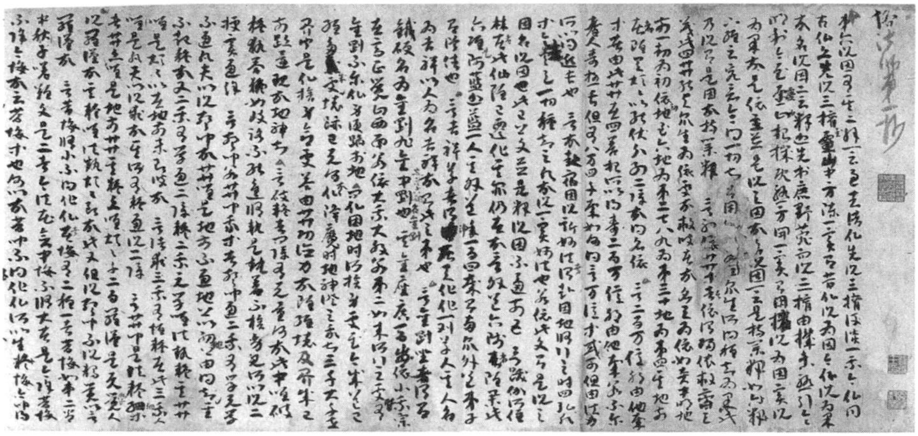

唐《恪法師第一抄卷》

文化小事典

走馬燈出現

隋唐時期，社會的經濟、生產大大地發展，人們的生活水平也得到了很大提高。為了滿足人們各方面的娛樂需要、豐富人們的業餘生活，隋唐時代的發明家和能工巧匠們就製作了許多遊藝性機械。走馬燈就是在這時出現的。

「走馬燈」是後人的稱謂，其實它是一種特殊的燈籠。發明家依據燃氣動力原理，設計了如下結構與裝置：在燈籠的正中處豎一立軸，立軸上部橫置一個葉輪；葉輪下麵，靠近立軸根部處放置一盞燈或一支蠟燭；燈（或燭）燃著後所形成的熱空氣產生上騰力，就會推動葉輪回轉，與立軸相連的紙剪人物和駿馬也就跟著一起轉動，看上去像是在奔跑。那些東西都是罩在燈籠裏面的，旋轉時它們的影子就會投射到外壁上，於是就產生了許多有趣的活動畫面。

有關走馬燈的記載約見於唐代。鄭處誨《明皇雜錄》上說：「皇上在東都恰巧趕上正月元宵夜，就下塌上陽宮，掛起了許多影燈。」《說郛》收《影燈記》說：「洛陽的人家元宵節時以擁有影燈多而為豪，描述那種盛景的詞說是『千影萬影』。」可見當時人們是如何地喜歡走馬燈，從一個側面也說明當時人們生活的興盛景象。

萵苣、菠菜、西瓜引進

隋唐時代，人們很重視蔬菜的栽培。《四時纂要》一書記述的農事活動，便以蔬菜和大田作物占的份量最大。而且，在這一時期，從國外引進了一批新的蔬菜和水果品種，現在仍是日常重要菜蔬的萵苣和菠菜以及夏天人們喜歡的西瓜就是當時從外國傳入的。

萵苣原產西亞，隋代開始引入中國，杜甫的《種萵苣》詩是最早提到它的有關文獻。北宋初《清異錄》也有記載說：「咼國使者來漢，隋人求得菜種，酬之甚厚，故因名千金菜，今萵苣也。」

菠菜，在唐初就開始傳入中國並有較為具體的記載，如《唐會要・泥波羅國》（卷一〇〇）中說「（貞觀）二十一年（西元六四七年），遣使獻菠菜、渾提蔥」。可見，萵苣、菠菜在中國的栽種自隋唐始，到現在仍是人們喜愛的菜蔬。

夏季消暑佳品西瓜，原產非洲。據史料記載，在隋、唐之際已傳至回紇，在《新五代史・四夷附錄》中有

唐代牽駝胡俑

西瓜引進中原的最早記錄，說五代時同胡嶠居契丹七年，曾從回紇得到西瓜種，「結實大如鬥，味甘，名曰西瓜。」發展到南宋時，黃河以南以及長江流域西瓜栽種已較普遍，有范成大《西瓜園》詩注：「（西瓜）本燕北種，今河南皆種之。」可見，西瓜種植在中國是由北而南的。但是，由於一九五九年在杭州水田畈新石器時代遺址及以後陸續在廣西貴縣羅泊灣西漢墓、江蘇高郵邵家溝東漢墓中發掘出「西瓜」種子，因而在學術界引起了關於中國西瓜栽培的歷史和起源問題的爭論：一說主張中國「西瓜」古來即有，結論推崇「西瓜」起源爲多源產物；另一說認爲西瓜原產非洲後擴及世界，隋唐時傳至回紇，五代時引進中國中原。

萵苣、菠菜和西瓜的引進，是隋、唐園藝技術發展的表現。

開始人工培養食用菌

中國很早就知道眞菌門擔子菌綱中的某些種類可供食用，漢《爾雅》郭璞注中說到有一種「地蕈」「可啖之」；北魏《齊民要術》中提到木耳的食用方法的也有三處，但都沒有提到人工培養。到了唐代，人們懂得了利用都城長安附近的地熱資源進行蔬菜的促成栽培，並在實踐過程中，逐漸瞭解到食用菌的生長需要有一定的溫度和濕度條件，從而開始了食用菌人工培養的歷史。

唐《四時纂要．三月》首次記述了中國有關食用菌的培養方法：「種菌子：取爛構木及葉，於地埋之。常以泔澆令濕，兩、三日即生。又法：畦中下爛糞，取構木可長六、七尺，

龜茲古鎭遺址
唐朝在西域設立安西都護府並建置了龜茲、疏勒、于闐、碎葉四鎭。圖為龜茲古鎭遺跡。玄奘西行取經時曾拜謁過這裏的古寺遺存。

截斷楂碎，如種菜法，於畦中勻布，土蓋，水澆，長令潤。如初有小菌子，仰杷推之；明旦又出，亦推之；三度後出者甚大，即收食之。本自構木，食之不損人。構又名楮。」這段記載詳細地記錄了培養食用菌所需的樹種、食用菌生長所需的溫、濕度條件，培育過程中的具體操作方法，而且還知道「有小菌子，仰杷推之」以幫助菌種擴散，促生大菌的方法，可以說是栽培技術上的一項重大的突破。

食用菌的人工培養，是唐代蔬菜栽培技術取得的成就中較突出的一項，是中國勞動人民善於總結自然界萬物生長規律的成果，它豐富了中國的蔬菜品種。

花卉業興盛

唐代中晚期以來，花卉業在一些大城市及其周圍地區發達了起來。出現了靠出售花卉爲生的專業花農，甚至寺觀的僧尼也紛紛種花「以求利」。同時，在大城市中出現了花卉銷售的集中地——花市。這些都表明當時花卉業的興盛。

唐代的花卉業，特別值得稱道的是牡丹栽培的興起和盆景開始出現。牡丹的栽培大約始於武則天統治時代，唐憲宗元和年間，時人舒元輿《牡丹賦‧序》說：「天后之向西河也，有眾香精舍，下有牡丹，其花特異，天后歎上苑之有缺，因命移植焉。由此京國牡

唐《淨土變》（部分）

丹，日月寢盛。」牡丹又因受到唐玄宗的賞識而名聲日盛，並逐漸影響到社會上，成為一時的名花。牡丹栽培成了時代潮流，並代代相傳，而且牡丹成了富貴祥和的象徵，後被喻為中國國花，可見影響之深遠。

盆景的出現，則是中國園藝技術高度發展的產物。它是用木本或草本植物和水、石等經過藝術加工，種植或佈置在盆中，使之成為自然景物縮影的一種藝術作品。根據考古發掘和文獻記載可知，盆景在唐代開始出現。一九七二年發掘的陝西乾陵唐代墓，在墓室甬道東壁上繪有一雙手托盆景的侍女，盆景中有小樹和假山。唐閻立本畫的《職貢圖》中也有一盆內有山石盆景，玲瓏精緻。唐人馮贄在《記事珠》中也有類似記載。由上也可見，唐代盆景多以山石裝點為主要內容。

《唐律疏議》頒佈

永徽二年（西元六五一年）高宗令長孫無忌等撰《永徽律》，分律、令、格、式四種，共五百條，分《名例律》、《衛禁律》、《職制律》、《戶婚律》、《廄庫律》、《擅興律》、《賊盜律》、《鬥訟律》、《詐偽律》、《雜律》、《捕亡律》、《斷獄律》等十二篇。為了統一解釋律文，永徽三年（西元六五二年），高宗又令長孫無忌、李勣、于志寧等人做解釋律文的疏議，共十二篇，三十卷，原名《疏議》，後宋改為《唐律疏議》，它照錄《永徽律》原文，逐條進行注解。其注解是集中唐以前法律大成的法典，著重鼓吹君主專制，封建倫理和等級制度。是宋、元、明、清朝代制定和解釋封建法典的藍本，是中國現存至今最古老、最系統、最完整的封建法典，對中國、及國外都產生了深遠的影響。到永徽四年十月，頒行全國，標誌著唐律的完善。

人物小事典　陳碩真起事

永徽四年（西元六五三年）十月，睦州（今浙江建德）女子陳碩真與她妹夫章叔胤以宗教神話號召、組織群眾起義，參加的人數以萬計。陳碩真自稱「文佳皇帝」，是中國農民戰爭史上第一個稱帝的女領袖。任命章叔胤為僕射。章叔胤率領部眾攻陷桐廬（今浙江桐廬），陳碩真率軍二千餘人連續攻克睦州，於潛（今浙江臨安），直逼歙州（今安徽歙縣），並派遣童文寶率軍四千餘人進攻婺州（今浙江金華）。當時民間流傳「碩真有神，犯其兵者必滅族，士眾凶懼」的傳說。高宗令婺州刺史崔義玄、揚州刺史房仁裕領兵夾擊起義軍。十一月，起義軍兵敗，陳碩真、章叔胤被官軍俘虜犧牲。

日本遣唐使來華

永徽四年五月，日本派遣唐大使起士長丹、副使吉士駒、學問僧道嚴、學生巨世藥等一二一人同乘一條船赴唐（據說還有學問僧及學生十四人），同時另外派遣唐大使高田根麻呂等一二〇人乘另一艘船赴唐，七月，高田根麻呂等一二〇人所乘之船在薩摩國薩麻郡鄰近地區遇難。這是日本遣唐使第二次來華，也是日本大化革新後首次遣使赴唐。永策五年（西元六五四年）二月，日本遣唐押使高向玄理、大使河邊麻呂、副使藥師惠日赴唐。押使高向玄理（曾爲長安留學生）在唐病死。七月，前遣唐大使起士長丹等與新羅百濟使一同回到築紫。

從貞觀四年（西元六三〇年）始至乾宇元年（西元八九四年），日本共派十九次遣使來華。日本遣唐使來華，加強了中日兩國文化交流。

遣唐使船（部分）

日人吉備真備於唐時到中國留學十九年，歸日後創片假名，並作《吉備大臣入唐繪詞》。圖為日人周延所繪吉備真備教導日本婦女學習唐朝刺繡情景。

唐設算學科

唐初，國子監中設立了「算學科」。

中國的數學教育有悠久的歷史，但直至隋代才在全國最高學府的國子寺中首次設立了「算學」，開創了高等數學教育機構和進行了專門數學人才的培養。唐代承襲了隋代的數學教育制度，並有所發展。除機構、人員的設置與隋代類似外，還明確規定了教材、學制和考試制度，體制比較完善。唐初在國子監中設立的「算學科」有博士二人，從九品下，助教一人（見《新唐書・百官志》）。但唐代對算學興廢無常，不夠穩定。至龍朔二年（西元六六二年）第二次復置算學，不到十年時間已兩度興廢。

算學科的教材是由唐初著名曆算家李淳風等人奉詔注釋校訂的十部數學書，分別是：《九章算術》、《海島算經》、《孫子算經》、《五經算術》、《五曹算經》、《張邱建算經》、《周髀算經》、《綴術》、《緝古算經》和《夏侯陽算經》。

算學科的考試制度也有明確的規定，從十部算經及《數術記遺》、《三等數》中抽取題目，按要求合格者即爲及第，及第後可任從九品以下的官階。

隋唐時期政府直接控制數學教育，從機構、教師、學生、教材、考試及待遇，首創了一整套相當完善的制度，這在世界上是罕見的。歐洲直到中世紀後期才逐漸出現正規的高等數學教育，至少比中國晚了六百年。但由於統治者只憑一時好惡隨意興廢數學教育，教師待遇太低，學生修業年限過長，畢業後待遇又極低，所以隋唐時期數學教育的效果不算太好，而當時稍有名望的數學家、天文學家如劉焯、劉炫、王孝通、李淳風、一行、邊岡等，沒有一人是經過政府的數學教育培養出來的。

伊斯蘭教傳入

唐代，中國同大食國（指阿拉伯人建立的伊斯蘭帝國）來往很頻繁，爲伊斯蘭教的傳入提供了路徑。當時兩國來往的陸路，可經波斯、阿富汗、西域，從西北地方進入長安，即沿古代「絲綢之路」而來；海路可經波斯灣、阿拉伯海、孟加拉灣、麻六甲海峽到達中國南部沿海的廣州、泉

陝西西安化覺巷清真寺大殿

伊斯蘭聖墓
唐高祖武德年間，伊斯蘭教先知穆罕默德的門徒三賢（沙渴儲）和四賢（我高仕）二人曾來泉州傳教，死後安葬在泉州城東門外靈山。至今靈山聖墓仍被人們視為伊斯蘭教在東方的一大聖跡。

州等地，即沿古代「香料之路」而來。據載，僅在永徽二年至貞元十四年間（西元六五一年～西元七九八年），大食男遣使臣來華朝貢就約達三十七次。

唐高宗永徽二年（西元六五一年），大食國派使節來長安朝貢，被史學家作爲伊斯蘭教正式傳入中國的標誌。其實，阿拉伯人來中國沿海與邊遠地區進行商業貿易，並建清眞寺作禮拜，也許更早一些。

唐貞元三年（西元七八七年），李泌檢括長安胡客有田宅的達四千人，其中以阿拉伯和波斯人最多。伊斯蘭教是阿拉伯的國教，這些來華的阿拉伯使節、商人、旅行家、航海家便是使伊斯蘭教傳入中國內地和沿海的媒介。其中許多在中國定居並娶妻生子，出現「五世蕃客」、「土生蕃客」，成爲中國最早的伊斯蘭教徒——穆斯林。他們往往在沿海城市相聚而居，居地稱爲「蕃坊」，他們的宗教風俗受到政府和當地人的尊重。雖然沒有史料證明他們曾另立有禮拜寺，但既有共同信仰，又在一起聚居，必有相應的宗教生活。他們長期處在中國人之中，與中國傳統不免會相互影響，相互滲透。清代以來，伊斯蘭教中國化就是一個伊斯蘭教與中國固有文化相融合的結果。

天寶十年（西元七五一年），唐朝與大食爲爭奪中亞昭武諸國發生爭戰，唐國失敗，不少兵士被俘到大食國。杜環就是其中之一。他在大食等地居住十餘年，回國後作《紀行記》一書，對阿拉伯的伊斯蘭教有切身的觀察和記載，使中國人進一步熟悉了伊斯蘭教。

天寶十四年（西元七五五年），

唐政府爲平定安史之亂，向回紇、大食借兵。唐與大食兩國士兵間的交往更加推動了伊斯蘭教的傳佈。伊斯蘭教在中國唐代的傳播，不像佛教和景教，直接由僧侶和教士攜經而來並得到統治者的認可和竭力扶持，正式建寺收徒傳經，它有自己的特點。伊斯蘭教在初傳中主要借助于使節、商賈、遊客等，中國與大食經濟上的交往，是伊斯蘭教傳入中國的最重要的渠道和載體。兩國的少數軍人也爲此做出了一定貢獻。

省心樓
化覺巷清真寺中軸線上的建築，為三層八角攢頂式樓閣，是禮拜前召喚教徒之處。

唐時，伊斯蘭教在中國的信徒絕大部分是僑居中國的阿拉伯人及其後裔，尚未在中國本土產生多少影響，因此絕少有純中國血統的信徒。由於沒有受到貴族和社會的高度重視，使伊斯蘭教的傳播範圍很狹窄，但這也正好易於保存自己。穆斯林們在激烈的社會鬥爭中能把伊斯蘭教信仰作爲自己內部的生活方式和風俗代代相承。他們沒有向外傳教擴張的野心，避免同中國儒佛道三教以及社會的其他政治勢力發生碰撞糾葛，特別是避免了唐武宗滅佛教時，對外來宗教的一併打擊，使伊斯蘭教以「大食殊俗」得以保存，並流傳至今，逐步在吸收中國傳統文化的過程中，形成了

中國伊斯蘭教的特色，完成了伊斯蘭教的中國化進程。

李延壽撰《南史》、《北史》

唐高宗顯慶四年（西元六五九年），史學家李延壽以宋、齊、梁、陳、魏、齊、周、隋八代正史爲依據，參考雜史撰寫成《南史》、《北史》兩部紀傳體史書。

李延壽，字遐齡，唐相州（今河南安陽）人，歷任崇賢學士、符璽郎，兼修國史。《南史》是作者在其父李太師之舊稿基礎上，採刪南朝宋、齊、梁、陳四史及諸家雜史，易其體例編撰而成的。起宋永初元年（西元四二〇年），迄陳後主禎明三年（西元五八九年），記載南朝宋、齊、梁、陳四代一百七十年史事，編爲本紀十卷、列傳七十卷，合計八十卷。《北史》是匯合刪節北朝《魏書》、《北齊書》、《周書》及《隋書》編成的，記載從北魏登國元年（西元三八六年）到隋義寧二年（西元六一八年）的歷史，編爲本紀十二卷，列傳八十八卷，合計一百卷。兩書共一八〇卷，合稱《南、北朝史》。

李延壽撰《南史》、《北史》，在撰述思想上繼承了李太師的主旨；在具體撰述上並未採取「編年以備南北」的形式，而有所變化。《南史》沒有採取編年體，而是把南朝各史的紀傳匯合起來，刪煩就簡，以利閱讀。對各朝正史以刪節爲主。重要史實有諱飾漏略之處，多有所補，其材料亦多爲正史所不及。《北史》亦是如此。

李延壽撰《南史》、《北史》，主要是從隋唐統一的局面出發，重新看待南北朝的歷史，試圖改變以往歷史撰述中不盡符合歷史實際的設想和做法。《南史》和《北史》以南北對峙取代了以往史書的華夷對立，也糾正了八書中的不少曲筆，再現了歷史的眞象。

《南史》和《北史》出現，反映了時代要求的積極方面，即在統一的局面下重新認識南北朝的歷史。但列傳均以家族爲中心，實際上變成世家大族之「家傳」，使之帶著深刻的門閥意識的烙印。這是二史的局限所在。

褚遂良集唐初書法大成

褚遂良是唐代著名書法家，他是繼二王、歐、虞之後又一位傳世大家。他的書法別開生面，變化多姿，集隋唐之際書風之大成，與歐陽詢、虞世南、薛稷合稱初唐書法四家。

唐代書法藝術繼隋之後，眞草步入規範化發展的軌道。由於統治者的提倡和愛好，政府置書學、設書學博士，吏部選官「必限書判」。在這樣的情況下，有唐一代工書者甚眾，書法名家輩出，褚遂良是其中著名的一位。

褚遂良字登善，錢塘人。父親褚亮在唐太宗時任文學館學士，與當時著名書法家歐陽詢、虞世南是朋友。褚遂良曾任起居郎、太子賓客、黃門侍郎，最後拜中書令。後因反對高宗立武則天爲后，被貶至死。

褚遂良的書法在歐、虞之後獨樹一幟。他學習前輩各家各派書風，融會貫通，自成一家。被時人評爲「字裡金生，行間玉潤，法則溫雅，美麗多方」。他對王羲之書法有極深的研究。貞觀十二年（西元六三八年），虞世南去世，唐太宗無人論書，魏徵推薦他爲太宗搜集整理二王書法，著成《右軍書目》。他的書法前期古樸方整、結體寬博，帶有濃厚的六朝遺風，且受隸書影響，以《伊闕佛龕碑》和《孟法師碑》爲代表。後期則發生較大變化，創造了綽約婀娜、遒逸婉媚的風格，代表作是《雁塔聖教序碑》。《孟法師碑》立於貞觀十六年，碑已不存，唐拓孤本存於日本，李宗翰認爲此碑「遒麗處似虞，端勁處似歐，而運以公隸遺法，風規振六代之余，高古近二王以上」，評價極高，指出他的書風融合各家優勢，獨創一格。《書概》也評他的《伊闕佛龕碑》「兼有歐虞之勝」，米芾《續

褚遂良《孟法師碑》

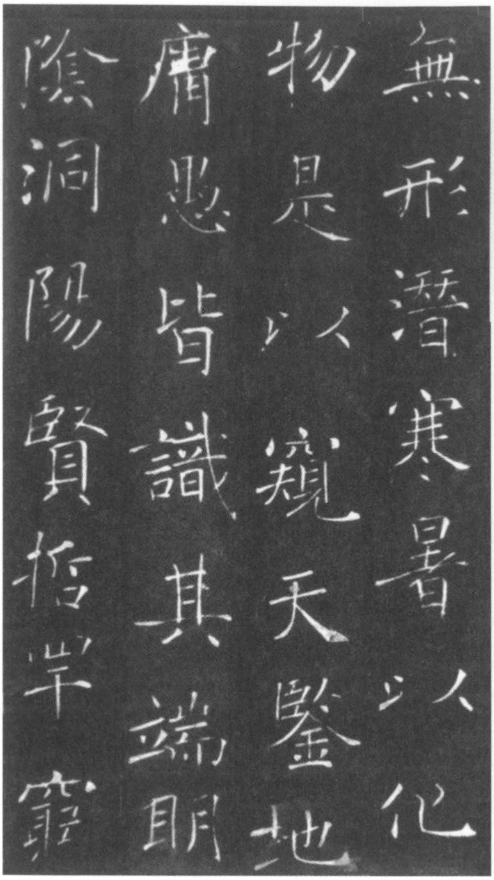

褚遂良《雁塔聖教序》

褚遂良《伊闕佛龕碑》

書評》認爲他的《雁塔聖教序》「別有一種驕色」，這些評價高度讚揚褚遂良的書法成就，特別指出他集隋唐書家之大成，自成面貌。

褚遂良書風融匯鍾繇、王羲之、歐陽詢、虞世南各家之長，一時風靡天下，其影響深遠，經久不衰，成爲一代書法大師。

舞譜發明

唐代舞蹈藝術高度發展，十分繁盛，爲使作品廣泛傳播並得以保存，記錄舞蹈的各種手段，「舞圖」「按舞圖」及文字「舞譜」便應運而生。

據一九〇〇年敦煌莫高窟藏經洞發現的舞譜殘卷等資料，計有以下幾種舞譜：（一）《南歌子》；（二）《遐方遠》；（三）《南鄉子》；

（四）《雙燕子》；（五）《浣溪沙》；（六）《鳳歸雲》。另有佚名舞譜一部及近期發現的《荷葉杯》舞譜，總共八部。

敦煌舞譜殘卷是用舞蹈動作術語，如令、舞、送、據……等組成的字譜。各譜前均有曲名和一段簡短的文字說明，即「詞序」，用以標明舞曲結構的節奏變化等。但除《浣溪沙》有一句古曲譜外，其他曲譜均未保存下來，也無圖像表明舞姿動作及隊形場面等。敦煌舞譜殘卷的發現，對研究唐代舞蹈以及中國舞蹈發展具有十分重要的意義。近年來，舞蹈史學和敦煌學的學者們投入了更多的人力和精力進行研究，並取得了可喜的進展。除發現若干重要材料外，又對原舞譜殘卷作了更為系統化與科學化的整理與分析，開始突破從文獻到文獻，紙上談舞的階段。字譜中之「字」所表示的舞蹈動作和姿態有了解釋：

（一）令。發號施令開始起舞之意。敦煌舞譜殘卷各譜，幾乎全以「令」字起頭，表明這是一種唐代打令舞的譜。酒宴俗舞，應有較固定的程式。令即是這種舞蹈開始時的動作。擅舞的人，會把這一動作做得很有光彩，稱「令姿」。

（二）頭。指頭部的舞蹈動作。絕大多數舞譜，頭字放在最後一段字組中，即只有在每一打令舞的末了才有頭部動作，可能是提示人們先作個動頭的舞姿，然後再俯首飲酒。也可理解為「注意要返頭」（反覆），即此輪飲畢，需再從頭起舞之意。

（三）拽。即曳地而行。可能是雙足交替拽曳而行的一種輕盈舞步，類似現今戲曲中的「跑圓場」、「雲步」。

（四）搖。即用優美而耐人尋味的舞蹈動作來表示推卻的簡稱。可能有手或頭的搖動，同時配合以身軀和腿部的協調搖晃擺動等。

（五）舞。一般指手及臂膀的舞蹈動作，即所謂「手舞足蹈」中「舞」的含意。舞譜中舞字出現次數相當多且常與其他字組合，如「令舞」、「舞舞」、「送舞」、「舞搖」等，表示了不同的手及臂的舞動。可見，唐人的打令舞無論坐、站或帶有步伐的地位調動，手和臂的動作都是十分豐富且富於表情的。

（六）送。是酒宴中送酒並勸飲的舞蹈動作。古詩、壁畫、民俗與民間舞蹈遺傳都說明，筵宴中敬酒或向賓客獻茶，自古都有起舞的習俗。舞譜中的送，很可能表示了一套送酒勸飲的舞蹈程式，且「送在搖前」。

（七）與。可能是表示兩行舞隊

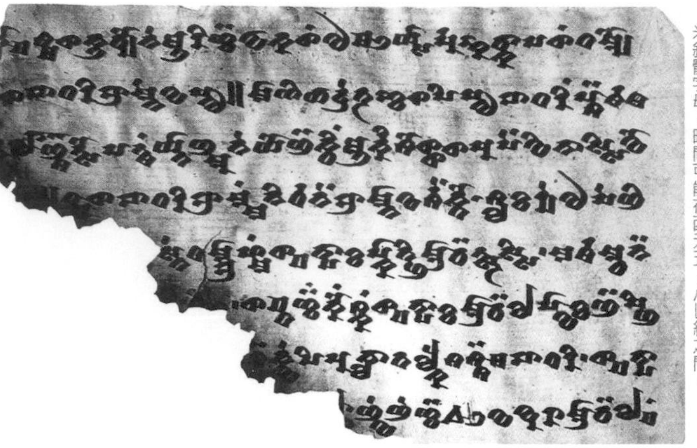

《彌勒會見記》殘片

二十世紀初在中國新疆發現了這種語言的殘卷，最初定名為吐火羅語，文字定名為吐火羅文。近年的研究證明焉耆、龜茲的語言與吐火羅語不同，於是將吐魯番、焉耆一帶出土殘卷所代表的方言定名為焉耆語，將庫車一帶出土殘卷所代表的方言定名為龜茲語，文字亦正名為「焉耆——龜茲文」。這種文字使用的字母是印度婆羅米斜體字母，時間可能在西元五～八世紀之間。

的舞人一對一對地相互牽手，對舞對穿的地位調度，或兩相對稱的舞蹈動作。

（八）請。可能來源於禮節性的舞蹈動作。

（九）約。可作繩、纏來解，有約請之意。可能是一種纏束感的舞蹈動作，就象一些民間舞中雙臂在腰間一前一後甩動。抱腰的動作。也可能是招邀約請對方共舞的動作。

（十）奇。可作單數解，可能是一種腳部的舞蹈動作。

唐政府頒行《新修本草》

顯慶四年（西元六五九年），頒行《新修本草》，凡五十三卷，含本草、藥圖、圖經三部分，共收藥物八四四種。顯慶二年，在勳官蘇敬的建議下，唐政府命令由英國公主持，蘇敬等儒臣和醫官二十多人集體編修本草；至顯慶四年編成《新修本草》一書，也稱《唐本草》。《新修本草》全書包括新修本草正文、藥圖、圖經三部分，總計五十四卷，共載藥物八五〇種。第一部分新修本草正文二十卷、目錄一卷，是在梁代陶弘景《本草經集注》的基礎上補充新知識，增加一一四種新藥及注文編輯而成。《新修本草》內容較《本草經集注》豐富，分類也更詳細，將藥物分爲玉石、草、木、獸禽、蟲魚、果、菜、米食、有名未用等九類，著重論述藥物的名稱、性味、功用和附方等。第二部分是藥圖二十五卷、目錄一卷，是對全國藥物進行普查後繪製成的各種地道藥材的彩色圖譜。第三部分圖經七卷，則是對藥圖的文字說明，記載藥物產地、形態特徵及採集、炮炙方法等。遺憾的是第二、三部分成書後不久即失傳。現在傳存的《新修本草》，是指其正文部分。

在編撰過程中，唐政府憑藉大一統天下的強盛國勢，動用了全國的財力和物力，第一次較全面地實地調查了國內的藥物，對各地的特產藥物進行徵集，並繪製成圖送往京城備用。同時，編撰者採取了實事求是、嚴謹治學的態度，以《本草經集注》爲依據，力求保持原書的書寫風格。他們用單行紅色大字書寫《神農本草經》原文，而收錄《名醫別錄》的內容時，則用單行黑色大字寫出；對於陶弘景注和新加的注文，均寫成雙行小字，並分別標以「陶隱居雲」及「謹案」的字樣；屬於修定時新增加的藥物，則加有「新附」二字，以示區別。這種書寫體例，較完整地保留了古代文獻原有的風貌。

另外，他們根據有關資料及實際考查結果，對前人書中的一些不妥之處進行了修正和補充。如《本草經集注》認爲「鐵落」是染皀鐵漿，唐人以「牡荊」爲「蔓荊」等，《新修本草》均進行了更正。在辨認藥物形態方面，《新修本草》糾正了陶弘景對玄參、白蘞、牽牛草、馬鞭草等多種藥物形態的錯誤描述，並補充了許多關於藥物產地、性味、採集及炮炙等方面的新知識。此外，書中還增收了郁金、薄荷、蒲公英、劉寄奴等新藥和安息香、阿魏、胡椒等二十多種外來藥，豐富了中國藥學的內容。

《新修本草》是中國、也是世界上第一部由國家正式頒佈的藥典性專著，它系統地總結了唐代以前本草學的成就，內容豐富，圖文並茂，成爲約束醫生、藥商的標準藥物學著作，具有很高的權威性和實用性，亦爲此後五代、後蜀及宋代的官修本草提供了補訂的藍本。該書問世後，在國內外都產生了較大的影響，被唐政府列爲醫學生的必修之書，稍後傳入日本、朝鮮等國，也被作爲醫學校的法定教材。

字母形成

在唐代，人們對漢語聲母系統的研究取得了重大成就。他們歸納出了漢語的聲母系統，創造出了三十字母，由此，字母學也得以正式誕生。

字母是指代表漢語音韻學中聲母系統的字，而字母學則是指專門研究聲母系統的學問。漢魏時代就產生了反切注音法，它標誌著人們已經能夠把漢語音節分析成聲和韻母兩部分了。這之後，許多學者爲了解釋反切

唐鳳首龍杯壺

方法、幫助人們掌握用反切方法拼讀字音，就不斷地嘗試著類聚歸併反切上字，選取反切上字代表字。《切字要法》就是在此情境下產生的，雖不知其產生的確切年代，但可以斷定它是字母產生之前由類聚反切上字立生的聲類代表字。該書把眾多的反切上字歸併為三十個聲類，每一類用兩個雙聲字作為特定標目。

到了唐代，唐人在前人歸納反切上字的基礎上，在梵文拼音原理的啓發下，參照了梵文和藏文的輔音系統，最終創造出了三十字母，形成了漢語的聲母系統。發現於敦煌的《歸三十字母例》即是唐人成就的明證，它創造的三十個字母是：「端透定泥，審穿禪日，心邪照。精清從喻，見溪群疑，曉匣影，知徹澄來，不芳並明。」

到了唐末，和尚守溫又將這三十個字母按發音部位的不同，重新予以排列。具體說他把聲母分成了唇、舌（又分舌頭、舌上）、牙、齒（分為齒頭、正齒）、喉等五音，且把喉音按發音方法的不同，分為清音和濁音兩類。這表明守溫的三十個字母已經不僅僅是簡單地類聚了反切上字，而且深入到字母的音理中去了，它標誌著漢語音韻學已經朝著科學的語音分析的方向邁出了可喜的第一步。

鳳首龍柄壺融合中外工藝

鳳首龍柄壺是中國唐代的陶瓷器。壺形融合了中國南北朝時期蓮花樽的風格和波斯金銀器中鳥首壺的特點。

鳳首龍柄壺以鳳首作蓋，龍身為柄，其壺形從南北朝時期的蓮花樽脫胎而來，古雅大方，具有東方陶瓷藝術的華美；同時它在細部又巧妙地吸

唐花釉罐

收了波斯金銀器中鳥首壺的特點，極精巧細膩。器蓋呈鳳首形狀，與壺流相吻合，構成寫實的主體壺嘴；壺柄由一條緊銜壺口、並一直連接到壺底的長龍彎曲而成。壺的裝飾以腹部爲主，堆帖了六組置於團窠紋中的力士，環繞力士又有一圈聯珠紋。這些都移植演化自波斯薩珊王朝的裝飾紋樣。

唐白釉碗

鳳首龍柄壺結構的風格特色體現了中國唐代勞動人民的聰明智慧和工藝水平的靈巧精細，也反映了唐代社會和域外廣泛的文化、藝術交流，由此可見唐人開闊的胸懷和善於吸納他人長處的精神。

蘇定方平定百濟

龍朔三年（西元六六三年）九月，劉仁軌大破倭兵于白江口，百濟平。

顯慶五年三月，新羅因百濟聯合高麗多次侵擾而向唐政府求援，唐派大將蘇定方率水陸大軍十萬出擊百濟。八月，蘇定方率軍渡海，在熊津江口擊敗百濟軍隊，殲百濟軍幾千人。水陸大軍乘勝前擊，直逼百濟都城，百濟都城全城出動迎戰，唐軍大敗百濟，殲其軍萬餘人，百濟國王扶餘義慈及太子扶餘隆投降。唐在百濟三地置熊津等五都督府，以百濟的酋長爲都督、刺史。龍朔元年（西元六六一年），百濟僧人道琛和舊將福信將故王子扶餘平從倭國迎回並立爲百濟王，進圍唐守兵，唐政府派劉仁軌與新羅兵出擊扶餘平等部。唐軍從平壤撤離後，劉仁軌堅守熊津城，龍朔

蘇定方像

吐蕃贊普禮佛圖

二年七月，劉仁軌乘福信防備不嚴，突然襲擊，大敗百濟軍，攻佔眞峴等城。百濟王扶餘豐派使赴高麗、倭國請求救援。後扶餘豐領倭兵抗擊唐軍。龍朔三年八月，劉仁軌率軍在白江口大敗倭兵，焚毀倭兵船隻四百餘艘，並攻下百濟王城周留城，百濟王扶餘豐逃奔高麗，王子忠等人投降，百濟盡平。高宗則詔令劉仁軌領兵鎮守百濟，劉仁軌派人到百濟各地宣佈政令，勸課農桑，訓練士卒，以圖攻高麗，並派使宣諭倭國。唐平定百濟，此後倭國幾百年不敢入朝鮮半島。

頒行麟德曆

貞觀七年（西元六三三年），唐代天文學家、數學家李淳風用銅造渾天儀，首創三層結構。三層由外到裏，分稱「六合儀」、「三辰儀」、「四遊儀」，其中黃道環、白道環和赤道環組成的第二層爲前代所無，於是黃道、赤道、地平經緯都能測定。

唐騎馬女俑

李淳風曾經修訂唐初頒行的傅仁均定的《戊寅曆》，提出此曆不當之處共十八處，被採納七條。貞觀十九年（西元六四五年）九月以後，此曆出現連續四個大月或三個小月的情況，此曆到高宗時更加不准。麟德二年（西元六六五年）五月，高宗令時任秘書閣郎中的李淳風撰《麟德曆》（又名《甲子元曆》）。李淳風以隋朝劉焯《皇極曆》爲基礎，加以增刪，採用定朔法，廢除古曆中分章、蔀、元、紀的定曆方法，確定總法一千三百四十，以此爲分母計算回歸年，朔望月，和近點月的日數，以進朔法爲臨時變通之法，避免四個大月連續出現的情況，廢除閏周，直接以無中氣的月分置閏月。非常精密，與太史令瞿曇羅撰的《經緯曆》參行。開元十六年（西元七二八年）停止，歷時六四年。

唐軍平定高麗

乾封元年（西元六六六年），高麗泉蓋蘇文死，長子男生代爲莫離支，男生與弟男建、男產爭權，男生派人向唐政府請求援兵。高宗乘高麗內亂之機，六月，任命獻誠爲右武衛將軍，作嚮導，命右驍衛大將軍契何力爲遼東道安撫大使，率兵前往救援，同時又命將軍龐同善、薛仁貴等共同征討高麗。九月，龐同善大破男建的高麗軍，解男生之圍。高宗詔授男生爲特進、遼東大都督兼平壤道安撫大使，封玄菟郡公。乾封二年正月，李世勣領軍攻克高麗新城，李世勣乘勝領兵追擊，一連攻克高麗十六座城池。

總章元年（西元六六八年），李世勣領兵攻克高麗扶餘城，扶餘川等四十餘城陸續投降。軍隊乘勝攻克大行城，唐軍其餘部隊與李世勣會合，發兵至鴨綠柵，高麗軍迎戰，唐軍又大敗高麗軍，攻克辱夷城，進而圍攻平壤城，對峙一個多月，九月唐軍攻克平壤城，男建與高藏同時被俘。這次出兵二年多，唐軍共收高麗民五部，一七六座城池，六十九萬戶，凱旋班師回朝。十二月，高宗下詔，降任高藏爲司平太常伯，員外同正。男產授司宰

唐西域遺城

少卿。男建被流放黔州，男生授右衛大將軍，唐軍各級將領均有賞升。設安東都護府統轄高麗之地。

咸亨元年（西元六七〇年），高麗民不滿唐朝統治各地爆發大規模反抗鬥爭，新羅亦參與。四月，高麗酋長劍牟岑率眾反唐，立高麗王高藏外孫安舜為王。唐派左監門大將軍高侃為東州道行軍總管，右領軍大將軍李謹行為燕山道行軍總管討伐叛軍，又派司平太常伯楊昉綏招納高麗亡餘。安舜殺劍牟岑，逃奔新羅。咸亨二年七月，高侃在安市城擊敗高麗餘眾。咸亨三年十二月，唐軍在白水山又大勝高麗軍。咸亨四年閏五月，李謹行在瓠蘆河之西擊敗高麗兵，俘獲數千人，高麗殘軍逃往新羅。李謹行妻劉氏率眾堅守伐奴城，高麗久攻不下，退兵，這年的戰事，又以唐軍大勝而告結束。自此唐朝二次平定高麗。

文化小事典

琺瑯器工藝發源

至今為止，已知的中國最早的一件琺瑯工藝品是藏於日本正倉院的唐代銀胎金掐絲琺瑯器。由此推算出中國掐絲琺瑯工藝起源于唐代。但唐以後的三、四百年間的琺瑯器又未曾見到。一直到明初，曹昭在《格古要論》一書中首次著錄了琺瑯器的淵源、特點、用途等問題，成為今天研究中國古代琺瑯器唯一的文獻資料。所以，關於中國琺瑯器工藝起源問題，還需要由唐、五代、宋時期掐絲琺瑯器的發現來證實。

琺瑯又叫「佛郎」、「發藍」。琺瑯器工藝是琺瑯工藝與金屬工藝的複合工藝。製作琺瑯器是先把石英、瓷土、長石、硼砂及一些金屬礦物進行粉碎製成琺瑯粉，加以熔煉，然後塗飾在金屬胎上，最後焙燒冷卻。有的琺瑯器還需磨光或鍍金。琺瑯器工藝在西方有著悠久的歷史和傑出的成就。

文殊菩薩造像

官營手工業進一步發展

唐代官府工業與前代相比組織龐大而整齊，各部門的劃分也十分精密和細緻。

唐代中央設置四監來加強管理，少府監管理百工技巧，下設管理禮器製造、車傘製造、馬轡皮工、絲織印染、冶鑄的各署，還管理各地的鹽監和鑄錢監；將作監管理土木工匠；軍器監負責甲弩製造；都水監掌川澤津梁渠堰陂池之政。這四監都是唐代官府手工業的專設機構，分工細密，組織嚴謹。另外，內侍者下有掖廷局，尚官有尚官局，司農寺下有諸鹽池監，這些都是有關官府工業的附屬機構。

儘管有如此龐大組織，但唐代官

府工業的性質仍然是建基於自然經濟之上。官府工業的原料有三個來源，第一個來源是由官府直接經營獲得，這是最廣闊的來源，鹽、金屬、竹木、柴炭等都屬於此類。第二個來源是土貢，又稱歲貢、歲課、歲辦，由全國各地貢而來。第三個來源是和市，表面上由政府出錢收購原料的公平交易，實際上具有強制性，常常少給錢甚至不給錢。官府工業的這三種原料來源無一不打上了行政強制的烙印。

官府工業的生產者有三類，一是官奴婢和刑徒，這些人都屬於罪犯，他們終生從事勞作，沒有任何報酬，只由政府供給衣服和糧食，有病可由太常給予醫藥，他們的境地實際和奴隸相似。第二類是短蕃匠，由政府把工匠組織起來輪流服役，他們的勞動也得不到任何報酬。第三類是和雇匠，由政府雇募而來，給予一定報酬，但也不是自由出賣勞動力。

唐三彩陶馬

官府工業是唐政府維持其統治必不可少的部分，官府工業收益在政府財政收入中佔有不可忽視的比重，那些製造兵器的行業，更是維護國家政權的重要條件。唐代龐大精細的官府工業不僅不能瓦解占絕對優勢的自然經濟，相反它正是適應自然經濟的需求而生存發展的，因此這種不投入市場的工業生產，無疑對整個工業水平的發展產生了消極的作用，而且還壟斷了某些部門的產銷，阻礙了相應部門民間工業的發展。當然，因爲官府工業的生產力水平和生產技術都比民間工藝高一籌，能夠通過各種形式影響民間工業，從而對民間工業的生產與技術發展起到促進作用。

唐金銀平脫四鸞銜綬鏡
「金銀平脫」是唐代一種新的制鏡工藝，技法是將金銀飾片用膠漆貼在鏡背，並髹漆數重，然後細加研磨，使金銀片與黑漆面平齊。此鏡為唐鏡中的精品。

唐代石刻線畫成就輝煌

唐代石刻線畫藝術在前代基礎上繼續發展，取得輝煌的成就，爲後人留下一份珍貴的藝術寶藏。

唐代是中國文化藝術發展史上最光輝燦爛的時代，既遙承漢魏以來的優良傳統，又接受南北朝各族和外國宗教藝術風格，創造出具有獨特氣象的新風格。在美術領域裏，宗教題材的繪畫藝術也進入了一個黃金時代。唐代畫家之多，成就之高，遠勝前朝，其中以吳道子最負盛名，對石刻線畫藝術作出的貢獻也最爲卓著。現存石刻線畫中署名吳道子的爲數不少，多爲大場面的道釋作品，但有一部分可能是後代輾轉傳摹之作。

唐代石刻線畫以道釋人物畫最爲常見，藝術成就也最高。龍朔三年（西元六六三年），書法家歐陽通書成《道因法師碑》，碑座繪刻了兩組形貌古怪、衣裝奇異的外族貴人像，兩組人物相向而立，一文一武，似乎是異國來華朝奉者，反映了初唐時中外交流的一個側面。由於人物衣飾不同，所用手法也不同，既有表現軟薄衣質的「曹衣出水」畫法，又有表現盔甲皮鞭靴的硬線條畫法。與此同時的有《阿彌陀佛說法圖》門飾畫，畫分上下兩層，上層中畫阿彌陀佛坐於蓮座說法，蓮座下有托著化生童子作拜佛狀的兩朵蓮花；下層畫樂舞伎人，仿佛是南亞人物。畫法採用「鐵線描」手法，衣帶摺疊多直角，形象勾勒挺拔，需要極高的寫眞本領和白描技巧。這兩幅作品早于吳道子半個世紀。

唐代始尊道教，唐太宗後形成儒居第一，道釋次之的排列次序。唐代道教的石刻線畫多刻於造像碑上，如陝西西安碑林。太原山西省博物館有尊「趙思禮造常陽天尊」白石雕像，像座兩側及後面刻道士及供養人畫像，此畫可看到唐代石刻線畫技法的變化，其中人物所著服裝也不同於前

唐大雁塔門楣佛畫

代，對古代服服裝變革的研究很有意義。

反映唐初統治者既尊道教，又不廢佛教的石刻線畫，以西安大雁塔門額東側一面裝飾畫最有典型意義。圖中畫佛踏蓮花作說法式，另有阿難、迦葉兩個供養弟子和六大菩薩，其後卻是天龍八部神像，包括形如眞君、儒者、星宿天官之神，圖中主尊及菩薩相貌已與凡人容貌相結合。

北京房山縣石經山石窟中存有大和元年（西元八二七年）所刻大宗石經，碑首刻有菩薩、天王、供養人等石刻線畫，精美細麗，爲碑石增色不少。這些石刻線畫多以阿彌陀佛爲主尊，少量以釋迦牟尼佛爲主尊，反映了晚唐「大乘」佛法所提倡的簡易佛法已代替了過去以釋迦爲主、注重苦修的「小乘」佛教。這些石刻線畫都呈現出較高的藝術性，是唐代流傳至今的重要藝術品。

在西安新城內發現的一個佛座上刻有以音樂爲題材的石刻線畫，十分罕見。佛座三面繪有三組樂隊，分別是打擊樂、彈撥樂和管樂，具體地表現了當時流行的許多樂器，其中還有西域傳來的曲頸琵琶和鼓等。畫中還可看出藝人們的手勢、指法和表情，十分生動。

另一類石刻線畫多見於墓葬中，如墓門、石槨、石棺、墓誌上，是王公貴族葬具的裝飾，內容是亡者生前豪華生活的寫照。石槨上多是宮女宦官、時裝人物，不再有北魏墓葬中的神仙鬼怪圖樣。陝西發掘出的淮安郡王李壽墓石槨上，繪有十八個侍女，多穿貼身緊衣，肩搭帔帛，長裙飄飄拖至腳面，履頭翹露，髮型盤頂呈扁圓形，仍象隋代人物。而永泰公主石槨線畫中的仕女，有的髮型反綰如蓮瓣，有的高聳如飛翼。從這些墓葬線畫中可清晰地看出隋唐婦女衣飾的發展軌跡。除人物外，墓葬中也不乏花草圖案。

建國來出土的一些唐代墓誌上也有線畫人物，其中僖宗時期的「王府君墓誌」上繪黃巢像，是中國繪畫中罕見的農民起義領袖畫像。

唐代石刻線畫題材廣泛、技法純熟，取得了突出的藝術成就，爲中國的繪畫藝術增添異彩。

唯識宗興起

唐朝初年，佛學家玄奘及其弟子窺基創立了中國大乘佛教的一個主要教派——唯識宗。

唯識宗主要依據《瑜珈師地論》，弘揚大乘有宗的思想，其核心

是「八識」說。八識指眼、耳、鼻、舌、身、意前六識以及第七識末那識和第八識阿賴耶識。唯識宗認爲阿賴耶識是其他一切諸識活動的本源，第七識末那識是前六識緣起的依據，是「轉識」，即連接前六識與第八識的橋樑。而前六識完全是向外的，只對外物進行常識性思考。唯識宗通過分析指出三界唯心，萬法唯識。它認爲客觀世界各種現象僅是人意識顯現的幻象，人死識滅，唯有阿賴耶識永恆不滅，成爲輪回的主體或本體。此外，唯識宗還提出了自己的判教體系，宣傳五種性說，同時把印度因明學傳入中國，促進了中國古代邏輯學發展。

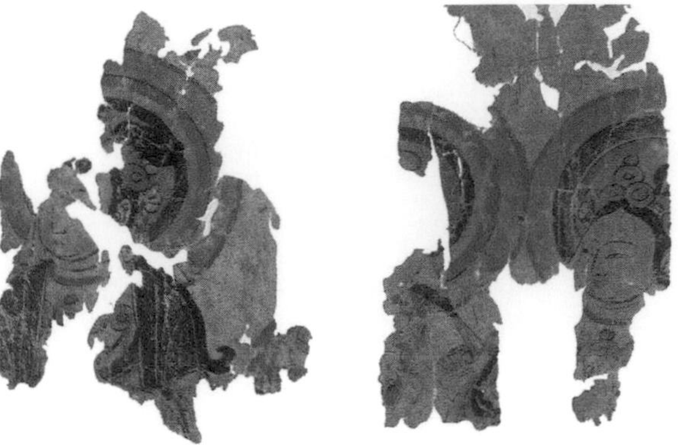

唐佛畫殘片

唯識宗的理論貢獻遠遠大於它的社會影響，玄奘及其弟子如實地介紹、翻譯大乘有宗的經論，提高了漢地的譯經水平，也加深了中國僧眾對印度佛學的理解。但是由於唯識宗哲學範疇煩瑣，修行過程也漫長、複雜。加上在傳播過程中沒有很好地結合中國本土的文化與民族心理，不適合當時的國情，自然不利於發揮教化人心的社會作用，所以玄奘以後，唯識宗僅傳了三代便衰落，沒有能夠象天臺宗、禪宗那樣影響中國社會。

唐代造紙業蓬勃發展

隋唐的造紙業是中國造紙史上的一個繁榮期，在這個時期，不論紙的產量、品種，還是造紙技術本身，都比前代有了長足的進步。

隋代，國家疆域擴大，使得造紙業容易從全國的廣大範圍裏選用各種優良的造紙原料，當時比較通用的原料主要是麻類，其次是皮類，從現代各地出土的隋唐時期的紙張可以看出這點。如敦煌石室出土的十一件隋唐五代時期的寫經紙中，有七件是麻質，剩下四件爲皮質。除麻質、皮質外，唐朝中廣東韶關一帶還出現了竹質的紙張。竹紙製作較爲困，因爲竹

唐菩薩像殘片

莖的結構較為緊密，纖維較硬，成分較為複雜。故竹紙的出現，也說明了當時造紙技術的發展。

既然造紙原料來自全國各地，也就使得造紙作坊遍佈全國。據《新唐書·地理卷》所載，唐代的產紙地有江州、信州（在今江西）、益州（在今四川）、宣州、歙州、池州（在今安徽）等等，其中尤為益州為最，盛產麻紙。造紙技術在隋唐五代時期，得到了較為明顯的進步，主要表現在「紙藥」的發明和使用上。「紙藥」是指造紙過程中起懸浮劑作用的某些植物漿液，用以改善紙漿性能。早在晉代，人們就使用過某些懸浮劑，如普通澱粉漿液類的糊劑。直到隋唐時期才逐漸採用植物漿液。紙張經過初步製作後，紙面纖維間留有不少毛孔，使紙面不甚緊密、平滑、光潔，書寫時容易走墨，為解決這個問題，人們想出一些辦法，對初步加工後的紙張進行表面處理，來阻塞紙面纖維間的部分毛孔。具體方法有施膠、填粉、塗蠟等。「膠」是一種澱粉劑，施膠就是將它摻入紙漿中，或刷於紙張表面上。塗蠟就是在已成形的紙張表面加蠟，以保護紙張免受外界侵蝕，延長壽命，包括黃紙塗蠟、白紙塗蠟和粉紙塗蠟等。除「紙藥」外，隋唐的紙張在厚度上一些參數也足可說明當時的工藝水平，如敦煌石室的寫經紙一般只厚零點零五～零點四四毫米。

隋唐時期的紙張，品種繁多，最為著名的當屬「宣紙」。宣紙產於安徽省涇縣一帶，製作複雜，有細密（利於潤墨）、光滑（利於運筆）、綿韌（利於筆墨皴擦）、潔白（利於顯色）等特性，且不易被蝕蛀，便於長期保存，號稱「千年壽紙」。

修建道教太清宮

太清宮為道教宮觀。「太清」相

傳爲神仙居處，故道教宮觀常以此名冠之。唐代因李唐皇室與道教始祖老子同姓，故大力提倡道教，宮觀祠廟遍及全國，河南、嶗山和瀋陽均有太清宮。其中河南太清宮位於河南鹿邑縣城東，古地名爲苦縣厲鄉曲仁裏，相傳老子誕生於此地。東漢延熹八年（西元一六五年）在這裏建起老子廟。唐乾封元年（西元六六六年），老子被封爲太上玄元皇帝，創建祠廟紫極宮，天寶二年（西元七四三年）改稱太清宮。武周年間，老子母被尊爲先天太后，建洞霄宮于太清宮北。兩宮相距半裏，隔河相望，中有會仙橋相連。共占地八七七二畝，宏偉壯觀，盛極一時。唐宋間太清宮累遭兵火；金、元、清各代雖曾重建，續修，但規模已大不如前。元以後此處爲全眞道著名宮觀之一。

唐天尊坐像

初唐壁畫場面盛大

初唐壁畫突出表現了當時的儀仗出行、狩獵活動、宮庭生活和日常家居生活的各種場面。皇室成員的墓葬中，除常見的青龍、白虎外，還繪製了規模浩大、場面壯觀的狩獵出行、儀仗出行等場面；文武官吏的墓葬中除繪青龍、白虎外，還有出遊，備騎出行以及牛車、馬、駱駝爲主體的儀仗隊，此外，還有禮賓、馬球等圖像；柱、枋、斗拱和樓閣等建築畫面都繪有儀仗、戟架、馴豹、架鷹、架鷂、牽駝等等，有的還繪有男侍、女侍、步輦和雜役等畫面，也有的畫面畫有手持各種生活用品、棋類和樂器的男女侍從，還有宴享行樂圖、庭院行樂、宗教活動以及農牧生產場面等

唐觀鳥捕蟬圖壁畫

唐代馬球圖壁畫

等。所有這些畫面中都從不同側面反映了初唐時期的社會景象，場面壯闊宏大，欣欣向榮。

狩獵出行是初唐壁畫中十分盛行的題材，反映了封建統治者尚好狩獵。唐太宗時期的閻立本、武則天時期的曹元廓都工畫騎獵人物山水。但大都失傳。李壽墓、章懷太子墓的狩獵出行壁畫，可補畫史之缺。儀仗出行也是這一時期壁畫的重要題材，對照文獻記載可進一步瞭解到唐代儀衛制度。如李壽墓壁畫中的儀仗出行、永泰公主墓壁畫中的出行儀仗以及章懷太子墓壁畫的出行儀仗都依照嚴格的等級儀式，生動地體現了唐代儀衛制度等級之森嚴。戟架是唐初許多壁畫中涉及到的內容。從隋代開始制訂了三品以上官員門列戟架的制度。唐代三品以上的官員列戟于公府門，也有列於私第的，以炫耀門第之榮盛。馬球運動是初唐的許多行樂壁畫上常畫的題材。盛極一時的馬球運動，爲藝術家提供了生動的創作來源，章懷太子墓的馬球圖，是目前發現的反映唐代馬球運動的最精彩的一幅。

始刻《集王書聖教序》

《聖教序》全稱《大唐三藏聖教序》，是唐太宗爲表彰歷時十幾年赴天竺求經的玄奘而作，並冠之以諸經之首。高宗爲太子時，又撰《述三藏聖教序記》。高宗一朝將序、記刻石立碑，今存四種即褚遂良正書，通稱《雁塔聖教序》；王行滿正書；褚遂良《聖教序》之臨本，通稱《同州聖教序》；弘福寺僧懷仁集晉王羲之行書而成，通稱《集王書聖教序》，簡稱《王聖教序》。咸亨三年（西元六七二年）十二月，諸葛神力、朱靜藏將懷仁集成的《集王書聖教序》刻石成碑。懷仁是王羲之裔孫，深得家傳，《集王書聖教序》與羲之書法遺帖纖微克肖，碑中行楷、行草、個別草書雜糅，體現出王羲之各種書法體勢，古雅有淵致，一氣渾成，神采奕奕。世代摹寫王羲之書法的人很多，然而集字刻碑，是從唐代開始。

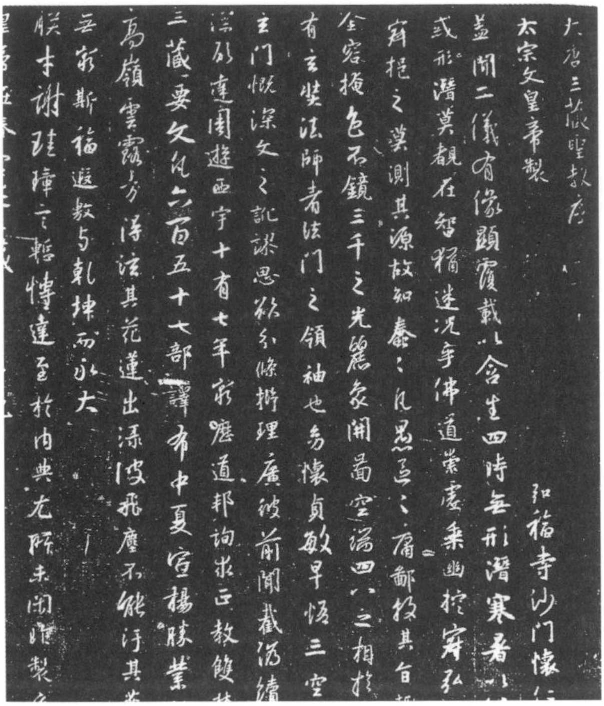

唐《集王書聖教序》

《集王書聖教序》與《蘭亭序》並駕齊驅，爲古代書法楷模。《集王書聖教序》現存於中國陝西西安碑林。

龍門石窟藝術達到高峰

龍門石窟在唐代，尤其是唐高宗、武則天時期所造窟龕最多。唐代

奉先寺大盧舍那佛龕

的窟龕占龍門石窟總數的十分之六。在龍門開窟造像之風中，王室及文武官吏起著主導作用，其他還有僧尼、行會、士庶、街坊以及新羅、康居，吐火羅等外國僧俗。

唐代龍門石窟從規模上看有大洞、小洞、小龕三類，有七百個窟龕。這一時期，窟龕中造像題材擴大了，除北朝已有的釋迦、彌勒、無量壽、觀世音、三世佛之外，出現了盧舍那、大日如來、地藏像、優塡王像、業道像、藥師像、寶勝如來像、維衛佛、多臂菩薩、千手千眼觀音和歷代祖師像，同時還有刊造經文的人像。這時西方淨土崇拜大爲流行，阿彌陀及救苦觀音像幾乎占去唐代造像總數的一半。信徒造像記中有只講「造功德」而不言所造爲何像，將不同經典中的佛與菩薩任意地組合到一鋪造像中，甚至有對信仰的佛或菩薩像造出數身，數十身，數百身，出現三彌勒並坐，五觀音並立，彌勒五百軀並排的現象。

唐代的代表窟有潛溪寺、賓陽南、北洞（以上二洞的佛像完成於初唐、洞窟及藻井則於北魏已完成）、奉先寺、淨土堂、龍花寺、極南洞。這些古窟都在伊川兩岸的山岩上，東岸的岩壁上則全是唐代窟龕，其中有大窟七個。有二蓮花洞、看經寺、大萬五佛洞、高平郡王洞等。唐代龍門石窟藝術在經過南北朝數百年發展之後，達到了成熟階段。龍門窟龕的造像規模、題材、技巧，都達到了空前

①奉先寺大盧舍那佛頭部
②奉先寺大盧舍那佛
③奉先寺阿雄

完美的程度。可以說，從唐太宗到唐玄宗初年這一段時期，龍門的造像活動一直比較興盛，是龍門石窟上的第二個造像高潮。這一時期龍門最富有成就的代表作是奉先寺大型群像的雕造，它是中國雕刻史上的高峰。

奉先寺是露天摩崖造像群，南北寬約三六〇〇釐米，東西進深約四〇〇〇釐米，主要造像九尊，都栩栩如生、神采飛動，藝術家按照佛教規定的形象，雕造了具有不同性格和氣質的大型佛像。主像盧舍那大佛，通高一七一四釐米，面頤豐滿圓潤，莊嚴典雅，眉若新月，眼瞼下垂，雙目俯視，襯托得那雙靈活而又含蓄的眼睛更加秀美，鼻樑直挺，嘴巴微翹而又含笑不露，她莊重而文雅，睿智而明朗，是藝術典型中的完人形象。其後的背光，構圖精美，雕刻細緻，是龍門最大的背光裝飾。週邊浮雕飛天、伎樂一周，彼此呼應，密緻無間，勻稱和諧。佛像左側是弟子迦葉，右側是阿儺，二弟子外側是二菩薩，面如滿月，表情寧靜矜持。毗沙門天王身著甲冑，沉著威武，金剛力士怒目張口，蘊藏極大的力量。兩側造像既有主從對比，也有文武、動靜的對比。奉先寺是最具代表性的石窟。

在龍門唐代的造像題材中，彌勒佛的造像數量僅次於阿彌陀佛，菩薩中以文殊、觀世音爲最多。龍門唐代彌勒佛，全部作佛裝、善跏趺坐，左右有二弟子二菩薩侍立。

千佛洞、惠簡洞、大萬伍佛洞、極南洞和摩崖三佛都是以彌勒佛爲主尊的。大萬伍佛洞後壁雕出一彌勒，善跏趺坐於高背椅上，左右爲二菩薩，椅上刻龍、騎獅人，烏頭馬身獸及日月山水等。四壁及門外上部遍刻小佛，東南北三壁下部刻出羅漢二十五身。窟窿頂的中央刻八瓣蓮花，周圍繞以飛天、珍鳥、禪雲、寶塔、笙、箜篌等。全窟烘托了一個億萬人成佛，快樂安穩，光彩奪目的彌勒淨土境界。龍門唐代造阿彌陀成鋪佛龕及造單身觀音像成風，所造觀世音，往往以持淨瓶爲特徵。爲求變化，有手提淨瓶者，有傾瓶出水者，有手舉淨瓶者，有瓶中插花者，還有將淨瓶系於腰帶上者，菩薩姿勢自由，身體呈S形曲線，豐胸細腰，優美異常。

龍門唐代的飛天不再持樂器，而專持花、果，作供養天人。萬佛洞的飛天，頭梳雙丫髻，瓜子形臉，頸有項圈，上體裸，下穿裙，露足，身平臥，似于水中游泳。看經寺的飛天，頭梳高髮髻，面相圓潤，肌肉豐滿，帔帛和裙裳飄揚，袒胸露足。六身飛天似前後追蹤，迴旋飛翔。

大萬伍佛洞三壁刻羅漢二十五身，是中國較早的一組羅漢群雕。每身羅漢旁都有一段摘自《付法藏因緣傳》雕像的楷書銘文，從而可知這二十五祖名號。羅漢雕刻起伏豐富，動勢刻畫入微，線紋流暢，風格柔和，風度落落大方，極富眞實感。龍門唐代供養人像，生動眞切，代表一代人物風貌。

龍門石窟地處中原，是外來的佛教藝術植根於民族傳統藝術的土壤之中的豐碩成果，是中國古代雕塑藝術完整體系的集中表現。因此，龍門石窟在中國石窟藝術中有自己的特殊歷史地位。

王勃爲初唐四傑之冠

王勃，字子安，絳州龍門（今山西河津）人。唐代著名詩人，與楊炯、盧照鄰、駱賓王以詩文齊名，並稱「初唐四傑」。四人之中，尤以王勃文學創作成就最高，爲四傑之冠。王勃出身於書香世家，受家庭薰陶，才華早露，未成年時即被譽爲「神童」，並被朝廷授朝散郎。其文學主張崇尚實用，創作「壯而不虛，剛而能潤，雕而不碎，按而彌堅」的詩文，批評以上官儀爲代表的宮廷詩風「爭構纖微、競爲雕刻、骨氣都盡、剛健不聞」，開始自覺革除齊、梁詩風的餘緒，對轉變風氣起了很大作用。

王勃的詩流傳下來的有八十多首，多爲五言律詩和絕句，拓展了題材領域，表現出激越渾厚的情調。其中寫離別懷鄉之作較爲著名。《杜少府之任蜀川》，寫「同是宦遊人」的離別，卻以開朗的詩句來寬慰對方：

于闐《蠶種絲織西傳圖》

「海記憶體知己，天涯若比鄰。無爲在岐路，兒女共沾巾。」意境開闊，一掃惜別傷離的低沉氣息，爲唐人送別詩之名作。《別薛華》等五律以感情眞摯動人。「興象婉然，氣骨蒼然，實首啓盛（唐）、中（唐）妙境。究其才力，自是唐人開山祖」。

王勃的賦和序、表、碑、頌等文，流傳後世的有九十多篇。《滕王閣序》在唐代已膾炙人口，被認爲「當垂不朽」的「天才」之作。其中兩句「落霞與孤鶩齊飛，秋水共長天一色」，利用六朝以前的句調，卻描寫出前人未寫出的景色，確爲推陳出新。

王勃的《採蓮曲》、《秋夜長》等古詩，承襲樂府民歌的特色，但能把意境開拓出去。最後的：「徘徊蓮浦夜相逢，吳姬越女何豐茸。共向寒江千裏外，征客關山路幾重」詩句，描寫婦女在採蓮時思念被征去塞外的丈夫。這些詩雖仍帶有六朝的豔麗色彩，但風格清新明朗，顯示了唐詩的新面貌。

王勃與楊炯、盧照鄰、駱賓王的詩文齊名並稱「初唐四傑」，從王勃的詩文就可看出，四傑的詩文雖未擺脫齊梁以來綺麗餘習，但已初步扭轉了當時文學風氣。王勃明確反對當時「上官體」，「其革其弊」，得到盧照鄰等人支持。他們的詩歌，從宮廷走向人生，題材廣泛，風格較清俊。陸時雍評價初唐四傑，「王勃高華，楊炯雄厚，照鄰清藻，賓王坦易，子安其最傑乎？調入初唐，時帶六朝錦色。」初唐四傑是初唐文壇上新舊過渡的著名人物，爲唐後來詩歌的發展作出了積極貢獻，而「王勃文章宏逸，固非常流所及」。《四庫全書總目》亦稱「勃文爲四傑之冠」。

行南選法

唐代南方生產發展，經濟重心逐漸南移，文化也隨之逐漸發展。唐政府爲加強對南部邊遠地區管理，於上元三年（西元六七六年）八月七日，高宗敕遣五品以上清正官同御史往嶺南、黔中選補官員，時人稱爲南選。

唐代銓選，五品以上官員由皇帝親自任命或由宰相提名皇帝任命。六品以下文官由吏部任命，武官由兵部任命。文武選一般在京師或東都洛陽進行。在東都洛陽稱東選，在嶺南、黔中者稱南選。上元三年，高宗敕稱：桂、廣、交、黔等都督府前直接選補土人，又未精擇，於是以五品以上強明清正的中央官員往南選補，監察禦史同往監察。除令補選以外，有應任五品以上官員者，選使和所在都督府宜向朝廷具報其品行、藝能、政術等材料，以及所能擔任的職務，並以四年一次進行南選。（以後

唐普賢菩薩造像

亦有三年一次南選的記載，而東選仍一年一次）。南選因社會經濟文化水平仍然低，所以南選隔時間較長。嶺南、黔中南選一直持續終唐一朝，還延至五代。

中國國家宗教成熟

唐代修定了全國統一的宗教祭祀典制，以天神崇拜和祖先崇拜爲核心的宗法性宗教具有了國家宗教的性質，並且逐級延伸到民間，君權與族權借助神權相結合，中國國家宗教在這一時期發展成熟。

宗法性傳統國家宗教，從三代形成，歷經兩漢魏晉南北朝和隋，到唐代才有了比較完備統一的典制。隋朝已經開始了國家宗教祭祀規範化的努力。隋建國後便著手制定國家禮樂典制，修成五禮而頒之天下，祭祀也分爲大中小三等，層次分明，同時確定每歲常祀之制，對祭祀的儀式也作了具體規定。唐初沿用隋代舊制進行祭祀，並在隋制的基礎上對祭天、祭祖以及其他宗教祭祀儀製作了修定，後世大體沿用唐制，稍有損益。

唐初採用隋代舊儀祭天，唐太宗時制定貞觀新禮，只祭天宗，確定了唐代的祭天儀制，封禪之禮的典制儀節，也在唐代完備。關於祭祀儀制，從唐代起，諸臣祭祖皆依其品位確定

唐《四觀音文殊普賢圖》

唐《菩薩像》
兩幅菩薩立像，為對稱之幡畫。

廟制等級。喪禮方面，修定五服之制，確定了喪服的等級。此外，唐代還有五帝祀、社稷與先農之祭、蠟祭、九宮貴神祭與先聖先師之祭。唐代的所謂先聖先師之祭就是立文廟、武廟，尊孔子爲文教主，太公爲武教主，文武並有祀主，人臣文武之道兼備於祭祀。

唐代成熟而完備的國家宗教，對社會文化生活產生了巨大影響。它加強了大唐帝國的統一和穩定，唐代迭經戰亂而能保持大體不潰，國家宗教起了重要作用。唐代儒釋道三教鼎立，儒學相對衰微，在這種情況下發展宗法性傳統宗教，可以保持中國人的傳統信仰，使傳統的社會精神之柱不致於傾倒，也促進了民族主體文化的發展。此外，宗法性宗教祭祀的典制與活動作爲禮樂文化的重要內容，對唐代禮樂文化的發達起了極大的推進作用。總之，唐代的宗教祭祀活動緊密結合國事活動、農業季節、教育與民俗，成爲社會政治、經濟與文化的有機組成部分，它適應封建統一國家的需要，體現君權天授、福乃祖與的傳統觀念。宋以後的統一國家都採用唐代的宗教祭祀之禮作爲新禮製作的模本，發展國家宗教以鞏固其統治地位。

長孫訥言新增《切韻》

《切韻》共五卷，是隋代陸法言

所編。此書重在分辨聲韻，以當時洛陽音爲主，酌收古音和其他地方音。書中共分一九三韻：平聲五四，上聲五一，去聲五六，入聲三二。書中所收文字較少，注釋也較簡略。因而有多種增修韻書問世。儀鳳二年（六七七），長孫訥言新增的《切韻》完成，屬箋注類，以《切韻》爲基礎，承襲陸法言分韻和體例，略增字數（新增字大多出自《說文解字》），重點在以《說文解字》訂補及箋注《切韻》，根據《說文解字》加上按語，記在原注之末，或解釋字體，或補充解釋，使其新增《切韻》由單純的韻書成爲兼有字書性質。

大曲形成流行

大曲是中國古代大型音樂舞套曲。漢魏已有相和大曲與清商大曲，直至隋唐，經過歷代的繼承與發展，大曲已達到成熟階段。

唐代的歌舞大曲是當時最爲重要、最具代表性的音樂形式。它通常分散序、中序和破三部分。每部分又可分爲若干段落。散序節奏自由，爲器樂部分，中序也稱歌頭，較慢，歌唱爲主，器樂伴奏，破亦稱舞遍，節奏漸快，以舞爲主，器樂伴奏。中序的歌唱部分大多爲抒情段落，入破以後的舞蹈漸趨高潮，結尾多熾烈激揚，但也有的悠雅飄逸，並無常規。有部分大曲又稱法曲，大多清悠典雅，其起源多與佛教音樂有關，在唐代又攙入道教音樂因素，或稱仙韶曲。

唐代的歌舞大曲種類之繁，數量之多，也堪稱一絕，無論雅樂或燕樂，燕樂中的清樂或胡樂，又無論是坐伎部或立伎部，都包括有大曲。中唐崔令欽著述的《教坊記》是唐代教坊活動的重要記錄，其中所記大柳有

唐代伎樂群俑

四六個，一般的曲名有二七八個。其中一些著名大曲由邊地命名，如《涼州》、《伊州》、《甘州》、《龜茲樂》。有些大曲史籍資料較多，頗令人嚮往，如《錄要》（亦稱《綠腰》、《六么》或《樂世》）、《雨霖鈴》、《柘枝》、《玉樹後庭花》、《泛龍州》等。而最富於詩意、最具浪漫氣息的當爲《霓裳羽衣舞》（簡稱《霓裳》）。唐代的大曲、法曲，影響極廣，上至皇宮下至民間，遠及邊陲都時有演奏。開元年間，玄宗爲演奏法曲，於教坊處專設梨園，選坐部伎子弟三〇〇人親自指導，號「皇帝梨園弟子」。此外還有數百名宮女充梨園弟子，將三〇余少年樂工置爲小部音聲。另外玄宗還創作了名盛一時的《霓裳》、《小破陣樂》等享名於世的大曲。

大曲的盛行與唐代詩歌的盛行密切相關，大曲的歌詞往往截取詩歌的片段，如《伊州》詞取自王維的《渭城曲》。詩作中描寫大曲的也頗多。如白居易《樂世》描寫《錄要》，張祜《觀楊瑗〈柘枝〉》描寫《柘枝》，白居易《霓裳羽衣曲》，王建《霓裳辭》也都是描寫大曲《霓裳》，等等。

斜紋緯錦成爲主流

在中國紡織工藝領域中，織錦是一個重要組成部分。錦因爲花紋絢麗，組織複雜，技術要求高，成爲古代絲綢紡織技術最高水準的反映。元朝以前，錦多是彩色經線顯花的，花型可貫穿全幅，但花型不大，而且受經線固定的限制，不易在織的過程中更改。唐代中期以後，隨著重型打緯機的發展，以及人們對各花型的要求，斜紋、緯紗顯花的織法逐漸取代平紋經顯花的主導地位。

早在先秦時代，緯二重織物就已產生，漢代一些織物也是緯顯花的。隋及唐代初年，斜紋緯顯花織物增多，工藝也較前代有了很大發展。唐中期以後，緯顯花技藝大大提高，由於緯顯花織物可以使花紋佈局緊湊協調、色彩鮮豔、圖案逼真，人們後來幾乎放棄了經錦，專門使用緯顯花織法。斜紋使織物表佈滿長浮線，能充分顯示絲線光澤，被廣泛使用。從平織經錦過渡到斜紋緯錦，是織錦工藝一次重大變化。

唐代斜紋緯錦品種多樣，花色繁複。一九六六年吐魯番阿斯塔那村九十二號墓出土的聯珠對鴨紋錦則是唐初產品，線長十九點八釐米，寬十九點四釐米，緯線有四色，主紋爲對

鴨，外圍繞聯珠一周。七世紀到八世紀中葉，斜紋緯錦十分流行，阿斯塔那七十七號墓的聯珠騎士紋錦、一三八號墓的聯珠豬頭紋錦、聯珠鸞鳥紋錦，三八一號墓的花鳥紋錦等都是今天可見的斜紋緯錦。其中花鳥紋錦主題花紋是五彩大團花，周圍環繞飛鳥、散花，錦邊爲藍地五彩花卉帶，佈局緊湊協調，色彩鮮豔，花鳥形態生動逼眞，是唐錦中的佳品。

唐絞胎陶枕

唐代斜紋緯錦風格各異，呈現出百花齊放的繁榮局面。初唐織錦明顯受波斯薩珊風格影響，有時還可找到薩珊錦的原型，異國情調濃厚。盛唐以後，外國風格影響減少，民族風格增強，織造技術比以前提高，織錦結構嚴謹，氣韻生動，豐滿華麗，雄健豪放。主要織錦紋樣有聯珠團窠紋，圖案基本骨架由同樣大小的圓形並排連接而成，周圍以聯珠圓環爲邊飾，圓中飾以動物、人物、花卉等；寶相花紋則利用花的有機形體進行分離組合，將自然美和藝術美融於一體；還有以放射對稱形雪花圖案爲主的瑞錦、枝蔓連接纏繞的穿枝花紋以及更具寫實性的圓形寫生型團花等等。

唐代織錦工藝中，斜紋緯錦成爲主流，打破了先秦以來平紋經錦占主導地位的局面，是紡織技術的一次重大改革。

民間作坊興盛

唐代，民間手工業與官府工業並駕齊驅，佔有重要的地位。從性質和規模來看，民間手工業可分爲家庭手工業和手工作坊兩類。

家庭手工業是人類社會最古老的一種手工業組織形式，也是最基本的手工業生產方式，在「男耕女織」的自然經濟支配下，更是農民經濟的重要支柱，它幾乎與古中國社會存在相始終，唐代也不例外，但唐代家庭手工業有自身的特點。在前代家庭手工業中，農民從自己種植的作物中獲取原料，用以生產自己所需的消費品，儘量避免與以錢易物的市場相接觸。而唐代商業極大地繁榮，爲市場需求而生產的家庭手工業也興盛起來，這是民間作坊的初級形式。從唐代全部手工業生產來看，除了一些規模不等的作坊工業外，絕大部分的日用手工業製造品來自家庭手工業。這時的家庭手工業從形式上看和傳統中的沒有什麼區別，以家庭爲組織單位，家庭既是工作場所，也是銷售地點；生產人員是家庭成員；技術上主要是家族內傳授，力防外洩，就是所謂「家專其業」。唐代家庭手工業不同於傳統之處在於它不僅用來自給，而且更主要地是爲了銷售。從這個意義上來說，這是手工作坊的初級形式。

唐黃釉牽馬俑

在唐代民間手工業中更值得注意的是民間作坊，它與家庭手工業的區別主要是生產目的不同，作坊完全是爲著他給而不是自給，從規模上看，民間作坊一般都雇傭著有家庭成員以外的人作幫工。民間作坊在唐代商品經濟結構中占主導地位。

大城市裡有大量手工業作坊，有的稱爲「鋪」或「作鋪」，有的稱爲「行」，如織錦行、金銀行等，一般都是自產自銷，往往一幢房內前邊銷售，後邊製造。即使在中小城市，也有各種小作坊工業，依類別聚在各坊。作坊的營業主稱爲「長老」或「師」，他們與親屬、徒弟、幫工等一起勞動，是向市場提供商品的小生產者。唐代也有規模較大的民間手工業作坊，例如著名的定州何名

唐褐彩雲紋鏤孔薰・爐・蓋・鼎・座

遠，資財巨萬，不僅在各驛站經營邸店，還經營一個擁有綾機五〇〇張的手工業作坊。

唐朝作爲中國封建社會鼎盛時期，在手工業各個領域都取得了卓越的成就。礦冶業方面，除金、銀、銅、鐵等金屬礦業，還有石炭、石油等非金屬礦。紡織業更是相當發達，民間紡織作坊發展迅速，有織錦坊、毯坊、氈坊、染坊等。受紡織工業直接影響，印染業也有飛速發展，能染出各種絢麗多彩的顏色，並且改進了漢代以來的印染加工技術。在唐代手工業成就中，最爲人稱道、後世受益最深的是雕版印刷術的出現，當時各地都有私家刻印發信佛經、卦書、文集等，對文化的推廣和傳播起到了重要的作用，和造紙術、火藥、指南針一起被稱爲中國四大發明。

人物小事典　李淳風

李淳風（西元六〇二年至六七〇年），岐州雍縣（今陝西鳳翔）人，自幼博覽群書，尤其精通天文、曆算、陰陽之學，是唐朝有名的天文儀器設計製造家、數學歷算家、天文學史家，還是一個星占家。他貞觀初年入太史局，貞觀十五年遷太史丞，貞觀二十二年升太史令。貞觀七年改制渾儀——渾天黃道儀，並著《法象志》（七篇）加以闡述。高宗時編制《麟德曆》。另著《乙巳占》、《典章文物志》（已佚）、《秘閣錄》（已佚）等，參與撰寫《晉書》、《隋書》中《天文志》和《律曆志》，與梁述等撰注《算經十書》。

學術界一般認為，李淳風的天文著作是歷代天文著作中寫得較好的，很有代表性，可以說建立了寫天文志的格式。它內容全面，體系完整。歷史上幾家談論天地結構的學說，論者、論據、不同觀點的爭論，他都簡明扼要地作了介紹，論述了天文儀器的名稱、結構和功能以及研製者，記錄了恒星天區的劃分，星宮名稱、星數及它們的相對位置，列出了當時測量的十二次度數和分野原則，最後是各種各樣的天象記錄和用該天象所作的星占。通過天文志我們能得到古代天文學發展的大量資訊和天象資料，開創了撰寫天文志的新局面。

以「同平章事」知政事

唐朝皇帝爲阻止尚書、中書、門下三省長官（即宰相）權力過大，以較低級品位的官員參知國政，初增「參知政事」，削弱宰相權力，後又增「同中書門下三品」，取代「參知政事」，排擠尚書省長官仆射。永淳元年（西元六八二年）四月，增「同平章事」，以歷任尚淺的外司四品官與中書、門下省長官商議軍國事務，逐漸取代「同中書門下三品」，排擠中書令、侍中。這次以黃門侍郎郭待舉、兵部侍郎岑長倩、中書侍郎郭正一、吏部侍郎魏玄同並同中書門下同承受進止平章事。自此，外司四品以下等官知政事，以「同平章事」爲名。自玄宗即位後，中書令、侍中就

很少授人，代宗大曆二年（西元七六七年）升侍中、中書令爲正二品以後，二者成閒職，基本上不過問政事。而「同平章事」轉變成了職銜，變成官號，成爲名符其實的宰相。

唐代馬球運動興盛

馬球是唐代開始流行的一種體育活動，亦稱擊鞠。其名和漢代的蹴鞠有關，但蹴鞠是步行踢球，擊鞠則爲縱馬擊球，和後代的馬球有共同之處。此技源於波斯，唐初傳入中國。唐代諸帝自太宗始多擅馬球，玄宗、宣宗、僖宗尤精此道。上行下效，長安城中達官顯貴、紈袴子弟乃至宮中仕女遂馬球成風。後世亦久盛不衰，至清代方成絕響。馬球規則《宋史》、《金史》均有記載。

唐中宗時，「上好擊球，由是風俗相尚」。此後王公大臣打球之事屢見不鮮。唐玄宗李隆基愛好走馬打球，因皇宮的馬房裏所飼養的馬還不大合意，故尋「通于馬經者」，以求良馬。唐穆宗因擊鞠暴得疾，不見群臣三日。唐敬宗李湛頗愛擊鞠，長慶四年（西元八二四年）擊鞠于中和殿、飛龍院和清思殿，四月在清思殿擊鞠時，有個染署工張韶結集染工百餘人「匿兵車中若輸材者」，進宮爲變，結果失敗了。此事使敬宗吃驚不小。唐昭宗李曄被朱全忠逼迫遷都洛陽時，六軍都已逃散完了，只有「小黃門十數人，打球供奉、內園小兒等二百餘人」跟著他去。當時宮中專門從事打馬球的人員，除「打球供奉」外，就是上面提到的「球工」，這些人多選自神策軍或裏閭惡少年，是專陪皇帝打球的。昭宗被迫出都，猶以擊球供奉相隨，可見平日嗜好擊球。

唐代打馬球的技藝也是很高超的。表現了這一時期馬球運動開展的水平。例如，唐人閻寬所作的《溫湯御球賦》裡：「有聘趫材專工接來。未拂地而還起；乍從空而倒回。」意思是說，有的人專會很快奔馳迎接來球，球還未落地就被擊起，忽然間從空中被擊回去。張建封的《打球歌》裡：「俯身仰擊復傍擊，難于古人左

唐三彩陶馬

唐代打球群俑

右射。」這是說，彎下身子去，有時用球棍朝上迎擊空中飛來的球，有時又要從兩側去擊球，這比古人左右開弓射箭的技術還難。《唐語林》說：「宣宗弧矢擊鞠皆盡其妙。……運鞠于空中連擊至數百而馬馳不止，迅若流電，二軍老手，咸服其能。」上述描寫可能有誇張之處，然從中亦可看出當時馬球技藝水平是相當高的。

唐代馬球活動在統治階級的倡導下，在相當範圍相當程度上得到了開展，尤其在場地設施的建設，競賽交流，軍隊中的開展以及高超的技術水平等方面都是很有成就的。

李善注《文選》

李善，揚州江都（今江蘇揚州）人，唐朝著名的訓詁學家，唐高宗顯慶年間補太子內率府錄事參軍、崇賢館直學士兼沛王侍讀。李善博學多才，但不善文辭，時人將他稱爲「書簏」。顯慶年間，他從事《昭明文選》的注釋工作，旁徵博引，搜集資料多且廣，很多已佚古書的片言隻字都賴以保存。

李善的《文選注》是唐代注釋書中的代表作。這部《文選注》共六十卷，經多次易稿方才完成，是研究梁昭明太子肖統編選的文學總集《文選》的文選學的集大成著作。書中解釋字句精善，爲後代訓詁學家所推崇。其最大特點就是一反漢代傳注只注不證的體式，大量引證典籍來證明詞文。書中引用的古籍達一六八九種；這種受二度注釋中詞義考據影響的邊注邊證的方法使注釋的體式有了很大發展。

李善的《文選注》非常重視典故的原始出處。由於齊梁以後文人在詩人中大量用典成爲一種風尚，《文選》中所選詩文篇都有典故。這些典故分爲語典和事典兩種類型：語典來

唐代絲織品蹙金繡半臂

自前人詩文中的成句或習慣用語、俗語；事典來自古代的神話傳說和歷史故事。如果不知道典故的來源就很明白典故的確切含義。《文選注》在考證典故的出處方面取得了很大的成就。如書中引用《淮南子》中塞翁失馬的故事來注明班固的《幽通賦》中的「北叟」是故事中辯證地思考問題的北方邊塞上的老人；引用《鶡冠子》來解釋「倚伏」一詞的來歷等，使讀者能更好地理解文章的確切含義。

《文選注》最大的成就在於它對注釋體式的創新和發展。它在所徵引的一千六百多種古代文獻中所保存下來的大量寶貴的材料，對後代的訓詁、校勘和輯佚等工作都有重要的價值。《文選注》對中國語言學、訓詁學和校勘學都產生了重大的影響。

文化小事典

唐代手工制糖業興起

中國真正的作坊方式制糖業出現於唐代。

六四七年，唐太宗派人去印度學習熬糖法。從唐宋開始形成手工業制糖以來，制糖技術逐步得到發展，一些新的技術、新的工藝相繼出現，土法制取的白糖、冰糖等新品種也相繼出現，同時也產生了一些制糖的理論著作。

六七四年，中國發明用滴漏法制取土白糖。白糖出現後在中國沿用了千餘年。

唐大歷年間，四川遂寧一帶出現用甘蔗制取冰糖。

唐宋制糖手工業昌盛，所產之糖的品種和質量都達到相當高的水平。糖產品不僅銷售國內各地，還遠銷波斯、羅馬等地。宋、元期間，大量的閩、粵移民至臺灣，同時也帶去了種蔗制糖技術。由於臺灣氣候適宜於種植甘蔗，制糖業很快得到發展，並成為中國主要制糖基地之一。八世紀中葉，中國制糖技術傳到日本。十三世紀左右，傳入爪哇，成為該島糖業的起源。十五～十六世紀，中國的僑民也在菲律賓、夏威夷等地傳播制糖法。

變文演唱成熟

唐代，在歌唱藝術蓬勃發展，散韻相間的文學體裁相沿已久的條件下，有說有唱的說唱藝術逐步成熟，這是中華音樂文明歷史中甚爲獨特的一個品種。

從文獻記載看，最早顯示說唱藝術業已成熟的，是敦煌卷子中的唐代變文。

變文說唱的情況在唐代詩文中有所記述。趙璘在《因話錄》卷四角部裏記載這樣一件事：「有文溆僧者，公爲聚眾談說，假託經喻，所言無非淫穢鄙褻之事。不逞之徒，轉相鼓扇扶樹；愚夫治婦，樂聞其說，聽者塡咽寺舍，瞻禮崇拜，呼爲和尚。教坊效其聲調，以爲歌曲。」文溆，或記

敦煌唐代壁畫七佛藥師變局部・舞樂

唐侍從樂人

爲文敘、文淑，是個有名的俗講僧，他所演唱的具體內容，我們已無從得知。至於趙所記「教坊效其聲調」，則確有旁證。據《樂府雜錄》記載，「長慶中，俗講僧文敘善吟經，其聲宛暢，感動裏人。」樂工黃米飯曾採其聲調，編成歌曲，名《文敘子》。

變文演唱，可能會受到一些外來影響；但是由於要爭取廣大聽眾樂於接受，自然要借助於民間曲調。這從《宋高僧傳》卷二五對唐代僧人少康的記述可以得到證實：「康所述偈贊，皆附會鄭衛之聲，變體而作。非哀非樂，不怨不怒，得處中曲韻。譬猶善醫，以餳蜜塗逆口之藥，誘嬰兒入口耳。」《宋高僧傳》的作者贊寧，是五代到北宋初年的人，其所述很可能已是唐代相當普遍的作法。

變文在唐五代後繁衍不衰，宋時說唱音樂在市民音樂中占重要地位，延至明清，而內容則仍有宗教和世俗兩部分。

孫思邈總結傳統醫學成就

永淳元年（西元六八二年），孫思邈卒，終年一〇一歲，後人譽之爲「藥王」。

孫思邈，唐代醫學家、道士，世稱孫眞人。他自幼體弱多病，於是立志學醫，刻苦鑽研古典醫著，虛心向人請教。二十歲時他的醫術已相當高明，給人治病效果良好，終身以醫爲業，名揚天下。

孫思邈在幾十年的醫學臨床實踐中，發現古代醫書浩博雜亂，不易查檢，因而他博採眾長，精心刪減，結合自己的實踐經驗，於六五二年撰成醫書《急備千金要方》，總結了唐代以前的醫學成就。三十年後，他又在總結半生醫學經驗的基礎上，集成《急備千金要方》的姊妹篇《千金翼方》。兩本《千金方》如「羽翼高飛」，相輔相成，是孫思邈對傳統醫學成就進行的一次全面系統的總結。

《千金要方》共三十卷。第一卷爲總論，講述醫藥、本草、制藥等。隨後以臨床診治爲主，包括婦科二卷，兒科一卷，五官科一卷，內科一五卷，外科三卷；另有解毒急救二卷，食治養生二卷，脈學一卷及針灸二卷。《千金翼方》同爲三十卷，其體例結構近似《千金要方》。所不同的是，該書對藥物學和《傷寒論》加強了介紹和論述，是唐代最具代表性的醫學巨著，被譽爲第一部臨床醫學百科全書。

在《千金要方》中，孫思邈專門列出「大醫精誠」和「大醫習業」篇，前者對醫生的業務水平及修養作了嚴格的要求；後者則對醫生的醫德規範作了精闢的論述，反映出孫思邈高尚的醫學倫理觀念和人道主義精神，從而奠定了中醫倫理學的基礎。

孫思邈的重要學術思想之一是重視婦科兒科的疾病。他將「婦人方」三卷和「少小嬰孺方」二卷擺在首要的位置，這是《諸病源侯論》及隋代以前的醫書中所沒有的。兩書中婦產科的內容達七卷之多，系統論述了胎前、產後、月經不調、崩漏、帶下等婦產科疾病的診治，奠定了後世婦產科發展的基礎。

孫思邈在《千金要方》和《千金翼方》中各用兩卷的篇幅對傷寒病作了詳細的闡述，收集了張仲景《傷寒

《千金翼方》書影

論》的部分藥方，引用華佗、王叔和等名醫關於傷寒的論述，並記載了傷寒膏、發汗散、發汗湯、丸等多種方藥和汗、吐、下及表裡雙解等治療方法。孫思邈歸納出張仲景治療傷寒病的方法不過三種，一則用桂枝湯，二則用麻黃湯，三則用青龍湯。明代方有執、喻嘉言進而將此發展爲「三綱鼎立」之說。

《千金要方》及《千金翼方》最突出的貢獻在於反映了孫思邈在藥物學方面的卓越成就。孫思邈在繼承前人醫學成果、收集民間驗方和總結自己藥學知識的基礎上，首先提出及倡用了一些新的有效藥物，如蕎麥、糯米、山韭等。他親自上山采藥，親自栽培藥物。《千金翼方》中論述了二三三種藥物的採集時節和方法，記述了二十多種常用藥物的翻土、播種、收採等具體栽培方法，表現出他豐富的採集和鑑別藥物的經驗及嫺熟的藥物栽培技術。《千金翼方》還記載了一三三州出產的藥物，用唐代地名對藥材重新進行了整理、命名，並糾正補充了《新修本草》中藥物產地記載的錯誤和不足。說明孫思邈特別注重藥物的產地對藥效的影響和對選用地道藥材的重視。對於藥物的加工、炮炙和貯藏與保管等，孫思邈也進行了詳細的論證和說明。此外，兩部《千金方》還反映出孫思邈在方劑學方面的重要貢獻。書中除選錄歷代二十多家名醫的醫方外，還集錄了大量的民間單方驗方、少數民族及國外醫方，共六千五百多首，堪稱集唐代以前醫方之大成。孫思邈因此被稱爲「藥王」。

在雜病診治方面，孫思邈在《千金要方》中以五臟六腑爲綱，對內雜病進行了分類，對於每一臟腑都單列一卷，依次論述了臟腑的生理病理、虛實寒熱病證及其它有關的疾病，形成了一個相對獨立的體系。除風病、腳氣、消渴、淋病等單獨論述外，其餘內科雜病都歸在臟腑之下。這種歸類法有利於認識疾病的部位和本質，較《諸病源候論》有了明顯的進步。

孫思邈對醫學的貢獻還在於他提出了針灸與藥物並用的綜合治療原則。他依據甄權的針灸圖繪製出《明堂三人圖》（已失傳）——三幅大型彩色人體經脈腧穴圖，標定了六五〇個穴位，發明了著名的「阿是穴」，開創了彩色針灸繪圖之先河。他所記載的四百多條針灸處方，具有很高的科學價值。

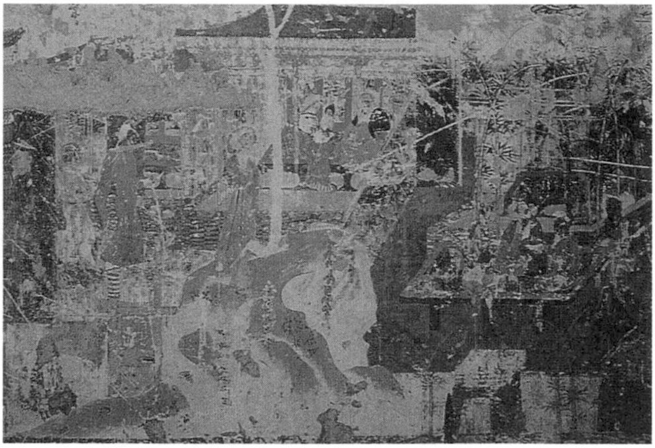

求醫圖
敦煌莫高窟二一七洞壁畫。此畫面左面一醫生手持白色手杖，後隨者當為助手懷抱出診包一類物件。前面著綠色上衣女性為病家迎接醫生臨舍，其庭堂正坐者為主婦，旁坐者抱一嬰童，即患者，生動體現了盛唐時期醫生出診的情景。

在《千金要方》和《千金翼方》中，孫思邈還設專篇論述了養生原則和具體方法。他提倡食療，尤其重視老年保健，充分肯定服食藥物的保健作用。他在《千金要方．養性》中列出了二十二首服食方，《千金翼方．辟穀》中記載了三十七首養性服餌方。其中許多植物藥如茯苓、天冬、地黃等經研究證明含生物鹼和維生素，對人體十分有益。孫思邈一貫主張用石藥、按摩等防治老年病，爲老年病的防治留下了寶貴的經驗。

孫思邈是唐代極有影響的醫學家，也是中國醫學史上最偉大的醫學家之一。他所總結的傳統醫學成就爲後世留下了寶貴的醫學財富。《千金要方》和《千金翼方》還流傳到國外，爲日本、朝鮮的多種醫著作引用，在醫學界產生了深廣的影響。

唐七軍陣法創新

唐代軍陣一般由七軍組成，包括中軍一軍，左右虞侯各一軍，左右廂各二軍。因此唐軍戰鬥隊形編成及變化的規則和方法，稱爲七軍陣法。根據《通典》、《武經總要》、《武備志》、《李衛公問對》等史籍中關於李靖論陣法的記載，唐代七軍陣法有了一些新的創造和發展。

首先是兵力兵器編組配置，比較適合發揮各種兵種或兵器的長處與優勢。一般各軍內奇兵與正兵比例爲三比七。正、奇兵編組位置如下：弩手居前，其次爲弓手；再次爲戰鋒隊步兵；後爲馬軍、跳蕩、奇兵；再後爲駐隊。開戰時，弩手在距敵一百五十步時發箭；弓手在離敵六十步時發箭；離敵二十步時，弓弩手扔掉弓弩，捧刀棒與戰鋒隊步兵一齊殺入敵陣。馬軍、跳蕩、奇兵通常不動。如步兵受挫，跳蕩、奇兵、馬軍即上前擊敵，退回的步兵休整後繼續出戰。如敵敗退，奇兵與馬軍追擊潰敵，駐隊不動。如營壘不牢，則從各軍抽調兵力充實駐隊，堅守營壘。如營壘堅固，輜重無虞，駐隊也可出戰迎敵。

戰陣內由主將通過旗幟、鼓、角等工具進行指揮。其次七軍陣形有所創新，出現了六花陣、橫陣、豎陣、行引方陣、撤退陣法等不同陣形變化。

六花陣，因其方營佈局「象六出花」而得名。據《李衛公問對》等記載，六花陣爲李靖所創。此陣通常以中軍居中，六軍居外，大陣包小陣，大營含子營，各陣營間互相銜接，不同兵種合理配置，具有協同、集中、機動等優點。據《武備志》卷六〇說，五花陣又有六花方陣、六花圓陣、六花曲陣、六花直陣、六花銳陣等五種陣形。

橫陣，將七軍府兵分作兩梯隊，前面爲戰隊，後面爲駐隊。每隊按弩手在前、弓手次之，然後步兵的順序梯次配置。馬軍各在當隊後，駐軍左右，下馬立。聽鼓音響，弩手、弓手先後發箭，步軍、馬軍等依次出戰。

豎陣，即將弩手、弓手和成鋒隊

庫木吐喇石窟外景

混合編組，相間引前；後爲跳蕩、奇兵；兩駐隊兩邊相掩護，進攻時按橫陣之法依次接戰。此陣用於攻擊恃險固守之敵。

行引方陣，也就是護送輜重等的行進陣形，將輜重分成四分隊在兩道中間前進，戰鋒隊也分成四分隊在兩道兩側行軍。如遇敵，四個輜重分隊退居中間，四個戰鋒分隊掩擋四面來敵。

撤退陣法，即隔隊抽隊撤退陣法。具體方法是隔一隊抽一隊，所抽之隊撤至陣後百步立陣，未抽之隊阻擊敵人掩護撤退。已撤之隊到達指定地點後，準備兵器迎敵，而後撤前隊。前隊也後撤陣後百步立陣，準備掩護前隊撤退，如此循環往復，前隊、後隊互相掩護，撤出戰鬥。這種邊戰邊退的陣法多爲後世兵家作撤退戰術使用。

漢風藝術集中於庫木吐喇石窟

中國新疆地區的佛教石窟，由於歷史的、地域的和民族的原因，相互之間具有較大的差別。這些石窟大體上分爲三種風格：龜茲風、西域漢風和高昌回鶻風。龜茲風壁畫最早，約在西元四世紀至八世紀。壁畫數量也最多，主要集中在庫車、拜城及新和一帶。西域漢風壁畫較晚，約在西元七世紀至九世紀，壁畫數量不多，集中于庫車的庫木吐喇。高昌回鶻風壁畫時代最晚，約在西元九世紀至十二世紀，主要分佈在吐魯番。

西元七到八世紀是中國唐朝政府對西域實施有效控制的時期，因此漢風洞窟在這一時期的出現與唐朝在龜茲設安西都護府、大量漢族士兵于此屯戍以及中原漢僧西來移居等歷史背景有著密切關係。

漢風藝術比較集中的庫木吐喇石窟在今新疆庫車縣境內，位於謂幹河東岸。石窟分南北兩群，北部洞窟集中，稱窟群區，編號的洞窟有八十個；南部的洞窟稀少，稱谷口區，編號的洞窟有三十二個，分佈也比較分散。漢風洞窟全部集中在窟群區，有三十多個。在洞窟形制上，漢風洞窟的主體結構仍是中心柱窟三進式，主室平面多作長方形，窟頂多作縱券形。除洞內石胎泥朔佛像有別於龜茲崗洞窟中木胎泥朔佛像這一點外，洞窟形制上與龜茲風洞窟相比並無什麼不同之處，因此庫木吐喇石窟漢風洞窟的鮮明特點，主要表現在壁畫的題材內容、構圖形式、繪畫方法以及裝飾紋樣等方面。

與龜茲風洞窟主要以釋迦牟尼事

蹟爲壁畫題材不同，漢風洞窟的壁畫題材，多以表現大乘教經典爲主要內容，這種內容又以場面宏偉的大型經變畫爲主，它包括樂師變、未生怨、十六觀以及涅圖等內容。這些內容的壁畫多以漢族傳統的長方形中堂式畫面出現，兩側配以立軸式的條幅，中堂與

庫木吐喇第四十五窟樂舞特寫

庫木吐喇第四十五窟散花飛天

條幅之間隔以花邊，畫面構圖均衡、穩定。另外，漢風洞窟的壁畫中還出現許多漢式尊像圖和千佛圖，圖旁配有漢文榜題。這些壁畫，人物造形生動傳神，色彩璀璨富麗，畫面氣勢雄偉壯觀，具有典型的漢族繪畫風格，其水平足可和同時代的中原壁畫相媲美。再則，出現非龜茲裝的供養人像，也是判定漢風洞窟的一個依據。

漢風石窟壁畫大多成組出現，每組在內容上多有聯繫。如在編號爲第十四的方形窟內，正壁爲一鋪經變，左右側壁繪佛本行變。佛本行變從北側壁東端開始，依次向西，再接北側壁西端，最後以西端涅圖結束。兩側壁的內容前後銜接，但畫面之間沒有花邊分隔，與龜茲風的佛傳故事畫構圖形式迥然有別。關於千佛題材的壁畫的構圖形式，漢風洞窟也有自己的特點，漢風洞窟內的千佛畫，大多不畫龜茲風壁畫所具有的方形邊欄，形象比較簡單，色彩爲單一性重複，顯得沉滯而簡樸。

漢風洞窟壁畫中有較多的漢式裝飾紋樣也是一大特點。漢風洞窟中的裝飾紋樣，以團花圖案、卷草邊飾、茶花邊飾等植物紋樣爲主。這些裝飾紋樣，都不見於龜茲風洞窟，而又與中原地區的紋飾非常相似。團花圖案主要用在中心柱窟或方形窟的券頂中脊部位，取代了龜茲風洞窟同一位置上的天象圖。卷草和茶花邊飾多用於窟頂與側壁銜接處或經變畫的邊欄上，其中茶花紋樣出現最多，有的還用於團花圖案或背光圖案中。另外，雲頭也是漢風洞窟中常見的圖案，一般出現在經變畫和因緣故事畫中，用來表現天空場景，以烘托飛天、菩薩、佛等聖眾的動態和形象。這一點，也是在中原地區較早流行的典型漢族畫法。

駱賓王討武則天

駱賓王，婺州義烏（今屬浙江）人，是唐代詩人，與王勃、楊炯、盧照鄰號稱「初唐四傑」。

駱賓王才華早露，少時即有「神童」之稱。曾爲東台詳正學士，因事被謫，久戍邊疆。光宅元年（西元六八四年），武則天廢中宗李顯爲廬陵王，並擬自立爲皇帝，準備改唐爲周。這年九月，徐敬業以匡復唐室爲口號，聚眾十萬，在揚州武裝討伐武則天，駱賓王參加了這一軍事行動，被任爲藝文令，掌管文書機要。這時他寫下了聞名天下、留傳後世的《代李敬業傳檄天下文》，同年十一月，起兵失敗，駱賓王下落不明。

武后行從圖（局部）

駱賓王像

這篇討伐武則天的檄文傾注了駱賓王的政治熱情，同時也顯示了他的文學才華。文章首先指出武則天出身卑微，品格惡劣，揭露她的種種穢跡惡行，痛訴罪不容誅，聲言勢在必討。「入門見嫉，蛾眉不肯讓人；掩袖工讒，狐媚偏能惑主」，道出武則天善妒和欺下媚上；「虺蜴爲心，豺狼成性，……殺姊屠兄，弒君鴆母」，指出武則天心性兇殘；已經激起人神的憤怒，爲天地所不容，憂慮唐王朝的安危，以此說明了討伐的理由。

文章其次闡明起兵討伐的宗旨和決心，渲染起兵隊伍的聲勢軍威，顯示了銳不可擋的士氣，又表現了一種必勝的信心。

文章最後號召天下仁人志士，明辨是非利害，共同討伐武則天。他以「一抔之土未干，六尺之孤安在」的君臣之義，希望唐朝舊臣不忘先帝的遺命，共同建立勤王護國的勳業。全篇用「試看今日之域中，竟是誰家之天下」的豪言壯語結尾，氣勢磅礡，給人以力量。

武則天知道是駱賓王所作後，感歎到：「人有此才華，未能招致朝廷，皆宰相之過也！」

這篇檄文詞義嚴正，氣勢充沛，筆端帶有情感，無論抒情、說理和敘事，都能運筆自如，跟六朝後期一味追求形式美的文風，形成鮮明的對比。

「四傑」齊名，是以詩文並稱的。駱賓王的詩歌在初唐也極富影響力。他和盧照鄰都擅長七言歌行。他的長篇歌行《帝京篇》在當時就已被稱爲絕唱。這種詩體從六朝小賦變化而來，它吸取了六朝樂府中轆轤輾轉的結構形式以及正在發展中的今體詩的對仗和韻律，聲情並茂，感染力極強。駱賓王的五律也有不少佳作，如《在獄詠蟬》，托物寄興，感慨深微，是膾炙人口的名篇。

印染技術迅速發展

唐代，隨著紡織技術的迅速提高，紡織品印染工藝也很快發展起來。

唐代官府織染署下設六個練染作，分別名爲青、絳、黃、白、皀、紫，其中白作指精煉漂練工藝，其餘各作分別指染藍、紅、黃、黑、紫五色的。唐代普遍使用植物性染料，其色譜已較齊全。如紅色染料主要是紅花、蘇木、茜草，不同色階有銀紅、水紅、猩紅、絳紅、絳紫等五色，黃有鵝黃、菊黃、杏黃、金黃、土黃、茶褐等六色，青、綠也各有五六色之多，連同黑白在內，計有二十四色之多。

唐代印染技術主要有顏料印花、防染印花、堿劑印花幾種。顏料印花是用凸花型版或鏤空型版將顏料印漿直接印在織物上，以顯示花紋。隋唐時，傳統顏料印花已向創新型版的多彩色套印和色地印花方面發展，達到了新的高度。一九七二年阿斯塔那出土的唐代茶褐地綠白印花絹等便是有代表性的顏料印花製品，此絹用兩種色彩，印出有間斷空心圓圈的大簇花紋，精美華麗。

防染印花有夾纈、蠟纈和紋纈三種。夾纈即夾染，是用兩塊相同的雕花木版，夾布入染，被夾部分防染，與染色部分形成對比，顯出花紋，盛唐夾纈盛行，常用於婦女披巾、衣裙、屏風裝飾，日本正倉院今天還保留唐代夾纈屏風。相傳玄宗時，柳婕妤的妹妹心靈手巧，善為「夾纈」，自製鏤板染出精美的織物。蠟纈即蠟染，是在織物上先用蠟畫出圖樣，入染後煮熱脫蠟，顯出白色圖樣，上有冰裂紋效果，也可用於衣物和裝飾物。絞纈即紮染，是用繩將布紮成花紋，入染時紮結部分防染，形成白色花紋，並有暈染效果，製作簡便、樸素大方，有朦朧之美。蠟染和紮染方法都被完整地保留在西南少數民族地區的印染工藝中。

唐瑞花印花絹襇裙

唐狩獵紋夾纈絹

城劑印花是利用城作拔染劑，在生絲羅上印花，著城處溶去絲膠，形成白色紋樣。這種方法染出的絲織品地色處絲束抱合緊密，手感較硬，色澤較暗，花紋處絲束鬆散，手感柔和，富有光澤。這種印染方法既未見於文獻記載，也未見於其他時代的實物資料和傳統工藝中，是唐代獨有的印染方法。阿斯塔那唐墓中出土的原色地白花紋、菱地花樹對鳥紋紗、絳地白花紗等都是城劑印花產品，印染效果獨特，十分美觀。

唐代印染技術非常發達，運用了色譜齊全的植物性染料和多種印染工藝，在中國印染史上佔有重要地位。

人物小事典

周興——請君入甕

唐代酷吏周興，雍州長安（陝西西安）人，少習法律，為尚書省都事。累遷司刑少卿、秋官侍郎，尚書左丞。自從垂拱元年（西元六八五）武則天重用告密者及酷吏以來，周興屢屢濫殺無辜競達數千人，創造多種刑法，用刑殘酷。載初元年（西元六八九年）十一月二十三日，上疏奏請武則天去李唐宗正屬籍，天授二年（西元六九一年），有人告周興與左金吾大將軍丘神勣、來子珣謀反，武則天令另一酷吏來俊臣審問周興。來俊臣問周興：「囚多不服罪，奈何？」周興當時不知自己已成被告，順口說道：「裝囚入大甕，四周燒炭炙之，必服。」於是，來俊臣命人取來大甕，在四周用炭燒，對周興說：「請君入甕。」周興叩頭服罪。武則天因其在幫助自己剷除唐宗室、大臣等政敵中只對自己很忠心，賣力，於是從輕發落，配流嶺南。天授二年一月，在赴嶺南的道上被仇家所殺。

武則天乾陵無字碑

順陵雄獅

孫過庭寫《書譜》

唐垂拱三年（西元六八七年），孫過庭撰成《書譜》。

孫過庭，字虔禮，陳留（今河南省開封市，自署爲吳郡，故或作浙江富陽）人。曾官衛冑參軍、率府錄事參軍。博學文雅，擅長文辭。陳子昂所作墓誌銘謂其才華並茂，胸有大志。但其生平不甚得志。孫過庭工楷、行、草三種書體，尤以草書見長。宋米芾認爲其草書深得王羲之、王獻之的眞傳。筆勢勁堅，摹寫得維妙維肖，幾能亂眞，對後世影響甚大。但亦存在著落筆過於急速、千紙一類、一字萬同、拙於變化的不足之處。傳有《千字文》爲其所作。

《書譜》是一部書、文並茂的書法理論著作。其墨蹟可爲孫過庭書法之代表作。《書譜序》又名《運筆論》，從宋人題鑒可知，它只是一篇序文。

內容分爲溯源流、辨書體、評名跡、述筆法、誡學者和傷知音六個部分。闡述正、草二體書法，文思縝密，言簡意賅，見解精闢。書中很多論點，如學書三階段說、創作中的五乖五合說等，迄今爲學書者所樂道。

孫過庭著《書譜》，在中國古代書法理論史上佔有重要地位。如書中的學書法三階段、創作中的五乖五合等，直到現在仍被學者所推崇。孫過庭《書譜》。《書譜》是唐代著名書法理論著作，非但議論精闢，而且通篇以草書書寫，筆法流動，二王以後自成大宗。

孫過庭《書譜》

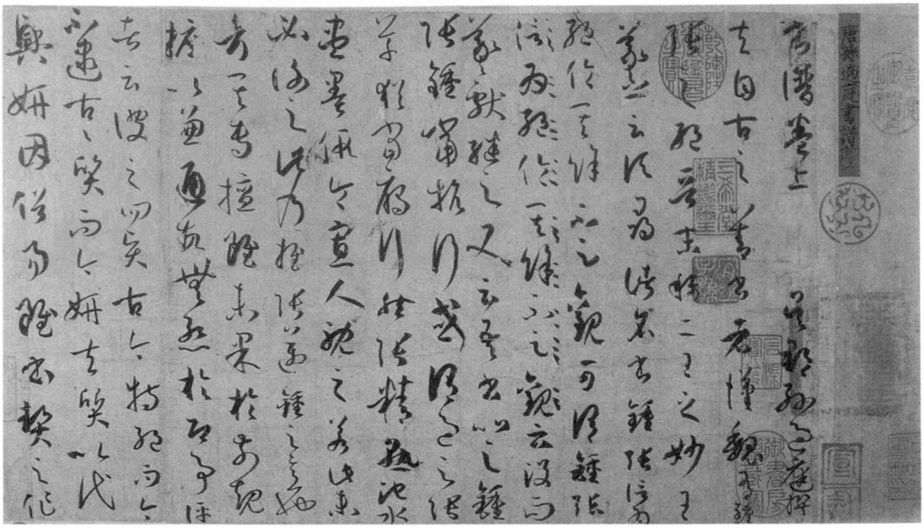

獸醫學成熟

中國的畜牧業發展到唐代，已非常興盛，特別是官府經營的養馬業，其規模在當時的世界上是罕見的。首先，表現在相馬理論的提出，包括「由外以知內」和「由粗及精」，前者反映了馬的外部特徵和內部臟器之間的關係，後者則強調了相馬的要領技術；其次，完備的馬籍制和馬印製出現，馬籍制主要是爲了登記馬種的優劣，其中將良馬稱爲左，駑馬稱爲右，馬印製則是在相馬理論及馬籍制的基礎上，根據馬的不同等級，在身上打上相關的烙印，以示區別；再則，在牲畜後代繁殖方面，規定了種馬的標準，「戎馬八尺，田馬七尺，駑馬六尺」，並主張從大宛、波斯等國引入良種馬，以改良內地馬種，對現今的養馬業仍有較大影響。

在畜牧技術的基礎上，唐代又發展了較先進的獸醫學。

首先，是創建了獸醫教育。唐王朝在中央政府和監苑牧場中分別設有行政的畜牧獸醫官員和專職獸醫師。民間的獸醫更多，他們除做獸病防治工作外，還兼任畜養技術的指導。獸醫的培養，民間是父子、師徒相傳，太僕寺則設立了獸醫教育機構，《舊唐書．職官三》記載：「太僕寺設獸醫博士四人，學生百人」，這可以說是世界上最早的獸醫學校。在太僕寺一些獸醫博士寫的教材的基礎上，唐宋室司馬李石負責編撰了獸醫學專著《司牧安驥集．骨名圖》，這是中國現存最古老的一部獸醫學專著。其出

唐代灰陶質粉彩臥牛

現表明中國畜體解剖學在唐代已經形成。畜體解剖學是從事針灸和外科治療家畜疾病的基礎科學。

針灸治病要取得理想的療效，首先決定於選取的穴位是否準確，穴位選正確後，則針刺手法和針尖所到的部位就成爲關鍵，而這都得依靠骨骼來定位。唐代人已從針刺的「得氣」上認識到骨節與神經之間位置上的關係。

針灸學在唐代取得了引人注目的成就，如對針灸穴位的位置和治療範圍已有較深刻的臨床實踐認識；提出「看病淺深、補瀉相應」的治療原則和針刺手法；講究針具和適應症，指出針灸時的放血原則。另外，烙畫法治病在此時期也已發展到一個較高階段，能根據部位和所患的病症，選用各種形狀的烙鐵進行烙治。這些都說明獸醫在以上列舉的治療方式範圍中，技術已趨成熟。

外科學取得的進步更爲顯著，當時已總結出十六種蹄病的病因、病機、病變、症狀和治療方法，如「焊藥療法」和「冷敷理療法」不僅在過去是先進的，在今天也值得進一步研究和發揚。

始撰《時政記》

《時政記》是唐代每日記載廷議奏對的記錄。在武后以前，廷議奏對均不作記錄。雖永徽年間以後左、右史對仗承旨，但仗下謀議，皆不預聞，無從記之。長壽二年（西元六九三年）正月十七日，文昌左丞、同鳳閣鸞台平章事姚王壽奏請宰相撰《時政記》，請自今以後，仗下所言軍國政要，由宰相一人專事撰錄，號爲《時政記》，每月封送史館。武則天奏准，宰相撰《時政記》由此開始。

泥宦俑

陳子昂扭轉唐代詩風

唐初四五十年間，詩歌創作囿於宮廷，風格綺靡華麗，追求形式技巧。陳子昂爲改變這種詩壇風氣，高倡建安風骨，爲引導唐詩朝著正確方向發展作出重要貢獻。陳子昂（西元六六一年至七〇二年）字伯玉，梓州射洪（今屬四川）人。他出身富有，好施任俠，爲人豪爽。十八歲閉門讀書，二十四歲中進士，曾得武則天賞識，他多次上書改良政治，但一生仕途不暢，屢遭降職處分，四十二歲時被誣陷入獄，死於獄中。

與他敢於針砭時弊的政治態度相適應，陳子昂對當時文壇上風骨不振、興寄都絕的宮廷詩風也深爲不滿。在《修竹篇序》中，他明確提出了自己的詩歌革新主張「不圖正始之音，復睹於茲，可使建安作者，相視而笑」，要求詩歌繼承《詩經》「風、雅」優良傳統，以比興寄託手法寄寓政治社會內容，恢復建安、黃初時期的風骨，明確表達思想感情，形成爽朗剛健的風格，掃除六朝綺靡詩風。

陳子昂在他的詩歌創作中具體實踐了他的文學主張，他有意摒棄華麗辭藻和對偶形式，運用朴質無華的古詩體，托物寄

唐載初年間的絹畫《雙童圖》

興，表達自己的理想抱負和失意情懷，反映政治生活的弊端和人民的苦。他的代表作是《感遇詩》三八首、《薊丘覽古》七首和《登幽州台歌》。

《感遇詩》並非一時一地之作，而是在長期的生活經歷中寫下自己的種種感受和體會，風格類似阮籍的《詠懷》。他在詩中或抒發理想，或諷刺時政，或哀歎民生艱，或寄寓哲理。如第二首：「蘭若生春夏，芊蔚何青青。幽獨空林色，朱蕤冒紫莖。遲遲白日晚，嫋嫋秋風生。歲華盡搖落，芳意竟何成！」喟歎自己雖懷美質，才華橫溢，而骨鯁道窮，不得已中道隱退。在一些涉及國事的篇章中，詩人一再表現出安人的政治理想，如第十九首（聖人不利己）、第二十九首（丁亥歲雲暮）、第十二首（呦呦南山鹿）等都指斥統治者對勞動人民的殘酷壓迫，造成人民人人自危，無法安生。這種針貶時弊、體恤民情的創作精神，對後世產生了重要影響。

《登幽州台歌》是陳子昂跟隨武攸宜東征契丹時作，詩歌懷古傷今，抒發了懷才不遇的強烈感慨，「前不見古人，後不見來者，念天地之悠悠，獨愴然而涕下」。這種俯仰一世的孤高抱負和沈鬱壓抑的失意感不僅是個人受到不公正待遇的牢騷，而且代表了初盛唐一代有遠大理想的知識份子渴望爲時代做出貢獻的心聲，代表了一種積極進取、放眼宇宙的崇高孤獨感。

陳子昂上承建安，下啓盛唐，對轉變唐代詩風、引導唐詩走上健康向上的發展方向作出了巨大貢獻。以後的一些優秀詩人多受其影響，對他推崇備至。杜甫盛讚他「公生揚馬後，名與日月懸」，韓愈肯定他「國朝盛文章，子昂始高蹈」。

始置節度使

景雲元年（西元七一〇年）十月二十日，幽州鎮守經略節度大使薛訥（薛仁貴之子）被任命爲左武衛大將軍兼幽州都督。唐自此開始設置節度使。

有的史家認爲，設置河西三使或賀拔延嗣充任河西節度，是唐代節度使得名的開始。但前者是景雲元年十二月，後者更是到了景雲二年四月，遠在薛訥之後，所以唐代節度使這一名稱，實際應始於薛訥。

按照唐朝的規定，只要是任命親王爲節度大使而親王本人不在職位上處理日常事務、而是仍居京城爲官

唐邊城遺址

的，都要在所鎮守的地方另行設「副大使」一職。其他的節度使下面，也可以設置節度副使，幫助節度使處理日常事務。

唐代設立節度使一職，對穩定邊疆，加強邊防起到了一定作用，但也爲後來節度使擁兵自重，不受調管乃至起兵叛亂種下了禍根。

唐《牧馬圖》

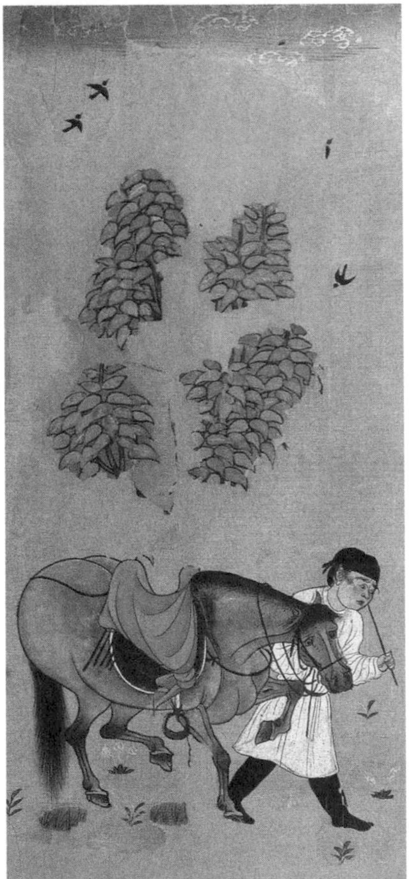

杜審言等定型近體詩

初唐百年間的詩歌，在詩歌風氣復古革新的同時，在詩歌體式方面，則完成了從齊梁新體詩過渡到唐代律詩的進程。唐代律詩的成熟，五律在先，七律在後。五律從王績的《野望》，到王勃、楊炯的大量詩作，已接近成熟。但五律、七律的成熟，是在武後、中宗時的宮廷詩人杜審言、沈佺期、宋之問完成的。

杜審言，字必簡，祖籍襄陽（今湖北襄樊），實爲洛州鞏縣（今屬河南）人，是杜甫的祖父，沈佺期，字雲卿。相州內黃（今屬河南）人。宋

唐屏風畫殘片

之問字延清，汾州（今山西汾陽）人。一說孚虎州弘農（今河南靈寶）人。三人因依附張易之，張宗昌，于中宗神龍元年（西元七〇五年）同時遭貶，後又陸續召回。由於被貶遭遇，他們的律詩由以往宮廷應制之作而轉爲抒寫淒涼境遇，感傷情緒及邊塞之苦、思婦之情，並將較深湛的藝術構思寓於嚴格的格律之中，筆力雄健。

杜、沈、宋等人在以沈約、謝朓等爲代表的永明體基礎上，從原來的講求四聲發展到只辨平仄，從消極的「回忌聲病」發展到悟出積極的平仄規律，又由原來只講求一句一聯的音節、協調發展到全篇平仄的粘對，以及中間二聯必須上下屬對。如宋之問的《度大庾嶺》：「度嶺方辭國，停軺一望家。魂隨南翥鳥，淚盡北枝花。山雨初含霽，江雲欲變霞。但令歸有日，不敢恨長沙。」沈佺期的《古意》：「盧家少婦郁金堂，海燕雙棲玳瑁梁，九月寒砧催木葉，十年征戍憶遼陽。白狼河北音書斷，丹鳳城南秋夜長，誰爲含愁獨不見，更教明月照流黃。」宋詩爲五律，沈詩爲七律，格律形式相當完整。沈宋的主要貢獻，是以他們的創作實績，完成了律詩「回忌聲病，約句准篇」，最後定型的任務。後人也公認「五律至沈宋始可稱律」、「七言律濫觴沈宋」。

古星圖保存於經卷中

隋唐時期，天文學十分發達。人們在提高天文曆法水平的同時，也加強了對天文觀測、星體描繪工作。

唐代開元時人王希明作《步天歌》，繼承了古代天體三垣和二十八宿的星圖體系，加上他的實際觀測，按三垣二十八宿重新規劃了全天可見的星官，從而建立了中國古代流傳最久的三垣二十八宿體系。

由於歲月久遠，這些星圖大多失傳。近來人們在敦煌經卷的整理過程中，發現有一幅古星圖完好地保存在經卷中。

星圖大約繪製於唐中宗李顯時期（西元七〇五年～七一〇年）圖上共

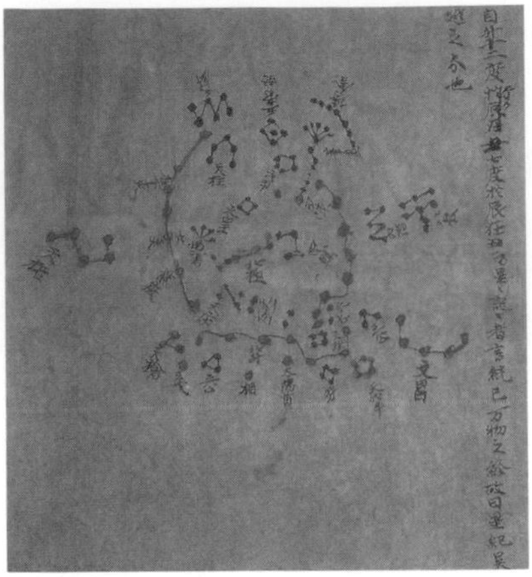

敦煌卷子星圖

約出於唐中宗時期，是現存世界上最早的全天寫實星圖。

有一三五〇多顆星，分別用圓圈、黑點和圓圈塗黃三種方式畫出。畫圖方法爲：從十二月開始，根據每月太陽位置，沿黃、赤道帶分成一二段，紫微垣以南諸星，用近似墨卡托圓筒投影的方法繪出，然後再在以北極爲中心的圓形平面投影上繪出紫微垣。從星圖下面的文字推測，太陽的每月位置並非在繪圖時實測，而是沿用了《禮記・月令》的說法。此圖現爲英國倫敦大不列顛博物館收藏。

敦煌古星圖是全世界現存古星圖中星數較多而又較爲古老的一幅。它反映了中國古代文文學方面的傑出成就，對研究中國古代天文學史具有重要的參考價值。

李仙蕙墓壁畫　已顯盛唐氣象

李仙蕙墓壁畫畫像大小與眞人相近，形態生動，富有神韻，線描氣脈連貫，流暢渾圓，絲毫沒有板滯之感，已顯示盛唐氣象。

墓主李仙蕙即永泰公主，唐中宗李顯之女，字禾農輝，嫁武延基爲妻，大足元年（西元七〇一年），一七歲時去世。中宗神龍二年（西元七〇六年），與其夫合葬於乾陵。墓址位於今陝西省乾縣北原。

該墓葬分墓道、天井、過洞、甬道、墓室五個部分，全長八七點五米。壁畫分佈在墓道、過洞、甬道和墓室。墓道壁畫分東、西兩壁，內容爲武士儀仗隊、青龍、白虎、闕樓城牆、山水、樹木。其中武士儀仗隊分五組，每組六人、六戟架、二匹馬、馬伕二人，威武雄壯，是墓主生前儀衛的寫照。過洞有五個，一、二、三洞繪有寶相花平棋圖案；四、五洞繪有雲鶴和寶相花平棋圖案。甬道分前、後甬道，壁上繪有人物、花草、假山和紅珊瑚，頂上繪有平棋圖案和雲鶴。墓室由前、後墓室組成。前墓室頂部繪有星象圖，東壁有侍女圖二幅；南側有侍女九人，手持玉盤、方盒、燭臺、扇、高足杯、拂塵、包裹等，表現了墓主生前的奢華生活；北側繪有手持小盒、燭臺等物之侍女七人；北壁東、西側各有侍女二人；西壁有侍女九人。後墓室繪有男侍和女侍，頂部爲星象圖。此墓壁畫的精妙之作爲侍女圖。她們雖有佇列，但卻高低錯落，疏密有致，左顧右盼；微笑者有之，沉思者有之，把一群聰明活潑、天眞爛漫、美麗可愛的少女描

永泰公主墓女侍壁畫

唐女侍壁畫

繪得栩栩如生、呼之欲出。

李仙蕙墓壁畫爲陝西唐墓壁畫精品，接近盛唐繪畫風貌，在中國古代壁畫史上佔有重要地位。

張若虛作《春江花月夜》

在初、盛唐詩風轉換之際，曾出現過兩位情況比較特殊的詩人，即劉希夷和張若虛，他們以創作少而水平高聞名於世，其中張若虛所作《春江花月夜》被譽爲以孤篇壓倒全唐的膾炙人口的傳世佳作。

張若虛，生卒年不詳，揚州（今江蘇揚州）人，曾任兗州兵曹，與賀知章、賀朝、萬齊融、邢巨、包融等以文詞俊秀而馳名京都長安，是當時「吳中四士」之一。

《春江花月夜》是張若虛保存於《全唐詩》中二首詩中的一首，它沿用的是陳隋樂府舊題。相傳該題始創於陳後主，隋煬帝也曾用過此題，屬宮廷豔曲。張若虛的這首長達三六句二五二字的七言排律中，沿用了六朝樂府舊題和原有的遊子思婦傳統題材，匠心獨運地將動人的離情別緒與富有哲理意味的人生感慨結合起來、

感情眞摯而韻味綿長深邃。

這首詩以「春江花月夜」五個字爲中心，從對春江上的花、月、夜的景物描寫展開，又緊扣「月」字，將春江之上流動多姿的月色從不同側面加以展現，突出了「江天一色無行塵、皎皎空中孤月輪」皎潔的春江月色，隨著流動的月光和江水，詩人一步步寫到月下高樓和樓中之人，其遊子思婦望月懷人之情，惇摯悠永，融宇宙奧秘、人生哲理之探求於其間；超越時空，意蘊深沉，雖是抒情長篇但寫景清麗明淨，給人以澄澈空明、清麗自然之感，徹底地洗去了宮廷豔曲的濃脂豔粉，其中雖不乏人生無常的感傷，但卻蘊含著追求精神，格調不顯低沉。全詩語言清新優美，以「月」爲生命紐帶，將情、景、理三者融合爲水乳交溶的幽美而邈遠的意境。節奏自然平和、韻律宛轉悠揚，富有音樂美。

神秀開禪宗北派

禪宗相傳於南北朝時期由南天竺來華傳法的禪僧菩提達摩所創，是在中國佛教史上影響最大，徹底中國化了的一個佛教流派，以禪定概括全部修習。禪宗傳至五祖弘忍的弟子神秀和慧能時，對達摩禪法的理解發生了根本的分歧，神秀主張漸修，慧能提倡頓悟。禪宗由此分化爲北南兩派。

神秀，俗姓李，汴州尉氏（今屬河南）人。年青時遍覽經史，隋末出家，後於蘄州雙峰山東山寺拜禪宗五祖弘忍爲師，深受器重，爲上座弟子、「教授師」。後來在弘忍選擇繼承人時，神秀因作謁語「身是菩提樹，心如明鏡台，時時勤拂拭，莫使惹塵埃」而不得弘忍認可，未能成爲嫡系傳人。弘忍死後神秀赴江陵當陽山玉泉寺傳授禪法，開禪宗北派，聲譽盛隆，四海僧俗慕名而至，並深得武則天及中宗敬重，死後被賜謚「大通禪師」。

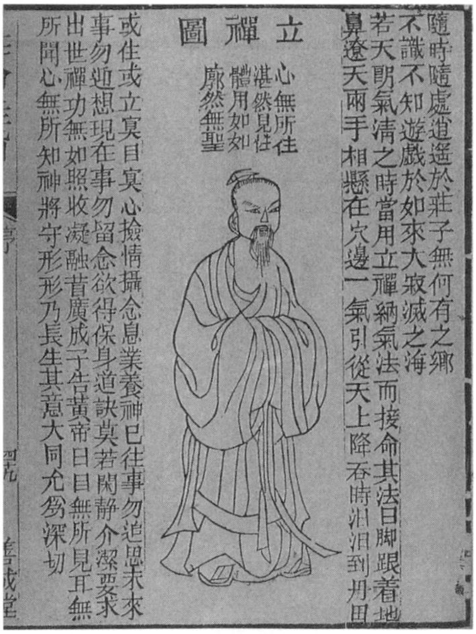

立禪圖

禪宗北派繼承了道信、弘忍以心爲宗的傳統，認爲「一切佛法，自心本有」，反對慧能南派「將心外求」，主張「拂塵看淨，方便通經」，即逐漸領會，逐漸貫通的「漸悟」方法，與慧能在南方創宗傳佈的「頓悟」流派相對立，時稱「北秀」「南能」，北漸南頓，神秀所作《大乘五方便》（一作《北宗五方便門》）、《觀心論》在門下流傳，其弟子普寂、義福闡揚其宗風，曾盛極一時。後在宗派爭鬥中，慧能南派影響日趨擴大，神秀北派因不能適應當時佛教徒舍繁趨簡之勢，在神秀死後經數傳即告衰微。

劉知幾撰《史通》

唐景龍二年（西元七〇八年），著名史學家劉知幾撰成《史通》一書。它是中國古代第一部系統的史學評論著作。

劉知幾，字子玄，唐徐州彭城（今徐州）人。武則天長安二年（西元七〇二年）開始擔任史官，歷任著作佐郎、左史、著作郎、秘書少監、太子左庶子、左散騎常侍等職。中宗景龍二年（西元七〇八年），因不滿於當時史館制度的混亂及監修貴臣對修史工作的橫加干涉，毅然辭去史官職務，退而私撰《史通》。

《史通》二十卷，分內篇和外篇兩部分。內篇著重闡述了史書的體裁、體例、史料採集、表達要求和撰史原則；外篇論述史官制度、正史源流、史家雜評、史著得失，並簡略地表述了作者對歷史的見解。

在《史通》中，劉知幾回顧了中國長期的歷史撰述歷程並作了理論上的分析。關於史書的內容，他認爲史書是史家對客觀歷史的認識及概括，提出了「記言之所網羅，書事之所總括」的理論命題，敏感地認識到史家主觀意識同客觀歷史之間存在著一定的關係，史書應該包括典章制度的沿革和國家盛衰存亡的原因等重要內容。在方法論上，強調謹慎地採摘材料的重要性，史家必須嚴肅地審查和采輯有關文獻，擺脫地域、門閥等其他外界影響。在體裁上，劉知幾具體論述了紀傳和編年二體優劣，得出了「各有其長，並行於世」的結論。在語言上，他提出「美」、「工」、「簡要」三點是史書文字的美學原則，要求用簡練、淺顯的文字，表達出深刻的思想，同時強調用「當時口語」，「從實而書」，不失「天然」。在撰述原則上，他提出了「直書」和「曲筆」兩個概念作爲區分史家撰寫史書品格的要素以及由此產生的迥然不同的社會效果。這種社會效果就是要喚起人們的「內省」和「思齊」的教育作用。在史才理論上，劉知幾第一次提出了史家必須具備史才、史學、史識即「史才三長」的論點。三長之中，最重史識。

盛唐壁畫生動細緻

初唐壁畫的宏闊磅礴之氣勢，經過近一百年的發展演化，至唐睿宗景雲年間開始過渡到唐朝壁畫的第二個時期唐玄宗天寶年間。這一時期的壁畫題材突出表現爲日常家居生活占了主導地位，而狩獵出行、儀仗出行的場面則大爲減少。有的壁畫繪出男侍、女侍，如捧盤的男侍，手持蓮花的女侍（見於薛莫墓），捧物女侍（見張去奢墓）等；有的繪有樓閣建築，如牽馬侍者（見於萬泉縣主薛氏墓）、拱手侍者（見張去奢墓），騎馬侍衛等花卉、草石等。

壁畫題材的變化與俑群中僮仆俑、園宅假山建築模型的盛行是一致的，這種現象反映了唐朝莊園經濟的迅速發展。當時，長安城郊地主莊園林立，莊園內花木繁茂，台榭輝映，曲折幽邃，莊園主廣陳伎樂，玩賞珍寶聲色。壁畫題材著重於家居生活，正是這種社會習俗的寫照。

蘇思勖墓室東壁繪樂舞圖。從舞蹈者的臉型、服飾、動作以及樂隊所持的樂器看，可能是唐代流行的胡騰舞。胡騰舞源于石國，即今蘇聯境內塔什干一帶，經涼州（今甘肅武威）傳入中原。故而唐詩中有不少描繪石國胡兒、涼州胡兒跳胡騰舞的詩篇。此墓畫從造型藝術的角度提供胡騰舞的生動形象資料。

盛唐壁畫以詳細刻畫人物爲主。

唐女侍壁畫

唐男侍壁畫

畫家和畫工們通過各種人物，如女侍、內侍、文官、武吏、馬伕、駝伕的細膩觀察，用簡練的線條鮮豔的色彩，栩栩如生地描繪了各種人物形象。盛唐時期高元王圭墓的侍女體態，大髻寬衣、豐厚為體，其線條則屬於專菜條，表現出「吳帶當風」的時代風格。唐代壁畫的各種人物，堪稱細刻劃入微。侍女動作多優美典雅的姿態，而內侍（宦官），則突出其獻媚取寵的醜貌。

敷彩做到了因類著色，並注意在吸收融合外來的基礎上努力創新。建築物的柱、枋、斗橫，用單線平塗法，另外，服飾用暈染法；圖案花紋則採用疊暈法。這些技巧的運用，使盛唐壁畫更加細膩奪目，同時，又使壁畫在經歷了漫長的風化、水浸以後，迄今仍保持鮮豔的色彩。

唐代石刻佛像興盛

唐代為中國封建社會發展的頂峰時期，經濟空前繁榮，社會相對穩定，文化昌盛，中外交流十分頻繁。在統治者的提倡和鼓勵下，佛教又有了新的發展，教派眾多，寺院林立。石刻佛像也因此而興盛發達，取得了空前成就。

石刻佛像自北魏以來風靡一時，隋代造像則具有承上啓下的過渡特點。在藝術上一方面因襲了前代造像的風格：頭大，衣袖長闊，線條呆板，方正肥重；另一方面已開始注意人體造型，力圖擺脫傳統線的結構，向立體、寫實方向發展。唐代的石刻佛像，正是在隋的基礎上，進一步發展、創新而來，大致可分為初唐、武后、玄宗三個時期。

唐菩薩頭像

初唐石刻佛像具有體態輪廓多呈橢圓形、造型嚴整平實、頭大身直的特點，面部多豐頰方頤，接近中國人的實際造型；衣褶線條隨著身體曲線的起伏而延伸，顯得舒展流暢，說明已十分注意人的自然形體。在雕刻技法上，既繼承了前代用直刀平法表現細部紋飾的傳統，又創新發展了向下凹入的圓刀法和中凹邊高的技法，更富真實感。

武則天在位期間，大力提倡建寺

造佛，石刻佛像精品多有出現。較著名的有山西博物館藏久視元年（西元七〇〇年）彌勒坐像、龍景年間（西元七〇七年至七一〇年）大雲寺涅變造像（此像高逾二米，正面及背面上部雕有涅、焚棺、樹塔等多幅故事畫）、西安寶慶寺長安三年（西元七〇三年）和四年的高浮雕像、成都萬佛寺的力士像和觀音坐像等。此時期的石刻佛像，在題材上得到擴充，雕刻家不僅塑造阿彌陀佛，觀世音菩薩及眾多的菩薩像，也把現實俗世生活中的形象和內容反映到作品中。這時期的佛像神秘壓抑的氣氛減少，面容親切動人，身體豐腴圓滿，筆意壯闊；姿態亦多由正面直立改爲細腰斜倚，楚楚動人，正所謂「菩薩若宮娃」，南北交融的風格非常明顯。在雕刻技法上，不再有固定的程式，各部分刀法各不相同，更切近寫實。雕刻家們善於用圓渾突起的圓刀線條來表現作品的細部，做到在細微處見功夫，著力避免表現物件的動作與表情的雷同。這時期的佛像雕刻一掃印度佛教藝術的與世隔疏和前代佛像雕刻的莊嚴肅穆，反映了唐代中國人的氣質和審美眼光。

玄宗時期爲石刻佛像創作的藝術頂峰，出現了有「塑聖」之稱的楊惠之等一批大雕塑家。現存此時期有名的佳作有：西安寶慶寺塔開元十二年（西元七二四年）的十一面觀世音像、邯鄲肥鄉縣天寶元年（西元七四二年）玉石菩薩像、五臺山佛光寺的漢白玉雕像等。這一時期的造像以細膩眞實爲追求對象，有強烈的世俗意味。唐時社會以豐腴爲美，受此影響，佛像圓潤豐滿，寬妝高髻；菩薩身軀彎曲扭轉，富有端莊柔麗的女性美；天王力士高鼻深目，滿頰須髯，孔武有力；飛天頭梳時式女髻長裙曳地，飄帶飛揚。在技法上，圓刀刻劃已爐火純青，表現物件生動勁健富於質感；而且將性格和形體動作巧妙地結合起來，使得刻像在造型和心理描寫方面完美統一，意境高遠，充分體現了盛唐氣象。

唐觀音菩薩坐像

刺繡佛像日增

刺繡，通稱「繡花」，是中國傳統的民間手工技藝，以繡針引彩線，按設計的衣樣，在絲綢或布帛以及麻布上運針刺繡而成。唐代的刺繡作工精巧，色彩華美。唐代是刺繡針法大規模創新的時期，當時運用的針法已有戧針、攙和針、扎針、蹙金、平金、盤金、釘金箔等多種，其中戧針和攙和針的出現，使刺繡作品能製作出色彩退暈和暈染效果，再配合以各種平繡針法，反映物象的紋理質感，刺繡藝術的表現力大大豐富。

唐代刺繡的佛像日益增多，所繡佛像氣派莊嚴，神態奕奕。武則天晚年時，曾命繡工繡制淨土變相圖四百幅。日本持統帝六年（西元六九二年）陳列於藥師寺講堂中的巨幅阿彌陀淨土變大繡帳，高二丈、長二丈一尺八寸，上繡阿彌陀佛，脅侍菩薩像等百餘尊，可能是當時仿效中國的淨土變相圖刺繡而成。一九〇七年，A・斯坦因從敦煌莫高窟盜走了大批中國文物，其中有一幅唐代辮繡佛像，一丈多長。另有一幅繡帳靈鷲山釋迦說法圖，全用平繡法繡成，上繡釋迦牟尼立於蓮座上，旁邊侍立二佛二僧，頭頂上有兩個飛天；下面有男女供養人像。

唐菩薩頭像

道教經典彙集成「藏」

道教經籍的總集稱爲「道藏」。道教開創之初，經書不多。魏晉以後，隨著道教的倡行，道書日益增多。因此在兩晉以後，陸續編纂經目，彙集道經，彙輯成「藏」，最早在唐開元年間。其時，唐玄宗下詔派使法搜訪道經，並親自過目，參與探討，列其書爲「藏」，《三洞瓊綱》，計三七四四卷（一說五七〇〇卷），名爲《開元道藏》。天寶七載唐玄宗詔令傳寫《開元道藏》，以利廣泛傳播。《開元道藏》爲道教史上第一部道書總集。

道藏所集經書，按其淵源和傳授系統的不同，分三洞、四輔、十二類編排、三洞即洞眞、洞玄、洞神三

唐駝鳥石刻

部，承襲了南北朝時陸修靜《三洞經書目錄》題名。三洞爲道經中最重要的三個部類，道教認爲，「三洞經符，道之綱紀，太虛之玄宗，上聖之道經」。四輔是對太清、太平、太玄、正一的總稱。據《道教義樞》及《雲笈七籤》的記載，太玄爲洞眞經之輔，太平爲洞玄經之輔；太清爲洞神經之輔；正一部貫通三洞和三太（即太清、太玄、太平），遍陳三乘，爲以上六部之補充。三洞之下各分十二類，總爲三十六類經，亦稱三十六部。據《雲笈七籤》及《道教義樞》稱，十二部指本文類、神符類、玉訣類、靈圖類、譜錄類、戒律類、威儀類、方法類、眾術類、記傳類、讚頌類以及章表類。

道藏的三洞四輔十二類的分法，既反映了道經傳授系統，又反映了道書實際內容，是一種雙重標準分類體系。

慧能創立禪宗南派

禪宗是中國佛教史上影響最大的一個宗派，唐代慧能弘傳見性成佛的法門，一改幾百年來佛教念經、坐禪的修煉方法，使禪宗的思想和流派迅速遍及全國。惠能的宗教改革成爲中國禪宗的眞正開端，從此，禪宗作爲一個徹底中國化的佛教教派，在中國社會廣爲流傳。

禪宗以「直論本心」爲宗旨，從釋迦牟尼到菩提達摩共二十八祖。達摩在梁代中葉來到中國，爲禪宗的初祖，達摩傳法與慧可，慧可傳與僧璨，四祖道信門下的弘忍得衣缽在黃梅山傳法，爲禪宗五祖。道信的另一弟子法融入牛頭山開創了禪宗支系牛頭宗。弘忍以後禪宗分裂爲南北兩大支。北宗尊神秀，南宗尊慧能，慧能得衣缽爲禪宗六祖。

南宗慧能（西元六三八年～七一三年），亦名惠能，俗姓盧，范陽（今北京大興）人。幼隨父流放到嶺南新州（今廣東新興），三歲喪父，家境貧寒，少時隨母採薪度日。二十四歲時偶然聽人誦讀《金剛經》有所領悟，決心向佛，遂投五祖弘忍門下，因作一偈：「菩提本無樹，明鏡亦非台；佛性常清淨，何處惹塵埃」，深得五祖賞識，當夜五祖傳法並授衣缽給慧能。得衣缽後，慧能在嶺南隱居十六年，弘忍死後，他始出來公開弘法。唐高宗儀鳳二年（西元六七七年），慧能住曹溪寶林寺，前後弘法三十多年，影響遍及全國，開元二年（西元七一三年），惠能卒于新州國恩寺，其弟子迎慧能遺體于曹溪南華寺供奉至今。

慧能弘傳直論本心、見性成佛的法門，主張性淨自悟，頓悟成佛，不搞繁瑣的宗教儀式，其教理比中國佛教其他宗派如天臺、唯識、華嚴等都更簡易明快。慧能講經的內容由其弟子法海整理成《壇經》，這是中國僧人撰寫的唯一一部可以稱爲「經」的著作。

《壇經》完整地保留了惠能禪的教理，成爲中國禪宗的主要經典，其要旨有：一切眾生皆有佛性，人人都有成佛的內在依據；離相無念才是坐禪，禪在心中坐，只要心無雜念，行住坐臥皆是坐禪；頓悟成佛。慧能主頓悟成佛，神秀主漸悟，所以稱禪宗南、北兩支各以「南頓」「北漸」名之。

自慧能起，禪宗大盛，其信徒超過天臺、華嚴諸宗慧能身後禪宗分成荷澤、青原、南嶽三大系統，歷代相傳，至今仍延綿不絕，禪宗成爲中國佛教各宗派中流傳時間最長的一宗，經過「會昌法難」，其他佛教流派皆衰落，唯有禪宗迅速恢復，在五代以後一枝獨秀，宋明理學及近代哲學都受到禪宗思想的影響，通觀慧能的宗教改革，他使禪宗成爲平民的宗教，在下層群眾中廣爲流傳，把佛教在中國推向鼎盛。但慧能以後的禪宗進一步誇大主體意識，漠視宗教的戒律與教規，往往流於離經叛道的表面形式而沒有內在的禪定功夫，所以禪宗的平民化和世俗化傾向一方面擴大了禪宗的影響，另一方面也使佛教在

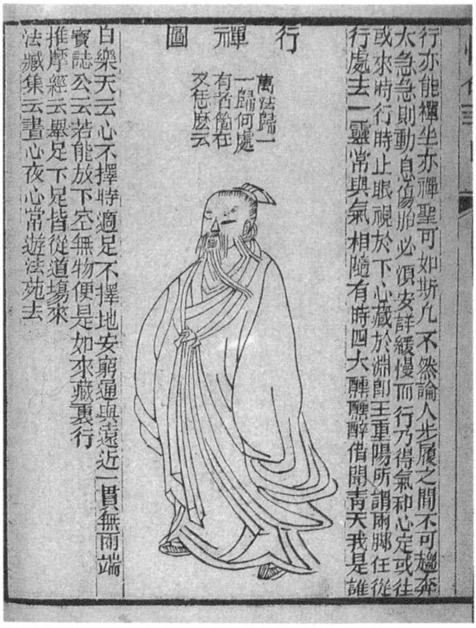

行禪圖

與中國本土文化融合的過程中，喪失了自身特有的價值，這就給禪宗走向解體留下了潛在的危機。

禪宗分化爲五家七宗

禪宗是中國佛教史上影響最大的徹底中國化了的佛教流派。由六祖慧能所創源，被稱爲「南頓」一系，以與神秀所代表的「北漸」一系對立。慧能所著《壇經》是中國僧人撰寫的唯一可以稱「經」的佛教著作。七一三年，慧能去世，他所創禪宗迅速分化，形成了五家七宗等佛教流派。

所謂五家，乃是慧能門下兩大弟子湖南南岳懷讓和江西青原山行思兩人在慧能身後繼續宣揚禪宗，前者後來分化爲潙仰和臨濟兩家，後者分化出曹洞、雲門和法眼三家，合稱五家。宋代臨濟一系又分化出楊歧、黃龍兩派。合稱「五家七宗」。

南岳懷讓和青原行思都是慧能門下高徒，繼承了慧能所創禪理，後來分別於南岳般若寺觀音台和江西青原靜居寺傳教多年。潙仰宗開創者爲靈佑，他和其弟子慧寂分別在湖南潙上和江西仰山傳教，所以稱「潙仰宗」。滹沱河邊臨濟院主持義玄也是懷讓弟子，他開創「臨濟宗」。「曹洞宗」是由良價在江西洞山開創，並由其弟子本寂在江西曹山弘揚的禪宗流派，「雲門宗」的「雲門」指廣東韶關雲門寺，文偃在此傳播禪宗，自成一派，故稱「雲門宗」。金陵清涼院的文益，在禪宗傳播中自成系統，因而被諡爲「大法眼禪師」，其所開創的派系被稱爲法眼宗。

五家七宗中，潙仰、臨濟、曹洞三家產生於晚唐，雲門，法眼形成於五代。北宋時，臨濟宗繼分化爲楊歧派和黃龍派，它們分別由方會在江西揚歧山和慧南在江西黃龍山開創。

佛教經慧能改革以後，與中國傳統思維方式高度冥合，更易爲中國士人所接受。是佛教世俗化的開端，它

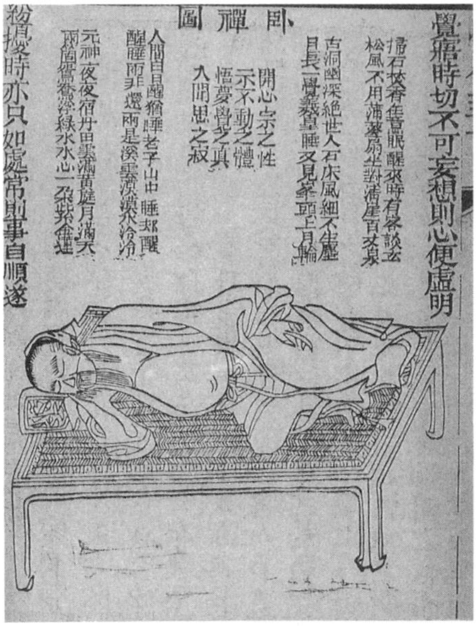

臥禪圖

唐朝

極力縮小天國與現世之間的距離，宣揚「放下屠刀、立地成佛」，似乎佛與凡夫只在一念之差，輕蔑傳統的教規、教儀，直接導致了後世禪宗的「呵佛罵祖」，實際上是佛教走向解體的開端，慧能實質上是佛教傳播的一個破壞者，所以，在他身後，他所創禪宗迅速分化。各派雖都奉慧能《壇經》爲基本教義，主旨大致相同，但卻融入了自己時代的不同精神，包含了時代對宗教的某些影響，從而對禪宗的基本思想的表達方式各有不同，形成了不同的「門庭」和家門，因此，眾門派林立。

法藏創建華嚴宗

唐朝中期，法藏創建華嚴宗，該宗因奉持《華嚴經》而得名，又因其創始人法藏被武則天賜名「賢首」，亦稱賢首宗。此宗弘揚「法界緣起」論，故又稱法界宗。《華嚴經》是印度大乘有宗的經典，所以華嚴宗同唯識宗一樣，以發揮有宗一系的思想爲旨趣，同繼承空宗思想的三論宗相區別。

法藏之前宣揚《華嚴經》的法師有杜順和智儼。法藏是華嚴宗的實際組織者，生於唐太宗貞觀十七年（西元六四三年），卒于唐玄宗先天元年（西元七一二年）。法藏原籍西域康居（今烏茲別克共和國撒馬爾罕一帶），祖父遷至長安定居。他十七歲從雲華寺智儼大師學習《華嚴》一類經典。二十八歲奉武後之請到太原寺講經，後奉敕入宮爲武則天講十玄六相義旨，他指金獅子作喻，成《華嚴金獅子章》。至此華嚴宗承武後信奉、提倡，在中唐盛極一時，觀門、教相皆建立周備，法藏門下人才輩出，慧苑、智超等都對華嚴宗有所發展。慧苑、法銑以後，華嚴四祖澄觀以糾正歧義、恢復法藏時代華嚴原貌爲己任，在社會上引起廣泛影響。澄觀弟子宗密提倡華嚴宗與禪宗思想融合，宗密死後唐武宗滅佛，華嚴宗從此衰落下去，到五代和宋明時期雖有傳人，但影響甚微。

華嚴宗建立「五教十宗」的判教體系，「五教」指小乘教、大乘始

唐玄宗李隆基

教、大乘終教、大乘頓教、大乘圓教。華嚴宗以代表佛教最高水準的大乘圓教自居。該宗的基本理論是「法界緣起」說，它以「一多相攝」、「六相圓融」等範疇闡明諸法皆無自性，同時說明萬法不可分割，相互關聯，相互映照。華嚴宗進而強調佛國不離現世，成佛也不必離境他求，只要通過誦經、坐禪等方法，即可達到涅槃。

唐設教坊職司歌舞百戲

開元二年（西元七一四年）正月，唐玄宗李隆基開設教坊，職司歌唱、舞蹈、百戲之教習，演出不再隸屬太常。

唐高祖在位時，在禁宮中設置教坊，其所有官吏均屬太常管轄，專門對雅樂以外的音樂、歌唱、舞蹈、百戲的教習、排練和演出等事務進行管理。李隆基通曉音律，認爲太常掌管著祭祀禮樂，不宜再管理倡、優、雜、伎等事務。於是，唐玄宗李隆基於開元二年（西元七一四年）正月變更舊體制，設置左右教坊在宮內教授俗樂，同時任命右驍衛將軍范及爲教坊使，不再隸屬太常。然後，又在皇宮內設置梨園，選了幾百名樂工，令他們互相其切磋樂藝，研習歌舞，稱之謂「皇帝梨園弟子」；另外還選伎女安置於宜春院，讓她們習練歌舞以隨時侍奉皇帝。

當時的禮部侍郎張廷珪、酸棗尉袁楚客等都向皇帝玄宗上奏，認爲皇上正是年富力強的好時候，應當推崇管理國家大計的研習，多多接近賢能之士，廣開言路，提倡樸素的生活，千萬不能沉迷於歌舞享樂、遊玩狩獵之中。玄宗聽了很不高興，但轉

《明皇調馬圖》

念一想自己即位不久，朝綱未定，需要博得一個善納明諫的好名聲，便撫慰了張廷珪、袁楚客一番，說他二人都是忠賢之士、國家棟樑等等。但對設教坊一事卻含含糊糊，謂左右而言他，張、袁二人無奈，只能唯唯退下。

唐三內完成

隋唐王朝積全國之力，在長安城內營築了輝煌壯闊的宮殿建築群。七一四年，興慶宮落成，至此，長安城內有了三處著名的宮殿區：太極宮、大明宮、興慶宮，又稱「三內」。

太極、大明、興慶三處宮殿區，耗資極大，占地極廣，且風格各有千秋：太極宮莊重威嚴，大明宮宏偉雄壯，興慶宮富麗堂皇。「三內」是唐朝統治者生活和處理政事的地方，也是大唐帝國的統治中心。

太極宮又稱西內，始建於五八二年，原名大興宮，唐朝後改名爲太極宮，位於長安城中軸線北端，佔據宮城的大部分。中心部分根據軸線對稱的原則，呈縱列佈置了承天門、太極殿、兩儀殿等十數座門殿建築，根據《周禮》中的三朝制度，以宮城的正門，即承天門爲大朝，逢國家大典之日，皇帝在此接受群臣朝賀，太極、兩儀二殿爲日朝、常朝之處，皇帝在此接見文武百官，處理朝政。在中軸線的兩側，對稱佈置了數座門、殿，構成太極宮威嚴莊重的宮殿建築群。

大明宮，始建於貞觀十七年（西元六四三年），宮址在長安城東北龍首原上。武則天執政後，大肆興建宮殿和宮宛，沿中軸線依次布列大朝含元殿，日朝宣政殿，常朝紫宸殿，在後部及兩側建造殿、閣、樓、臺三十餘處，在北部開鑿太液池，池中建蓬萊山，池周圍建周廊四百間，以此做爲大明宮的宮苑區。由於大明宮適於宮廷警衛，可掌握京城全局，從六六三年開始，唐統治者把聽政的地點，由於太極宮遷移到大明宮，從此，這裏成爲唐代主要朝政的場所。

含元殿是大明宮的正殿，也是唐代最雄偉壯麗的宮殿組群。大詩人王維「九天閶闔開宮殿，萬國衣冠拜冕旒」的詩句，生動地描述了含元殿當年的盛況。含元殿以其氣勢恢宏的藝術構思，嚴整對稱的佈局，富麗輝煌的色彩，體現了盛唐時期熱烈奔放的氣魄和雄宏的建築風格。另外，含元殿與其後的宣政、紫宸殿三殿相重，附會「三朝」的佈局形制，對以後各代的宮殿佈局制度產生了深遠的影響。麟德殿也是大明宮另一處重要宮殿群。是皇帝接見外賓、飲宴群臣、

進行遊樂和作佛事等活動的地方。

興慶宮，是唐玄宗於七一四年，即開元二年在其舊宅興慶坊修建的另一處宮殿區，又稱南內。興慶宮是以園林爲主，將宮殿與園林有機結合在一起的宮苑區。興慶宮的佈局不強求軸線對稱，殿閣樓台錯置其間，建築裝飾瓦件豐富多彩，從考古發掘的資料統計，蓮花瓦當就多達七十三種，在宮南部還發現大量黃綠琉璃瓦碎片，說明興慶宮的建築豪華富麗遠在大明宮之上。興慶宮內引龍首渠及隆慶坊水，開掘十八萬餘平方米的龍池，臨龍池建亭廊樓閣，在龍池西南就發掘出十七處建築遺址，平面形式多樣，佈局自由，建築間有曲折遊廊相接。龍池周圍，殿閣相映，垂柳雲飄，笙歌畫船，波光花影，反映出唐代統治者日益奢靡淫逸的生活，初唐時那種蓬勃進取的精神幾乎消磨殆盡。唐三內，是勞動人民偉大智慧和才能的結晶，反映出唐代建築技術的成就和水平。

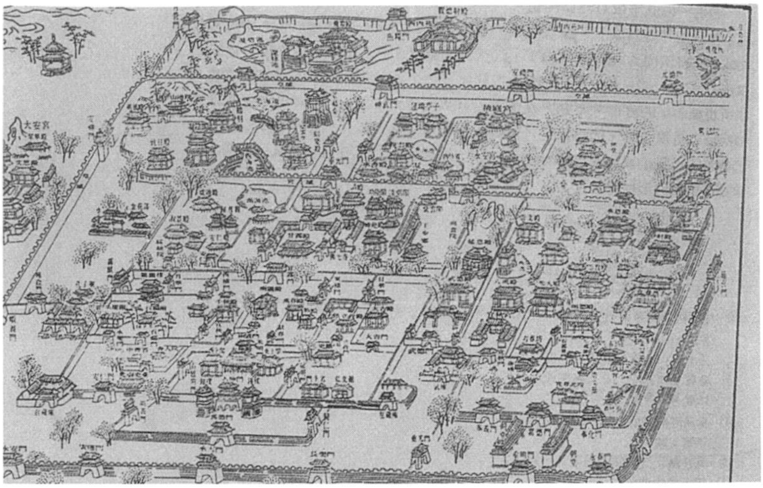

唐代皇城圖

唐《弈棋仕女圖》（部分）

絹本設色。人物線條剛勁均勻，賦彩單純明麗，並加以暈染，特別是夾棋欲置的手指和全神貫注的生動神態描繪得維妙維肖，具有典型「曲眉豐頰、肌勝於骨」的唐代畫風，也是唐代仕女畫的代表作。

人物小事典　姚崇

姚崇（西元三三〇年～三九三年），陝西硤石（今河南三門峽南）人，他非常有才智，崇尚氣節，歷任武后、睿宗李旦及玄宗李隆基三朝宰相。李隆基在軍機國家大事等方面多詢問于姚崇。姚崇獨當重任，辦事果斷、得體，勤政為民，時無人能及，深得民心和皇帝嘉許，有「救時宰相」的美名。

唐開元四年（西元七一六年），山東發生蝗蟲災，老百姓因受迷信思想影響，不敢捕殺蝗蟲，只是燒香禮拜，祈求上天救治蟲災。唐玄宗和很多官吏也以為蝗災是由「不德」造成，是天災，想以「修德」來治蟲害。姚崇力排眾議，提出用「篝火」誘殺和「開溝陷殺」相結合的方法來除蝗，並派出大批御史，奔赴各地治蝗。但這一措施首先遭汴州刺史倪若水的反對。他以歷史上治蝗失敗的事例來鼓吹「德化」之說，抗拒御史的治蝗督促。姚崇警告倪若不捕蝗，將依法予以治罪，最後倪若水只得聽命，捕蝗十四萬石，成績顯著。姚崇的治蟲主張還遭到滿朝文武的反對，但他堅持己見，利用昆蟲的趨光特性，誘殺蝗蟲，終於戰勝了蟲害，保證了那年沒有發生饑荒。

姚崇和其他官吏在治蝗問題上的鬥爭，實質上是自漢代以來唯物和唯心思想鬥爭的延續。孔子主張「天命論」，認為「天災地妖，所以儆人君也」。西漢的董仲舒加以發揮，說蝗蟲和其他蟲害發生的原因，是由於「三綱五常」的敗壞，只有「修德」，整頓「綱常」才能消除。鄭玄也認為只要皇帝有「修養」，害蟲會自行消亡，這些是所謂「以德避蟲害」的唯一主張。而東漢思想家王充在《論衡》中，明確指出害蟲發生有其自身的規律性，並總結了群眾的防治經驗。姚崇治蝗正是堅持了蝗蟲應治和可治的唯物思想，並學習歷代治蝗的經驗，不僅戰勝了蟲害，而且為後世樹立了楷模。他的治蝗成績對於反對漢代以來以德化避蟲害的唯心思想也起到了重要的作用。

姚崇像

《開元占經》編成

唐開元六年（西元七一八年）至開元十四年之間，印度裔天文學家瞿曇悉達編成《開元占經》，比較系統而完整地總結了當時的天文星占學發展的總體成就。

《開元占經》全稱《大唐開元占經》，全書一百卷。前兩卷集錄了古代天文學家關於宇宙理論的論述；卷三至卷九十集錄了各種天象及星占文；卷九一至卷一〇二集錄的是各種氣象現象及相應的占文；卷一〇三抄錄了李淳風的《麟德歷經》；卷一〇四講演算法並抄錄了《九執曆》；卷一〇五是從先秦古六曆到唐代神龍曆共二九種曆法的基本資料；卷一〇六至卷一一九講的是星圖中的星位；最後十卷是有關草木鳥獸、人鬼器物的占文。其中除介紹印度傳來的九執曆內容一卷外，其餘一一九卷均介紹中國的傳統文化，它用列表的方式，在事先擬定的欄目中，將唐代開元年間收集到的天文星占資料分類加以編排，盡可能將各家天文星占原著選錄其中，使之成爲一部經過系統編輯的古代天文資料大全。

該書編者瞿曇悉達，祖父瞿曇逸原是印度婆羅門僧人，于隋代遷居中國。他們全家精通印度天文曆法，並收集、學習從而精通了中國的天文曆法，其祖孫三代均在唐代朝廷中擔任負責天文的太史令和太史監。身爲太史令的瞿曇悉達於開元六年奉旨翻譯後來收入《開元占經》中的印度曆法《九執曆》。

《開元占經》保存了中國最古老的恆星位置測量結果，保留了先秦時期甘、石、巫三家星經的原始面貌和大量天象觀測的記錄及論述，一些古代論天的資料也賴此得以保存，而大批的曆法資料，尤其麟德曆和九執曆，反映了中印科技交流的歷史印跡，所摘錄的古代文獻資料較全面地保存了中國星占術的資料，許多珍貴的文化科學資料因此而沒有泯滅，使我們今天尚能窺見許多古代天文學家的精闢論斷。

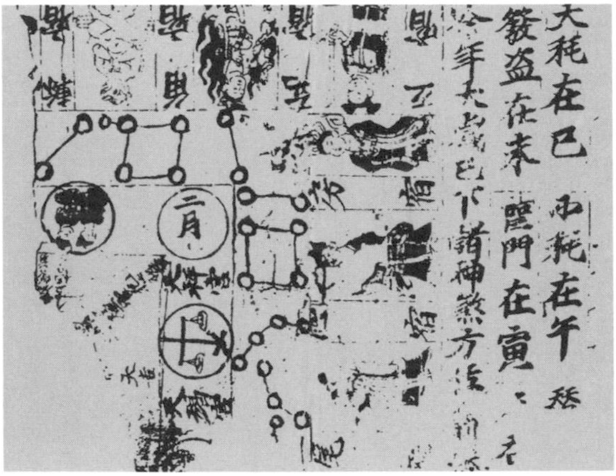

星占圖

星占圖是新疆吐魯番出土的唐代占星象用的圖，約爲西元八世紀的寫本。是目前所見具有中國風格時代最早的黃道十二宮圖形。十二宮是十二個月分別代表的時間位置。占星術是利用一些天象，如日蝕、月蝕、五星或金、木、水、火、土星在星空中的位置及其變化，來占卜人間吉凶禍福的預測術。

推行飲酒禮以思化民俗

唐開元六年（西元七一八年）七月十三日，玄宗再頒佈《鄉飲酒禮》令各州縣鄉於每年十二月行飲酒禮。

早在貞觀六年（西元六三二

年），太宗李世民便已詔仿《禮記‧鄉飲酒禮》一卷，頒行天下，但其後日久禮廢，玄宗爲使世識廉恥，尊老敬道、思化民俗，再次頒詔推行飲酒禮。

州飲酒禮，以刺史爲主人。先召本州已入仕爲官而有德者計議飲酒禮事。受飲酒之禮的人依次有賓、介、眾賓。飲酒禮儀式有兩部份：請賓允許學子行飲酒禮和由主人主持的飲酒禮。前者儀式大致爲：主人對傳令者說，某日行飲酒禮；懇請賓允許我的這些學子們參加，以示敬意。傳令者進出轉告賓。賓出來，說不敢承受。再請再推辭又再請，這才同意。對介、眾賓也如此行禮。後者儀式大致爲：按儀禮、等級設賓席、主人席、介席、眾賓席。儀式開始以後，主人拜迎賓、介、眾賓入，各自落座。而後，賓、介、眾賓跪迎主人接受祭祀祖先的禮器。禮器授完後，又跪迎贊禮者進獻祭品，並在贊禮者主持下，持酒祭祖宗。祭祖完畢後便奏樂。奏樂、歌唱完後，學子們先拜賓、主人、介、從賓，然後接受賜酒，飲完恭敬退下。儀式完畢，在鼓樂聲中，大家都開懷暢飲以示慶祝。

唐景雲鐘
此鐘造於唐景雲二年（西元七一一年），距今一千二百多年，為中國現存唐代之前最大的銅鐘。

縣飲酒禮以縣令爲主人。鄉中老人年六十以上有德行的人士爲賓，次有德者一人爲介，又其次者爲三賓，再次者爲眾賓。鄉中老人年六十者，在席上放三豆（指盛食物的器皿），年七十年置四豆，年八十者則放置五豆，至於年紀超過九十的人及主人都放置六豆。就席飲酒之際，主人爲贊禮者持酒杯告誡民眾們當以忠孝爲本。其他形式大致與州飲酒禮相同。

設置市舶使管理外貿

唐代的商業經濟非常繁榮，對外貿易也非常發達，陸上和海上兩方面的貿易又十分頻繁並日益正規化，政府還設置了專門的機構和官員對海上和陸上貿易進行有效的管理，促進了

唐張萱《搗練圖》（宋摹本）

此圖分組描繪宮中婦女加工白練，依次為搗練、織修與熨平。所繪十二人，或長或幼，或立或坐，神情姿態各異。張萱，長安人（今陝西西安），盛唐時期人物畫家。擅畫貴公子、婦女、兒童，《宣和畫譜》稱其「于貴公子與閨房之秀最工」。「又能寫嬰兒，此尤為難」。

對外貿易的不斷發展，對貿易的有效開展起到了很好的作用。

唐代與南海各個國家的海外貿易在唐朝的對外貿易中佔據著舉足輕重的地位。當時由海上來與唐開展貿易的國家有日本、新羅、印度、斯里蘭卡、波斯、南海的各個島國、大食（阿拉伯）等許多國家和地區，大食是其中最爲重要的國家。這些國家都是航海到中國進行貿易，大多由波斯灣經印度，繞馬來群島，抵達現今的廣州，然後再從廣州分散到嶺南的交州、江南的揚州、福建的泉州以及福州、明州、溫州等通商口岸。海上貿易發展很快，已成爲經常性的大宗販運，貿易額很高。

同時，唐對陸上貿易也極爲重視，對周邊各少數民族的互市非常關注。通過互市，可以獲取農業的主要耕田動力耕牛。然而，除了經濟因素之外，也有很重要的政治因素，促使唐不斷加強與西域各國之間的往來貿易；通過互市，可以得到內地非常需要的重要的軍用物資馬匹，這與國防有著非常直接的關係，馬匹數量的多少反映著國防力量的強弱。唐政府曾專設「互市監」來管理互市貿易。內地和西域的富商大賈東來西往非常頻繁，唐著名的高僧玄奘到西方去求取佛經也是跟隨商賈去的。絲綢之路非

唐開元鐵牛

常繁華興旺。貞觀年間，位於絲綢之路要道上的高昌國成爲阻塞東西交通的障礙，唐王朝便派軍隊打敗了高昌國，將它收入唐朝版圖，降爲州縣，通往西域的大門因此大開，西域的商賈更加蜂擁地湧入唐朝，四處進行商貿活動。

唐與突厥、吐谷渾、回紇、黨項、吐蕃等各沿邊少數民族的關係雖時戰時和，但貿易活動始終非常頻繁。

文化小事典

中印數學交流

早在西元一世紀，中國和印度便在宗教、貿易、文化等方面有交流，在數學方面也相互影響，但尤以隋唐時期最為突出。

《隋書．經籍志》記載的印度曆算書有《婆羅門演算法》三卷，《婆羅門陰陽算曆》一卷，《婆羅門算經》三卷，以及《婆羅門天文經》二十一卷等。但這些書籍一般只譯了書名，內容大多沒有翻譯，所以影響還不大。而唐開元六年，由印度天文學家瞿曇悉達奉唐玄宗之命翻譯印度曆算名著《九執曆》，卻對中國數學產生了很大的影響。《九執曆》中的數碼、圓弧度量（把圓周分為三六〇度，每象限分為三相，每相分為八段。每度為六〇分，每段三度四五分。）和正弦表（《九執曆》中列出了以三度四五分為間隔的，從〇度到九十度的二十四個正弦線值表）被中國數學所吸收運用。而更為有價值的是唐代天文學家一行繪出的正切表（從〇度到八十度，間隔為一度的正切值），明顯是受《九執曆》中正弦表的啓發而獲得的。另外，中國數學書中多借用了印度大數和小數的名稱，不過所表示的數量和意義卻與印度原意不同。

中國數學也對印度產生過多方面的重要的影響。如英國科技史家李約瑟在《中國科學技術史》第三卷中曾列舉了一四個方面的證據，內容包括開方及解高次方程、比例演算法、分數、正負數、弓形面積、盈不足術、不定分析等。在許多中國在前、印度在後的數學成果之間，存在著驚人的一致性如線性方程組、比例、不定方程、等差及等比數列、幾何等，這樣的例子人們已經發現了數十個，《九章算術》中的數題就和其後印度許多數學家著作中的數題內容極為相似。

密宗繁盛

唐玄宗開元年間，印度的三位密宗大師善無畏、金剛智和不空相繼來到唐都長安，使三國以來流行於中國的「雜密」成爲體系性的「純密」。這三位密宗大師亦被稱爲「開元三大士」。

密宗又稱瑜珈密教，是印度密教在中國流傳的結果。印度佛教在發展後期，出現了與傳統的印度宗教——婆羅門教相結合的密教。在保留佛教基本信仰的同時，密教也吸收了婆羅門教祭祀、供奉、拜火等宗教儀制。他們認爲佛祖的「眞言」、「密語」不可見諸文字，廣爲傳佈，只能對接受灌頂儀式的弟子密傳，由此與「顯教」諸流派不同。

開元四年（西元七一六年），善元畏來到長安，受到玄宗禮遇，即被尊爲國師，設內道場，爲皇族灌頂受法，傳播「胎藏界」密法。他譯出《大毗盧遮那成佛神變加持經》（或《大日經》），成爲密宗主要經典。他的弟子一行繼而撰寫了《大日經疏》二〇卷，進行詳細注釋，奠定了密宗發展的基礎。

開元八年，金剛智到長安後也被尊爲國師，主傳「金剛界」密法。他的弟子不空跟隨來華，在長安協助他的譯經事業。天寶五年（西元七四六年）不空從印度帶回密教經典一二〇〇卷，從此開始大規模的譯經工作，並設內道場，爲玄宗、肅宗、代宗三代唐帝灌頂受法，成爲三代帝師，他譯出密教經典一一一部，一四三卷，成爲中國佛教史上四大翻譯家之一。密宗在開元三大士的大力弘揚和中唐幾位皇帝的推崇下，盛極一時，特別受到宮廷貴族們的垂青。而且，在密宗的神秘宗教儀規中，男女雙修（男女裸體相抱）是最爲特殊的。九世紀以後，密宗逐漸在漢地失傳，只有從印度傳入西藏的密教後來成爲藏地的喇嘛教。

在佛教的各種宗派中，密宗是比較注重性命雙修的。清代彩繪《修習喜佛》圖冊繪有一套密宗的修習方法，與氣功道引的形式及其養生效應相近。

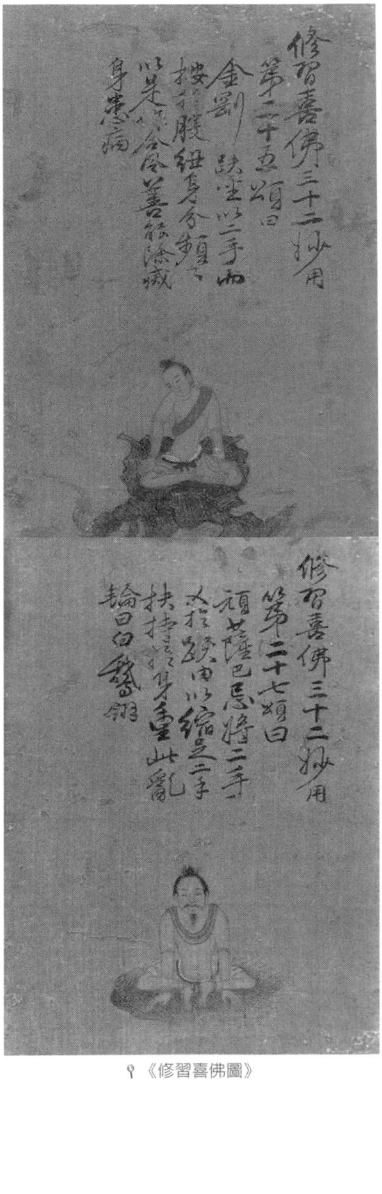

《修習喜佛圖》

雕版印刷業興起

唐代是中國雕版印刷的始興時期。唐代雕版印刷具有很高藝術水平，發現於敦煌而藏於倫敦的《金剛經》，卷首有釋迦牟尼說法的扉畫，妙相莊嚴，刻鏤精美，是一幅成熟的作品，是印刷史上的冠冕。

中國古代雕版印刷大約興起於唐代早期，而唐中晚期時，雕版印刷則在全國漸漸推廣，世界上現今最早的印刷品是于一九七四年西安柴油機廠出土初唐印刷的陀羅尼經咒，今存唐代中晚期印刷品分別有三批、五種，大多是經咒和古代經卷，大多字跡清晰，印文流暢。七世紀唐貞觀年間，雕版印刷開始出現。當時，唐太宗皇后長孫氏去世後，宮中撰寫《女則》十篇，太宗看後大爲讚歎，認爲應該以此書垂戒後世，「令梓行之」，要求將這部《女則》雕版印行，古代雕版印刷用樣木，所以稱刻板爲「刻梓」或「梓行」。唐代玄奘法師自貞觀十九年（西元六四五年）西遊印度回國到麟德元年（西元六六四年）圓寂期間，散發紙印的普賢菩薩像，每年多達五馱的數量。

唐代貞觀之治，科舉主要以詩賦取士，詩人輩出，唐詩成爲中國詩歌史上的頂峰；散文、書畫也達到很高水準，雕版印刷逐漸發展起來。唐代刻書地點，今天可以考證的就有京城長安、東都洛陽、越州、揚州、江東、江西，尤其是益州成都最爲發達。《女則》和玄奘印施的佛像都是京師印刷的。八世紀長安出現了書坊，長安東市有印書的李家、大刁家。咸通年間印刷的《陀羅尼神咒經》出土於長安市西郊晚唐墓，是國內現存最古的唐印本。越州、揚州有「繕寫模勒」白居易、元稹詩作的，「模勒」就是刊刻元、白二人的詩作，當時在京城內外廣爲傳誦，兒童識字念書都讀他們的詩，雞林（今朝鮮）宰相願以百金換一篇，雕版印刷對他們作品的普及流傳起了極大的作用。揚州還有私印曆書。江東私賣曆書，由於所印月份不同引起訴訟。益州有印書鋪，出版過許多書籍，其中多爲陰陽雜證、占夢相宅、九宮五緯之書，還有字書等。唐末的印書鋪，有西川過家、成都府成都縣龍池坊卞

唐《梵文陀羅尼經咒圖》

家，劍南西川成都府樊賞家，除印書籍、經咒、佛像外，還印有紙牌、報紙、印紙等。

雕版印刷最初是在民間流行，至五代後唐明宗長興三年（西元九三二年），官府開始採用雕版印刷，自此，政府刊刻書籍日漸增多，政府命國子監主持書籍刊刻工作，書版也藏於國子監，稱爲「監本」。

唐三彩藝術達到高峰

唐代，陶瓷藝術領域出現了一個嶄新的品種——唐三彩。唐三彩是唐代燒制的一種低溫鉛釉陶器，有多種顏色，以黃、綠、白三色最爲常見，因此稱爲唐三彩。

唐代政權鞏固，國勢興旺，作爲上層建築的文學藝術，如詩、文、繪畫、雕塑等都反映了盛唐氣概。而陶瓷藝術中的唐三彩以其絢爛多彩的顏色、富麗堂皇的視覺效果充分體現了盛唐藝術的風格。

低溫彩陶器在中國最先是用來做死人陪葬的，唐代統治者生前極盡奢侈浮華之能事，死後也講究厚葬，唐三彩正是爲了適應這股潮流而產量激增。後來被運用到日常生活中，功能多樣，造型豐富，成爲反映唐代社會生活的百科全書。

唐代陶瓷藝人對多種金屬氧化物的呈色原理有了進一步認識，在原有的鉛釉陶中加入鐵、銅、鈷、錳等不同金屬氧化物，燒制出集黃、赭、綠、白、藍等色中的一色或諸色於一器的彩陶，這就是唐三彩。由於鉛釉極易流動，燒制時施釉用量不同，一種色釉也能產生出濃淡長短自然變化的奇妙效果，用多種色釉互相浸潤，更是參差變幻，斑駁離奇。唐三彩正是利用釉色的特點，在交相輝映中顯示出堂皇富麗的藝術魅力。

唐三彩製品分爲器皿和俑兩大類。器皿主要用於生活用具，包括瓶、罐、缽、盤、碗、杯、硯、爐、枕等。俑主要用作裝飾，有貴婦、侍俑、文官、武士、樂人等人物形象，也有馬、駱駝、驢、牛、獅、虎、雞、鴨、鴛鴦等飛禽走獸。唐代出土的三彩容器，器形飽滿渾厚，線條圓潤，器身外部色彩斑駁燦爛。

唐三彩中最有吸引力的當屬駱駝和馬，用馬陪葬的更多，這與唐代宮廷對馬的特殊愛好有密切關係，宮廷貴族熱衷的狩獵活動、帝後出巡、宮廷禮儀、軍隊遠征都與馬有關。三彩馬體態健美、強壯有力，或站或奔，姿態無不惟妙惟肖，西安唐墓出土的兩件駱駝載樂俑，則是三彩駱駝中的

①

②

③

④

①唐三彩女立俑
②唐三彩釉陶女立俑
③唐三彩女坐俑
④唐三彩釉彩女坐俑
⑤唐三彩釉陶駱駝載樂俑
⑥唐三彩釉陶駱駝載樂俑
⑦唐三彩釉陶鞍馬
⑧唐三彩釉陶女俑
⑨唐三彩釉天王俑

⑤

⑥

⑦

⑧

⑨

代表作，其中一件駝背馱平臺，載有六個手持樂器盤腿而坐的樂俑，一女俑立於中央翩翩起舞，七件俑都著漢服。另一件駱駝昂首站立，載四個樂俑，中有一舞俑，五俑中有三俑爲深目高鼻的少數民族，樂俑所奏似爲胡樂，展現了少數民族藝人的風采。兩件三彩駱駝載樂俑體現了唐代統一繁榮的盛世景象。

唐三彩的燒製始於初唐，盛唐時達到頂峰，安史之亂後，隨著國力的衰退逐漸走向衰微。從出土情況來看，目前出土多集中於唐代兩都西安和洛陽，揚州也有少量出土，但唐三彩窯址只有河南鞏縣窯一處。

唐三彩對中國乃至東方的陶瓷發展影響很大，中國的遼三彩、宋三彩、明三彩、清三彩以及外國的波斯三彩、伊斯蘭三彩、新羅三彩、奈良三彩等，都深受其風格影響。

府兵制解體、開始募兵

唐初的府兵制和均田制的聯繫很緊密，府兵均由逃選的丁壯充當，二十一歲入軍，六十歲免役。府兵和民戶一樣按照均田制受田，農忙時生產，農閒時受訓，但府兵不服徭役，不納租調。府兵的主要任務是輪流到京城宿衛，遇有戰事才應召出征，宿衛、出征都自備兵甲衣糧，戰事結束則解甲歸田，一如往常。開元年間，均田制瓦解，百姓逃亡或遷移嚴重，府兵來源也因此嚴重短缺。張說建議召募壯士充宿衛兵，不問色役（指徭役種類），都從優待遇，以前的逃兵一定爭出應募。玄宗採納了他的建議。果然，僅十天左右就招募到十三萬精兵，分屬諸衛，輪番替換。兵農之分自此開始，募兵爲職業兵。

第二年，政府又挑選丁壯十二萬人，充當長從宿衛，一年二番，州縣不得再派勞役，十三年再將長從宿衛更名爲馬廣騎，兵士軍糧也由國家發給。二十五年，唐又審計兵防定額，召募丁壯（稱長征健兒）充作長期邊防軍。至此，京城宿衛和征戍兵士全部由召募丁壯充當，府兵制名存而實亡。天寶八年（西元七四九年）五月，宰相李林甫奏請停用折沖府上下木契、魚書，府兵有官無兵，府兵制徹底解體。

趙柳氏創夾纈法

開元十二年（西元七二四年），趙柳氏創造出夾纈法（即鏤染）。趙柳氏是玄宗宮人柳婕妤之妹，嫁與趙氏，在家從事紡織，積累了豐富的印花經驗，創造了夾纈法。纈，即印染花紋。所謂夾纈法，就是用兩塊木版雕刻同樣花紋，以絹、布對摺夾入此二版，然後在無花紋的雕空處染色，使花紋呈現對稱而齊整的美感。這樣印成的織品也稱爲夾纈。夾纈法也稱「鏤染法」，趙柳氏用此法制成文錦一匹，獻給王皇后，被玄宗看見，大爲讚賞，便下詔廣爲推行其法。這種夾纈，在敦煌的唐代墓葬中曾發現數片。夾纈法體現了唐代工藝美術的進步，開創了染纈技術的新紀元。

文化小事典

第一次實測子午線長度

唐代開元十二年（西元七二四年），中國的一行進行了世界上子午線（經線）一度弧長的第一次實測工作，比阿拉伯天文學家阿爾·花剌子密於八一四年進行的實測早九十年。

一行（六八三～七二七），本名張遂，魏州昌樂（今河南省南樂縣）人。中國唐代高僧、天文學家和大地測量學家。

開元年間，一行為編撰《大衍曆》，發動和組織了大規模的全國天文大地測量，測量點共十二個，南至交州，北達鐵勒。他們測量了各測點二分二至時正午日影長度、測點的北極高度以便決定南北晝夜的長短，還測量了各地日食的食分等。一行發明了《覆矩圖》，並以丹穴為南界，幽都為北界，極高每變化一度，相應的變化就用覆矩圖表示出來。這些測量為《大衍曆》關於日食和晝夜長短的計算提供了很重要的資料。

而一行所領導的，由天文學家太史丞南宮說等人主持的在河南的測量，是這次測量中最為重要的。本年，他們在大致位於同一子午線上的白馬（今滑縣附近）、浚儀（今開封西北）、扶溝和上蔡四地測量了夏至正午日影長和北極高度，並用測繩丈量了它們之間的距離。經歸算，從白馬到上蔡有五二六點九里，日影長相差二點一寸。一行通過與其他地方的測量相比較，得出地上南北相差三五一點二七里，北極高度相差一度。中國古制一里等於三〇〇步，一步等於五尺，一唐尺等於二四點五二五釐米，一周天等於三六五又四分之一度，據此可換算出北極高度變化一度，南北之間距離為一二九點二二公里（今測值為一度弧長一一一點二公里）。

《周髀算經》中講述蓋天說關於天地距離，周都至北極下的距離，冬至太陽所在外衡的半徑等資料，均以「日影千里差一寸」的假設進行推算。南朝時何承天派人去交州測影，從而得到了「是六百里而差一寸」，幾百年來被人們奉為經典的說法開始受到懷疑。隋代的劉焯很希望組織一次較大規模的大地測量以得出較正確的結果，但隋王朝荒淫無度，很快覆滅，未能如願。唐代一行組織的這一次大地測量，不僅為《大衍曆》成為一部優秀的曆法作出了貢獻，而且徹底否定了「日影千里差一寸」的陳見，故意義十分重大。

西元前三世紀末，古希臘天文學家厄拉托塞內斯是在地為球形的思想指導下設法測量地球周長的；畢達哥拉斯學派從旅行者看到的極高變化而想到大地為球形。遺憾的是，中國傳統天文學中沒有明確的地球概念，一行等雖已測出了地球子午線一度的孤長，已經走到發現大地為球形的邊緣，卻仍與這項發現失之交臂。

唐代僧一行像

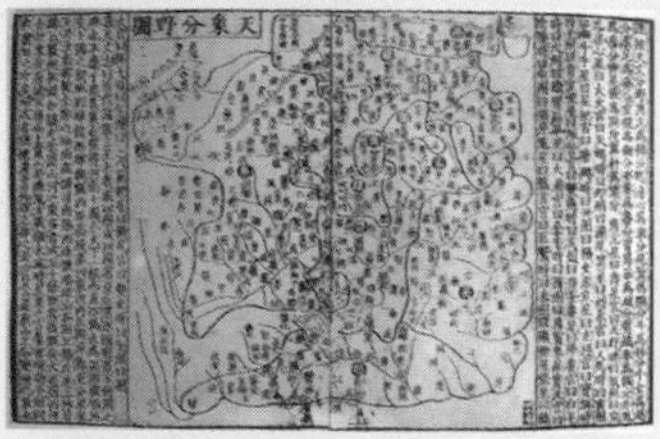

天象分野圖

分野之說是中國古代星占術中的一種概念，它認為地上有各州、郡，天上也有對應區域。這幅分野圖保留了隋唐以來分野圖的精華，是研究古代分野說的珍貴資料。

一行等作水運渾天儀

唐開元十三年（西元七二五年）十月，僧一行和梁令瓚及諸術士合作，製成了水運渾天儀。

渾天儀以銅鑄造爲球形，球形渾象內列滿星宿，注水沖輪，使球形渾象旋轉，自轉一周爲一日一夜。球形渾象外又安置二個圓環，環上綴日月。日標每晝夜回轉一周，又沿黃道（太陽在天球中的視運動軌道）東行一度，三六五日沿黃道移動一周；月標每晝夜回轉一周，二七日半沿白道（月球在天球中的視運動軌道）移動一周，爲一月。水運渾天儀放置在木櫃上，木櫃頂端和地面持平，使渾天儀一半在地上一半在地下。另外，有兩木人立於平地上，前置鐘鼓，以候辰刻。其一每刻擊鼓，另一則每辰（今兩小時）撞鐘。所有機關都藏在櫃子裏面，時人都驚歎其巧妙。

渾天儀全稱爲「水運渾天俯視圖」，製成後放在武成殿前。運行後儀器被水擊濕而不能自轉，於是被收藏在集賢院中，不再使用。

水運儀天儀既能表示天體運動，又能指示時間，是後世天文鐘的前身。

唐代百官休假

開元十八年（西元七三〇年）二月，百姓樂業，邊陲無事，百官公事趨於簡單，空閒時間多，於是玄宗許文武百官逢春月旬休時，可以根據喜好自選遊覽勝地，自行宴樂。

旬休即旬假，是唐代百官上班的例假，每月有三天（一、十一、二十一日）。高宗永徽三年（西元六五二年）二月規定：「每至旬假，可不視事，以與百僚休沐」，但並未許可遊宴，直到唐玄宗時方開此例。自七三

唐《遊騎圖》

唐張萱《虢國夫人游春圖》（宋摹本）

○年起每到春月十八日，從宰相到員外郎，均可得到五千緡賞錢，用來開筵舞樂。玄宗有時也駕御花萼樓，邀請百官回朝廷一同宴飲，君臣同樂，盡歡才散。

允許百官春月旬休遊宴，包括同年三月恢復京內職官的職田，都是開元盛世國富民安的體現。

唐代開始發行官報

唐代的官報，是由各地派駐長安負責呈進奏章和通報消息的進奏院和進奏官們分別向各個地方抄發的，當時通稱爲進奏院狀報、進奏院狀、邸吏狀或報狀。一九〇〇年在敦煌石窟發現的唐僖宗光啓三年（西元八八七年）的進奏院狀，就是一份唐代的官報。開元雜報是發佈于唐玄宗開元十

唐代官報

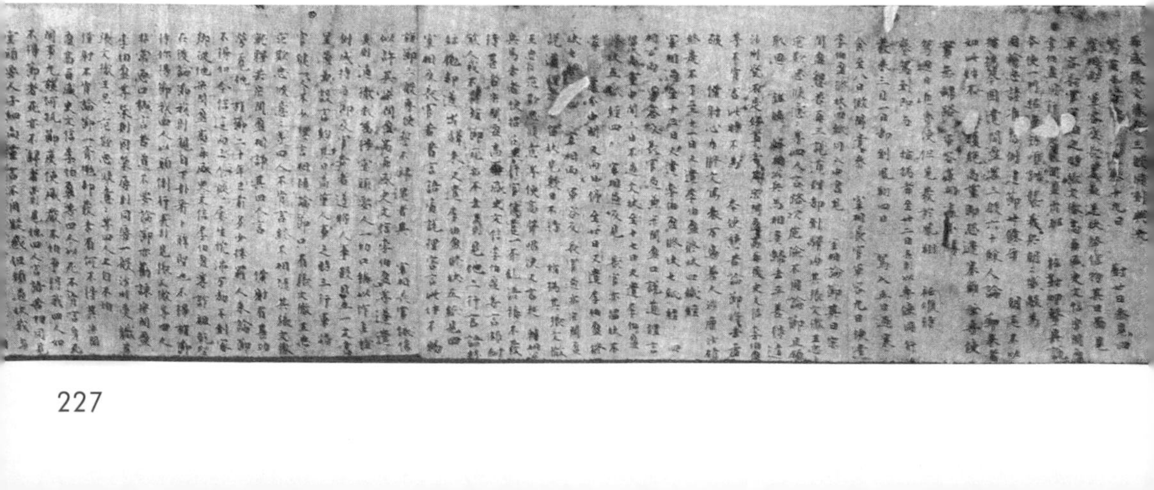

二年至十四年（西元七二四年～七二六年）的官報。「開元雜報」不是固定的報名，是唐代人對當時官報的泛稱。它是「系日條事，不立首末」的「數十幅書」，其中的記事，凡「數十百條」。內容以報導朝廷政事爲主。

《唐韻》編成

唐代孫愐編撰的《唐韻》是當時訂補修正《切韻》的兩部重要著作之一。《唐韻》共五卷，源出於《切韻》，並對其進行了認眞的刊正和增補，對韻書的不斷完善起了非常重要的作用。

《唐韻》對《切韻》最大的發展是增加了一個韻部：在平聲中，從眞韻分出諄韻，從寒韻分出桓韻，從歌韻分出戈韻；在上聲中，從軫韻分出准韻，從旱韻分出緩韻，從哿韻分出果韻；等等加上《切韻》原有的一九三韻，《唐韻》共分二〇四韻，已基本上奠定了後來《廣韻》二〇六韻的規模。

《唐韻》的原書早已佚失，現本《廣韻》的卷首保存有孫愐的《唐韻序》。近來以來又陸續地出了一些《唐韻》的殘本。一九〇八年吳縣蔣斧在北京發現了成書於唐天寶十年（西元七五一年）的《唐韻》，所以稱爲「天寶本」。

《唐韻》在很大程度上擴大了《切韻》的規模，在唐代曾經產生過很大的影響。宋代的許顗曾在《東齊記事》中說：「自孫愐集爲《唐韻》，諸書皆廢。」可見當時《唐韻》曾經佔據首要的位置。

唐代冶金技術進一步發展

唐代的冶金技術與前代相比，不僅冶煉規模明顯增大，而且產品數量、品種、質量都有明顯增加和提高，操作技術更爲純熟。

一是煉鐵技術的進步。一九五八年，在安徽省繁昌縣的竹園灣、三梁山、鐵牛山一帶，在十裏左右的範圍內發現了六處較大的冶鐵爐遺址，一七個廢墟墩，以及一些較小的冶鐵址，遺址大體皆屬於唐宋時期，竹園灣爐址保存較爲完整，從現在保存遺址看，竹園灣煉爐是具有爐身角和爐腹角的，其爐子規模雖較古滎漢代豎爐爲小，但它與當時的鼓風能力、燃料條件等更爲適應，反映唐宋煉鐵術比漢代前進了一大步。

二是膽水煉銅技術的產生和發展。約成書於唐乾元元年至寶應年間（西元七五八年～七六三年）的《丹房鏡源》記載：「今信州鉛山縣有苦泉流以為澗，挹其水，熬之則戰膽礬，即成銅，煮膽礬鐵釜久久亦化為銅也。」五代時，膽水煉銅術又有了發展，五代軒轅述《寶藏暢微論》載：「鐵銅，以苦膽水浸至生赤煤，熬煉戰而黑堅」，可見當時膽水煉得的銅已有「鐵銅」這一專門名稱。

三是黃銅技術的發展。南北朝時，中國開始使用人工配製的黃銅，唐時，它不但成為服飾軍級的一種標誌，而且還用到佛象裝飾上。

四是砷白銅技術的發展。砷白銅的前身是黃色銅砷合金，有關黃色銅砷合金配製方法的明確記載始見於葛洪的《抱朴子・黃白篇》。大約在葛洪稍後，後趙時期著作《神仙養仙秘術》便比較詳細地記載了雄黃、雌黃製作白色銅砷合金的方法。隋唐時期，砷白銅技術逐漸成熟起來，隋開皇年間，蘇元明在《金藏論》中便對雄黃、雌黃、砒霜點化黃色和白色銅砷合金的經驗作了簡單總結：「雄黃者以草藥伏住者，熟煉成汁，胎色不移，若將制諸藥汁並添得者，上可服食，中可點銅成金，下可變銀成金」。「砒霜者草伏住火，煙色不變移，熔成汁添者點銅成銀」，以雌黃、砒霜點銅而成之「銀」應是砷白銅。

五是有關失蠟法鑄造技術的發展。《唐會要》卷八九說：武德四年（西元六二一年）七月十日廢五銖錢，行開元通寶錢，「詢初進蠟模，因文德皇后掐一甲跡，故錢上有掐文」，此「蟲葛」即蠟，「蟲葛模」即特質之錢樣，這個記載充分說明開元寶通最初使用失蠟法鑄造。

六是翻砂法鑄造技術的出現。唐初開始使用翻砂鑄錢，工藝原理與今翻砂法基本一致，其錢模有「銅母」、「錫母」兩種。

七是鍛鐵工藝的繼續使用。中國古代可鍛鑄技術在漢魏時期已發展到了相當成熟的階段，後因炒鋼技術的

唐《騎馬人物圖》

發展，在農業、手工業工具中出現了「以鍛代鑄」的過程，鑄鐵可鍛化退火處理亦逐漸衰退下來，但從現有分析資料看，一直到唐代還使用過這一工藝。

星宮體系的研究

中國古代第一個完整的星宮體系是西漢時期由司馬遷總結完成的，記錄在《史記・天官書》中，這是一個將二十八宿劃分爲東南西北四宮，將北天極附近天區劃入中宮的五宮體系，天有五星，星有五宮，地有五行，司馬遷的星宮體系雖然較爲完善，但未能區分漢代以前早已形成的巫咸、甘德和石申三家星宮。

第一個又能區分三家星，又是統一的一個星宮體系是三國時代吳國太史令陳卓建立起來的，該體系劃分有二八三個星宮共一四六四顆星，除了二十八宿還有鋪宮附座。劉宗元嘉十三年（西元四三六年），太史令錢樂之曾製作過地平在球內的渾天象和地平在球外的渾象，上面所綴星象用紅、白、黑三種顏色分別表示石、甘、巫三家星宮，是陳卓星官體系在渾象上的具體應用。

隋文帝楊堅在位期間讓天文學家

唐梁令瓚《五星二十八宿神形圖》（部分）

在古代若干觀天曆算的經典中，往往將五星、二十八星宿比喻為人形、獸形、鳥形及器用等，這些經典時常附圖，《五星二十八宿圖》應屬這一類型的圖繪。

庚秀才、周墳等人以錢樂之渾象上的星官爲底本，參照周、齊、梁、陳各國官方星圖以及祖日恒、孫僧化等各家私家星圖，重新編繪出一幅圖形星圖，該圖核校了甘、石、巫三家星位，繪有內規和外規，內規以內的星常見不穩，外規以外的星爲觀測不到的南天星，中間繪有黃道和赤道，當時由於不懂黃道投影到赤道平面上爲一扁圓而將黃道也畫成一個大圓，但這幅星圖使陳卓星官體系得以留傳。

陳卓的星宮體系還通過星象賦的形式留傳，這就是在敦煌發現的陳卓所撰的《玄象詩》。《玄象詩》中雖然出現紫微垣、太徽垣和天市垣三垣的名稱，但其中只有紫徽垣單獨列出，太微垣和天市垣是在介紹三家星中順便提到的，沒有敘述「圍垣」內的恒星，只介紹了作爲「圍垣」的諸星，另外，書中介紹星官的順序並未按二十八宿，而是按石氏中外官、甘氏中外官和巫鹹氏中外官的順序進行，從客觀效果上看，不按二十八宿編排，實用中不方便。

唐代改變了這種因強調三家星的區別而打亂二十八宿的舊體系，豐富了三垣的內容，建立了在中國古代流傳最久的三垣二十八宿體系，這一新體系的建立者是《步天歌》的作者王希明。

王希明是唐代開元時人，《新唐書・藝文志》記有「王希明丹元子步天歌一卷」，很可能他號爲丹元子，步天歌星宮系繼承了陳卓區分三家的作法，但是在原有基礎上有了很大的發展，王希明根據當時實際使用情況，捨棄了許多原三家星，削弱三家星的作用，按三垣二十八宿星新規劃了全天可見的星宮，更加方便和實用。

鄭樵在《通志・天文略》中認出《步天歌》「只傳靈台，不傳人間，術家秘之，名曰鬼料竅」，但由於它「句中有圖，言下見象，或約或半，無餘無失」，還是秘密地有所流傳，所以有不同版本的《步天歌》留傳於世，正因爲如此，三垣二十八宿的星官體系得到普及。

星圖進入日常裝飾

隋唐時期的天文學發展很快，取得的成就也是喜人的，恒星觀測體系的完善使得人們有更多的機會瞭解天上的恒星，同時也使得星圖進入日常裝飾。

星象知識的普及可以從敦煌藏經洞中發現的星圖以及唐代和五代時期的墓室星圖看出，現今知道的一些唐

代墓室星圖多爲表意性的，屬於唐代早期的李壽墓的星圖有帶三足烏的日像與有搖樹玉兔的月像，分別繪予兩端，中間有分叉的天河、天河兩旁是綴滿星點的星空背景：唐懿德太子及其妹永泰公主墓以及章懷太子墓室中也有類似的天象圖，其用意不得而知，可能是爲了使死者免于在永久的黑暗之中，讓他們繼續生活在有日月星三光照耀的環境之中吧，但是位處邊陲的新疆阿斯塔那墓室星圖，除日月以外周圍還有二十八宿的形象，銀河位於中央，這幅唐代的墓室星圖雖然也是表意性的，但是星點已不是隨意點上去的，二十八宿圖案經藝術化處理顯得十分齊整，然而各宿的形象仍很易辯認，可見當時星象知識的普及程度，此外，出土的唐代銅鏡上也有二十八宿圖案，這是上層社會的日常用物，反映出工藝設計匠人的天文知識水平。

值得特別提出的是五代時期吳越國的墓室星圖，例如杭州出土的越國文穆王錢元墓內的石刻星圖及其次妃吳漢月墓的石刻星圖，這些圖直徑兩米，圖上二十八宿的位置是參照位置比較準確的星圖底本刻出來的，看來這些星圖含有比裝飾更深的內涵。

人物小事典

張旭善狂草

張旭，唐書法家。字伯高，吳郡（江蘇蘇州）人。工書，精通楷法，草書最為知名，逸勢奇狀，連綿回繞，具有新風格。

繼二王今草血脈，初唐草書一直處在醞釀蓄積階段，歐、虞、褚、薛諸家雖以楷書名世，同時也有行草佳作，孫過庭師法二王，所著《書譜》，親筆草書文稿，筆勢堅勁流暢，墨法清潤，所謂「千字一類，一字萬同」，已表現出唐草新意。活動於開元年間的大書法家張旭在今草基礎上發展而為狂草，怪怪奇奇，超出王氏範疇之外，與張芝、王羲之同為後世草書楷模。詩人杜甫、《飲中八仙歌》稱「張旭三懷草聖傳，脫帽露頂王公前，揮毫落紙如雲煙」。傳說他作草書從擔夫爭道、鼓樂吹唱中感悟筆意，「又觀公孫大娘舞劍器，然後得其神」，故他的草書溶鑄心靈慧悟和對自然萬物的體驗，極富創造性，所謂「變動猶鬼神，不可端倪」。宋宣和內府收有張旭狂草《古詩四帖》五色戕一卷，原著錄置為謝靈運名下。明董其昌加以考辯，鑒定于張旭草書真跡，為海內孤本，尤為珍貴，今藏遼寧省博物館。張氏草書還有西安碑林的《肚痛帖》。類似張氏的狂草風格，今在敦煌一〇三窟盛唐維摩詰像壁上發現有狂草書屏，可以得知張氏狂草書風在盛唐時期已經相當流行。

唐張旭《郎官石記序》

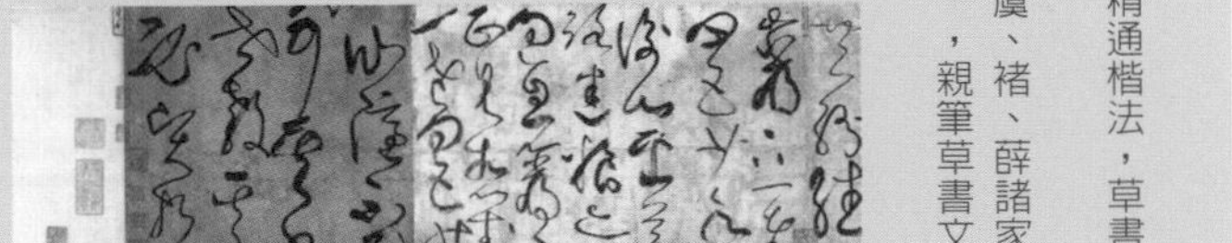
唐張旭《古詩四帖》（部分）

唐朝

絹帛代錢衰落

絹帛是絲織物的總稱，有錦、繡、綾、綺、羅、紗、絹、纈、緞等種類，這些絲織物都可以被當作貨幣使用，其中最普遍的是絹和縑。除此之外，以麻、苧、葛等爲原料的布也可以作爲貨幣使用。這種以絹帛爲貨幣的習俗從南北朝一直延續到隋唐五代，不僅在民間廣泛使用，而且也得到了政府法律的確認，成爲重要的法定支付手段之一。

唐政府不僅多次下令申明絹帛作爲貨幣的合法性，而且還鼓勵民間交易中使用絹帛爲貨幣。唐玄宗曾在敕令中強調「布帛是本，錢刀是末」，並規定所有莊宅口馬交易都要先用絹、布、綾、羅、絲等物，其餘市價一千以上的也要錢物兼用，否則便給予處罰。因此，唐代民間交易中絹帛的使用非常廣泛，旅行的路費、饋贈、賞賜、借貸、蓄藏等均使用絹帛。政府不僅庸調收納絹帛，租稅在兩稅法後也多納絹帛。唐穆宗長慶以後，政府甚至直接徵收絹帛。政府在支付官吏俸祿、軍費和皇帝賞賜大臣時也常常使用絹帛。在唐政府與周邊民族的對外貿易和交流中，絹帛也具有非常重要的地位。

但絹帛爲貨幣流通的現象是商品種類少、商品交換與貨幣經濟不發達的表現。絹帛一經裁割，質地就會破損，久藏則會變質或朽壞，價值就會減損，而且也以避免短狹、薄絹之弊，所以作爲貨幣的絹帛始終有很多缺點，與銅錢相比不如銅錢易於攜帶和保存。因此絹帛只是在初唐和盛唐時期作爲貨幣盛行，但在盛唐時也開始受銅錢的排擠；隨著商品交換和貨幣經濟的迅速發展，絹帛作爲貨幣的使用已越來越少，唐開元時期已很少有人願意使用絹帛，致使政府不得不一再地申明和鼓勵使用絹帛。

唐中葉以後，社會分工進一步擴大，社會經濟得到了極大的發展，特別是最有典型性的茶業的興盛和市場不斷開拓，都使銅錢的流通不斷增加，使絹帛的流通使用日益減少，越來越衰落。

唐八卦紋鏡

劉秩反對開放私鑄錢幣

唐初商品交換不發達，鑄錢數量很少，更多的是用絹帛作爲交換手段。開元天寶時，隨著商業的高度發展，錢幣供應不足，便開始大量鑄錢，而且竟允許私鑄。開鑄錢爐近百處，一年鑄錢三十二萬多貫，以後繼續有增加。中唐以後，錢重物輕成爲十分突出的社會現象，引起許多思想家們的爭議探討。

開元二十二年（西元七三四年）劉秩爲反對張九齡開放私鑄政策上奏《貨泉議》，表明他的貨幣思想。

他認爲貨幣的作用在於「平輕重而權本末」，它的流通使用關係到國家的盛衰，因此需要政府的統一管理，嚴禁民間私鑄。他指出自己反對開放私鑄的理由如下：貨幣是「人主之權」，政府應嚴格控制把關，不能輕易放棄；貨幣是用以調節物價的，「物賤則傷農，錢輕則傷賈」，因此在貨幣流通鑄造發行方面，政府應起到總體調控的作用，開放私鑄必將導致混亂；私鑄必然產生惡錢，若再禁惡錢就必然會把百姓置於法網，引起民怨；鑄私錢利潤驚人，會造成農民棄耕鑄錢，從而減少生產，惡化社會經濟狀況；私鑄者大量聚斂財富，會使貧富不均現象更加嚴重，給國家造成隱患。他提出的解決方案是嚴禁銅器的使用，這樣既能斷絕私鑄原料，又能集中于官府以增加錢幣數量，有利於工商業的發展。劉秩還將貨幣購買力同人口數量和貨幣數量聯繫起來考察，認爲造成錢重物輕現象的原因在於鑄錢不增加而人口日益增加，這是中國古代貨幣理論方面的新發展。

唐代三彩人頭哨、陶獸頭哨

下為三彩人頭哨，深目高鼻，似為當時西域少數民族形象。右為獸頭哨，頭頂及面部有吹孔。兩件均屬兒童玩具。

水稻成爲第一作物

從《齊民要術》和《四時纂要》的有關記載來看，隋唐農作物的構成有較大變化，粟、麥、稻是當時的三大糧食作物，但直到唐初仍以粟爲首位，隨著南方水稻生產的發展，納稻代粟的數目越來越大。中唐以後，南

梯田

方稻米歲運已達三百多萬石（《舊唐書・食貨志》下）。中唐以後，南方的水稻在糧食生產中的地位已超過了粟，水稻成爲第一作物。首先，品種的增多促進了水稻生產的發達。當時水稻品種缺乏系統記述，從唐詩和《四時纂要》等書的零星記載中收集到的品種有白稻、香稻（香粳），紅蓮、紅稻、黃稻、獐牙稻、長槍、珠稻、霜稻、罷亞、黃、烏節等一二種，絕大多數爲長江流域及其以南地區所有。其中除白稻、香稻，黃稻以外，另外九種前代文獻均未有記載，當爲隋唐時新增品種，而且多屬晚稻品種。同時，唐代水稻的種植面積比前代大大增加，並廣泛採取育身移植的栽培方法。

因此，水稻新品種的增加和晚稻品種的出現，育秧移植和早稻的栽種，無疑提高了水稻的產量和質量，又爲稻、麥復種制的出現和形成創造了條件，使兩年三熟的耕作制逐漸在南方推廣，有的地方可一年兩熟。長江流域在中唐以來已是最主要的農業區，實行稻麥輪作復種制，水稻產量大大增加。而且，稻麥輪作復種制的形成，反映到國家賦稅制度

敦煌壁畫《彌勒經變局部・農耕》

上，便成爲以夏秋兩徵爲主要特點的「兩稅法」得以產生和實行的基礎。

另外，水稻成爲第一作物和唐代農具的改進，水利灌溉事業的發展、精耕細作程度提高等因素也分不開的。由於耕地農具改進，唐代江南水田已普遍實行犁耕，耕作技術也相應提高。這是南方水田生產耕作精細化的一個標誌。

水稻屬於高產作物，白漢代起就已成爲中國南方人民的主要食糧；中唐後它取代粟的地位成爲第一糧食作物，反映了中國農業文明白北向南不斷發展。

外丹道盛極

唐代，在帝王與貴族的倡導下，變化黃白、飛煉金丹之術頗爲流行，是中國道教史上外丹道最盛極的時期，被稱爲道教外丹的「黃金時代」。

燒煉金丹，在統治者以及一些貴族士人是爲長生，永做富貴神仙，對道士來講，有的爲實現信仰，證成眞道，有的則利用求丹者的迷信貪欲，藉以換得尊榮，騙取錢財，武則天乞求一道士「九轉之餘，希遺一丸之藥」；唐玄宗「一百年服藥物」（指金丹），憲宗、穆宗、武宗、宣宗等都服用金丹；大詩人李白，青年時代迷于求仙訪道，采藥煉丹，曾通過極其煩的入道儀式，成爲一名道士。

唐代外丹道的興盛發達，其一表現爲丹道理論的發展。此時，由「奪天地造化之功，盜四時生成之務」的丹道思想發揮出自然還丹說、用藥相類說、火候直符說等煉丹學說。自然還丹說認爲，上仙服用的藥丹，是天火所賜，自然而成的，人可鑄爐鼎以仿宇宙，鼎三足以應三才，上下二合以應二儀，足高四寸以應四時，炭分二十四斤以應二十四氣，水火相交以象陰陽交感，這樣便可濃縮地再現自然成丹過程而煉就金丹。用藥相類說信奉陰陽和合變化順宜的相類觀念。有時還採用中醫「君臣佐使」的理論，如以水銀爲君，硫黃爲臣來配藥。火候直符說則強調火候的掌握要符合陰陽消長的自然之道。據太陽的運行規律，一月內分六候，一年十二月通於十二消息卦，煉丹時應照天時或用文火，或用武火，或進陽火，或退陰符。

其二，表現爲煉丹流派眾多，由於煉丹用藥的理論方式不同，唐代外丹道分成許多流派，其中金砂派、鉛汞派、硫汞派較爲重要，金砂派重視黃金（多爲類似黃金的金屬化合物）

和丹砂，借黃金以自堅固，借丹砂以成變化。它上承葛洪，代表人物有孫思邈、孟詵等。鉛汞派「只論鉛汞之妙，龍虎之眞」，而排解其他雜藥，代表人物有郭虛舟、孟要甫、劉知古、柳泌等人。硫汞派則主用硫黃和水銀合煉，認爲「硫黃是太陽之精，水銀是太陰（月亮）之精，一陰一陽合爲天地」。唐後期煉丹逐漸增加了動植物用藥，減少了礦物用藥，因礦物往往合煉成有毒物質，雜質又不易清除，危害人體。

次上乳
唐代服食煉丹藥材

鎏金舞馬銀壺
唐代服食煉丹器具

其三，表現爲用藥範圍逐次擴大，種類日漸繁多。《太古上總經》中有五金四黃八石之說，成書于唐的《眞元妙道要略》還有鉛、石英、雲母、赭石等；梅彪著的《石藥爾雅》竟收有煉丹藥名一百五十多種。此外，煉丹經書之多，煉丹方法之精，器物設備之新，社會影響之大諸方面，唐代的外丹道都是空前絕後的。

煉長生藥的丹砂，在火化後，便離析出硫黃而剩下水銀，人吃了金丹，就會中毒死亡。縱使少數人服丹後會病癒或身健，也不能長生，而大多數僅是速死，唐初統治階級中的一些人，對道家長生術的荒誕無稽已有所認識。當時編纂的《隋書》曾說：「金丹玉液，長生之事，歷代糜費，不可勝紀，竟無效焉。」但統治者仍迷醉不醒。唐太宗服丹藥中毒而死；唐憲宗不顧臣下激切諫阻，服道士柳泌煉的「金丹」喪生；唐穆宗爲此殺了柳泌，指責他「人神所共棄」，自己卻也吃金丹而死；大肆滅佛的武宗對佛教的「壞法害人」看得清楚，卻被道教迷了心竅，最後食道士杜元陽煉的「仙藥」，生瘡脫髮暴死；一度標榜不再受道徒迷惑的宣宗，誅戮了趙歸眞，卻又恭迎別的道士進宮，最終也被金丹仙藥致死。另有不少達官貴人也因服食丹藥中毒致死，在這種嚴酷的事實面前，懷疑和否定外丹的思潮遍佈朝野，有識之士紛起抨擊，煉丹道士往往因騙術敗露而被誅貶逐。此外一些方術相士，借外丹之名，燒煉假金銀，騙取錢財，也損害了外丹術的聲譽。外丹道終於在唐末五代走向衰落。

光明砂
唐代服食煉丹藥材

刻花銀碗
皇家服食煉丹器具

煉丹家發現火藥三成分

中國煉丹家在長期的煉丹實踐中逐漸發現掌握了火藥的性能，在唐代已發現火藥三成分。

隋末唐初醫學家、煉丹家孫思邈，史稱藥王。選錄入《諸家神品丹法》的《孫眞人丹經》，相傳是孫思邈所撰，記載有多種「伏火」之法。其中有「伏火硫黃法」，使用了硫黃和硝石。

唐憲宗元和三年（西元八〇八年），煉丹家清虛子在其所著《太上聖祖金丹秘訣》（後選入《鉛汞甲庚至寶集成》卷二）「伏火礬法」中也記載有將硫黃伏火之法，這類伏火之法，原意是爲了使硫黃改性，避免燃燒爆炸。但同時他們認識到，上述丹方中含有硝石、硫黃和「燒令存性」（即碳化）的皀角子或馬兜鈴粉，三者混合具有燃燒爆炸的性能，從而發明了原始火藥。煉丹家正是通過他們的長期實踐，才發現硝石、硫黃和木炭等混合物的爆炸性能，因此，至遲在八〇八年以前，含硝、硫、炭三成分的火藥已經在中國誕生。

在中唐以後成書的《眞元妙道要略》中，更有明確的記載：「有以硫黃、雄黃合硝石並蜜燒之，焰起燒手、面及燼屋舍者。」「硝石宜佐諸藥，多則敗藥，生者不可合三黃等燒，立見禍事。凡硝石伏火了，赤炭火上試，成油入火不動者即伏矣。……不伏者才入炭上，即便成焰。」三

唐玄宗開元投龍簡

唐玄宗尊奉道教，凡祈福祈雨，有投龍之舉，以銅版刊刻告文，投入山洞或江湖。

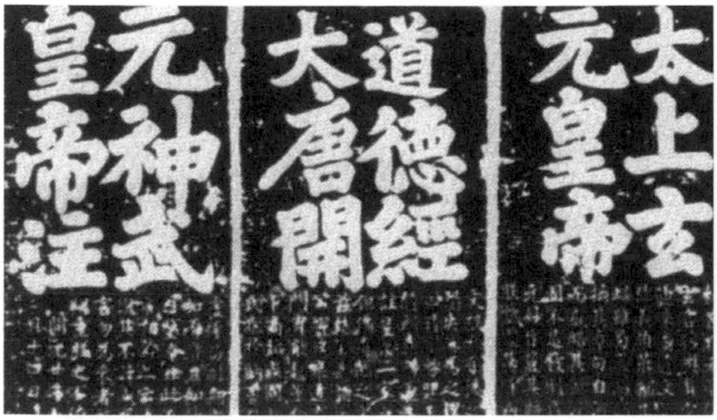

玄宗注道德經碑

開元二十六年（西元七三八年）所建，各面刻著老子《道德經》及玄宗注文。

黃是指硫黃、雄黃和雌黃。原始火藥也由此而逐漸進入軍事應用的新階段。

茶業發展成熟

茶業在唐代南方的農業經濟中是一個重要部門。茶業經過歷代的發展，到唐代已發展成熟。

中國是茶的故鄉，現今世界產茶國家的茶都是直接或間接地由中國傳入，加以改進而發展起來的。中國利用和栽培茶樹早在商代就已開始，到了漢代，茶葉已發展爲商品，巴蜀是當時全國茶業中心，飲茶之風在四川也已盛行。魏晉南北朝時期，長江中下游茶業獲得顯著發展，但在北方茶葉尚屬少見。唐代，南北統一，交往密切，飲茶風氣也普及北方，《封氏聞見記》卷六《飲茶》記載：「人自懷挾，到處煮飲，從此轉相仿效，遂成風俗。自鄒、齊、滄、棣，漸至京邑，城市多開店鋪煎茶賣之，不問道俗，投錢取飲。」中唐以後，飲茶風氣更是普遍，「上自宮省，下至邑裏，茶爲食物，無異米鹽」，說明當時茶已成爲人們日常生活的必需品。在邊疆少數民族居住地，飲茶風氣也進一步傳開。「茶道大行」，「流於塞外，往年回紇入朝，大驅名馬，市

茶而歸」（《封聞見記》），吐蕃地區也運入了漢族地區生產的各種名茶。

飲茶的風行，促成茶成爲當時重要的商品，南方茶葉大批運往北方。茶葉需要量的增加，勢必會促進茶業的發展。除了野生的茶樹外，還大量進行人工栽培。唐代茶葉產地大大增加，遍及今四川、雲南、貴州、廣東、廣西、福建、浙江、江蘇等十五個省區（當時是五十個州郡），其地理位置多爲氣候溫濕的秦嶺、淮河以南，這些地區的許多丘陵和山坡上都種植了茶樹。歷史記載，「江南百姓營生，多以種茶爲業」（《全唐文》卷九七六），江淮人家也「什二三以茶爲業」（《冊府元龜》卷五一○）。除了農民自己種植的茶園外，地主和官府也經營茶園，《元和郡縣誌》卷二五載：「長城縣（今浙江長興縣）、顧山縣西北四十二里，貞元已後，每歲以進奉顧山紫筍茶，役工三萬人，累月方畢」，由此可見當時有的茶園規模很大。

唐代制茶業也已相當發達。當時的茶葉分爲牛角（粗）茶、散茶、末茶和餅茶四類。據《唐國補史》記載，唐代已出現名茶二十多種，「風俗貴茶，茶之名品益眾」。

隨著茶業的發展成熟，茶樹栽培技術積累了許多寶貴經驗，《四時纂要》裏有較全面而翔實的記述，包括種植季節、茶園選擇、播種方法、中耕除草、施肥灌溉和遮蔭措施等。後世一些農書和茶書中有關茶樹栽培技術的記載，都未超出《四時纂要》所記述的內容，可見唐代茶樹栽培技術對後世的影響。

唐代茶業在中國茶業發展史上佔有承前啓後的地位。它不僅在南北朝的基礎上有了迅速發展，而且影響及於世界。正是在唐朝茶業興盛的基礎上，世界第一部茶業專著《茶經》問世；也正是在這個時期，茶樹種子和栽培技術，從中國傳到了日本和朝鮮。

茶羅子
唐代製茶工具

茶碾子
唐代製茶工具

唐人善竹刻

竹刻，或稱竹雕，是中國特有的一種專門工藝美術。中國遠古時期就用竹製造生產和生活用具，並在竹製品上施加裝飾。湖北江陵的戰國墓曾出土圓雕竹刻件，湖南長沙馬王堆一號西漢墓出土浮雕龍紋竹勺，又在甘肅武威東漢墓中曾出土雕有字的筆管。唐代，有在筆管上刻人、馬、亭台和水波，生動纖細，刻藝已極高。

宋代郭若虛《圖畫見聞志》關於唐代竹刻有頗詳備的記載：「王倚家藏有一竹制筆管，上面刻《從軍行》一鋪，人馬毛髮，亭台遠水，無不精絕。每一事刻《從軍行》詩兩句。……其畫跡若粉描，向明方可辨之。」可見唐代的竹刻藝術已達到相當高的水平。現藏於日本正倉院的唐尺八，用留青法淺雕仕女、樹木、花草、禽蝶等，明顯是唐朝風尚，與當時的金銀器鏤刻以及石刻線雕意趣相同。這種留青法，就是保留竹的表皮爲花紋，花紋以外的表皮去掉，以淡黃色竹肌作底，竹幹後才能開始刻畫。刻後大約一兩年，表皮呈現淡黃色，此後變化不大，而竹肌顏色則由淡黃而深黃，而紅紫，所以時日愈久，皮、肌的顏色差異越顯著，花紋也越來越清晰，此爲竹刻最重要的技法之一。

唐周萱《搗練圖》卷（部分）

唐人竹刻，爲宋代竹刻的普遍打下基礎。

唐置監軍

唐代中期，地方藩鎮力量開始強大起來。爲了加強對藩鎮的軍事控制，唐玄宗於開元二十年設置監軍使，由宦官擔任，從此監軍便成爲一種制度。

唐朝廷在各藩鎮常設的監軍機關，一般稱爲監軍院或監軍使院，院置監軍使一人，下有監軍副使、判官、小使等僚屬。監軍使任期一般爲三年，但也可根據具體情況提前調動或繼續留任。監軍往往自置親兵。由此逐開將帥置親兵之風。

監軍的首要任務是保證藩鎮聽從朝廷的指揮，溝通中央與藩鎮間的關係，如發現違法亂紀，便予以「奏察」。其次，監察節度使的政績和軍紀情況。再次，協助地方將領管理軍隊，消弭兵亂。

監軍制度的設立適應了朝廷對藩鎮鬥爭的需要，對大多數節度使有監督和制約作用，因此對維護唐中央政權的穩定發揮了一定作用。但在實施過程中出現了監軍權力大過節度使的現象，而且充任監軍都是多不懂軍事的宦官，某些宦官甚至借監軍之職專權自恣，打擊異己，這樣，既削弱了軍隊的戰鬥力，又激化了朝廷與藩鎮的矛盾，起了相反的作用。

克孜爾石窟融匯中外藝術

位於絲綢之路上的龜茲，盛行佛教小乘學，三世紀時佛教達于極盛，境內伽藍連路，少則僧徒數十，大則沙門成百，石窟寺院遺跡豐富，克孜爾石窟就是其中的代表。

克孜爾石窟位於今天新疆拜城縣東南約六十餘公里處，鑿建於木劄提河北岸明屋達格山的懸崖上。現存的洞窟分佈在谷西、谷內、穀東、後山四個區內，已編號者有二三六窟，其中窟形和壁畫保存較完整的有八十一個窟，是古龜茲境內現存規模最大的

克孜爾石窟出土壁畫

石窟群，也是龜茲石窟的典型代表。

早期洞窟約在四世紀修建，以中心柱窟、大像窟和僧房窟爲主。中心柱窟的壁畫數量多，保存也較好。主室券頂中脊處壁畫以天相圖爲主，組合複雜，一般包括日天、月天、風神、蛇形龍、立佛和金翅鳥。券頂左右側壁爲數列菱形山巒爲背景的本生故事或因緣故事畫，主室左右側壁畫方形構圖的因緣佛傳故事，表現釋迦的教化事蹟。早期洞窟，有類似于阿富汗巴采物窟形，壁畫也有較濃厚的犍陀羅美術風格影響，但中原傳統漢畫線描技法在壁畫中也普遍使用，根據當地特點，反映當時社會世俗生活的石窟建築和畫面內容，部說明克孜爾石窟藝術是在本地區藝術傳統基礎上深受中原文化影響又吸收了外來文化而形成的藝術結晶。

克孜爾石窟出土樂舞供養壁畫

克孜爾石窟出土佛傳壁畫

中期洞窟大約爲五至六世紀時修建。壁畫主要集中於中心柱窟。主室爲縱券頂的中心柱窟，券頂中脊壁畫仍以天相圖爲主要題材，但出現簡化的趨勢，同時出現須摩提女清佛的因緣故事新題材，並出現以塔爲背景的新的構圖形式。有前室的中心柱窟，畫高大的立佛像或大幅說法圖，也是早期洞窟所不見的。

晚期洞窟大約爲七至八世紀修建，洞窟類型同於中期，但規模變小，形制內容都趨於簡化。

克孜爾石窟早、中期的壁畫，集中表現釋迦的本生、本行和教化事蹟，這是佛教小乘佛教「唯禮釋迦」的具體反映。晚期壁畫顯示了大乘佛教對龜茲佛教藝術的影響逐漸加深，而這種影響當來源於盛行大乘佛教的于闐或中原地區。

敦煌壁畫燦爛輝煌

經過北朝和隋兩代長期的藝術積累，加上唐代政治、經濟、文化的相對繁榮和帝王旨在發揮宗教的政治功效而實行的比較開放的宗教政策，這一時期，敦煌石窟的建造進入了繁盛期，壁畫藝術也大放異彩，呈現出燦爛輝煌的局面。

唐王朝認眞總結和吸取了隋朝速亡的經驗教訓，注意調合國內外各種矛盾，採取了種種長治久安的政策，不僅使國力達到鼎盛，也促進了民族團結和國內外經濟文化交流，經濟強盛且實行兼包並容的文化和宗教政策，使得唐代各種宗教都得以充分地發展，佛教在唐代達到鼎盛，形成了各種宗教宗派，教理、教義有重大創造和飛躍發展，求法、譯述和宗教活動空前活躍，因而敦煌石窟的開鑿和營建也進入了鼎盛時期。在現存的四九二座敦煌石窟中，有唐一代營造的就達二二八座之多。早在唐王朝建國之初，便以河西爲中國的心腹而積極地加以控制和經營，武德二年（西元六一九年）李世民被任命爲涼州總管，開元二十六年（西元七三八年）李林甫以宰相領河西節度使，重軍駐防保障絲綢之路的暢通，農業生產也得以迅速恢復。初盛時期，共建造石窟一二四座，遍佈其中的極樂世界圖，反映了這時強大而統一的多民族國家的經濟繁榮、文化昌盛、朝氣蓬勃欣欣向榮的時代精神。

安史之亂後，吐蕃奴隸主進入河西，在崇信佛教的吐蕃贊普的保護下，敦煌石窟進一步發展，開始出現了殿堂窟和大量的經變。張議潮收復河西以後，其家屬和顯貴姻親繼續營建，建造了一批中心佛床殿堂窟，佛床前有登道，後有背屏，佛像置其上，窟頂華蓋式藻井，四壁畫聯屏，經變中出現了象《勞度叉鬥聖變》類的喜劇性內容的巨型結構，一般經變已有公式化傾向。乾化四年，曹氏歸義軍政權取代張氏，在此統治長達一二十多年，建造石窟五十多座，還全面重繪重修了前代的洞窟和窟簷，使之外觀更蔚爲壯觀。

唐代敦煌石窟壁畫藝術風格不斷發生著變化。初唐石窟壁畫還十分明顯地承襲了隋大業畫風。人物造型方正圓潤，肩部豐腴微削，腰肢稍稍扭曲，菩薩、佛弟子都顯得風姿挺然。在端嚴的形象中已出現了一些輕微的動態。如二〇三窟《維摩詰經變》中的天女，四〇一窟北壁下的「供養菩薩」，都是唐初造型的代表，其飛天生動、靈活，兩肩飛出的飄帶大多離身體不遠，逐步在向長曳飄揚的形式發展。武德七年（西元六二四年）以後，西域交通逐漸恢復，中原藝術的新風格開始與敦煌地方的傳統畫風合流，在造型、構圖、暈染、裝飾上都出現了一些前所未有的氣象，如五七、二〇五、二〇九、二四四、三二二等窟的「說法圖」。

敦煌團花藻井壁畫

貞觀十九年玄奘取經返回長安，受到唐太宗李世民的禮遇，掀起了唐代的第一次佛教高潮，原來比較簡單的敦煌「說法圖」受到中原藝術的薰染而出現了實景實物的「淨土變」，從七一窟以人物爲主的小淨土場面，到二二〇窟結構宏偉、富麗非凡的大構圖，是這一時期大型經變壁畫巨大成就的代表作。當佛教信徒已不再滿足於「西方三聖」環繞一群菩薩聽佛說法的簡單形式而希望看到更多地「化生菩薩」時，二二〇窟的《西方淨土變》就適時地表現了「淨土」是「化生」的歸宿。它從尚在透明的蓮花菩蕾中孕育的靈魂，破綻而出的幼童，再到環繞說法佛的親疏遠近，大小高低的菩薩，表現了佛經所說的由於行業差別而形成的化生的九個品級的義理，這種等級是封建社會的首要特徵，其神聖化在於維護封建等級制度的合理性。在藝術上，它極盡想像之能事，南壁壁畫上寶幢林立，繁花如再，在歌舞管弦的世界中，那些化生而來的佛、菩薩按不同的等級，呈現出不同的排列和神態。實際上是苦人間的「淨化」。那支頤沉思、拈帶微笑的形象，或坐或立，憑欄轉側的菩薩們，表情充滿了安寧、自在和滿足，仿佛一友旋律深沉，結構綺麗的形象與色彩的交響樂。實爲美術史上罕見的藝術傑作。其北壁《藥師如來本願經變》，是與之遙相對應的煌煌

初唐敦煌飛天壁畫

盛唐敦煌壁畫《觀無量壽經變》

巨制，風格也近似，只是作爲主題的七身樂師佛凝重端莊。此畫尤以環繞七佛的飛天、舞樂、天龍八部、協侍眷屬最爲精彩，下端燈火輝煌、歌舞翩躚的繁榮升平景象是全幅的精華，這些風格是當時樂觀上達的時代精神的藝術再現，反映了這一時代積極進取的主旋律。武周時期，佛教再次達到高潮。武則天曾利用僧人僞撰佛經，假託釋迦牟尼授記，爲之製造了當皇帝的「呈符命」，敦煌佛事也異常繁盛，這時的經變壁畫在造型和構圖上已經發生了很大的變化。人物造型與群體關係更爲協調，姿態也更爲生動，構制闊大、色彩華麗是這時的主格調。

在政治、經濟、文化等因素的共同影響下，唐代敦煌壁畫藝術創造出燦爛輝煌的成就，是中國藝術史上的寶貴財富。

唐朝

健舞軟舞交相輝映

舞蹈是唐代最重要的表演藝術形式之一，它在中國古代舞蹈史甚至文明史上是最爲燦爛奪目的一頁，是中國古代舞蹈藝術的發展高峰。

唐代舞蹈高度發展的重要標誌之一，是表演性舞蹈和宮廷燕樂舞蹈等的大量湧現和空前發展。表演性舞蹈形式多樣，內容豐富，技巧繁，具有較高欣賞價值。宮廷燕樂舞蹈來自民間，經過較多藝術加工後，形式華麗，規模宏大。技藝精湛、短小精悍的健舞、軟舞則是唐代舞蹈兩部重要的品類。

健舞、軟舞是唐代按照風格特點劃分的。多爲單雙人的小型表演性舞蹈。在宮廷、貴族士大夫家中及民間廣泛流傳。一般來說，「健舞」動作雄豪剛健，節奏明快，間有舒緩段落。「軟舞」優美柔軟，節奏舒緩，其中也含快節奏的舞段。健舞主要有十二個，軟舞主要有十三個，其中中外各民族民間舞蹈佔據著較大的比例，也有一些是繼承前代或唐時新創的。其共同特點是來自民間，經過藝人們較多的加工，技高藝精，受人歡迎，流傳廣泛，影響深遠。

「健舞」類的《胡旋舞》、《胡騰舞》和《柘枝舞》等「胡風舞蹈」在唐代詩文、文物等各種記載和形象中，有較豐富的，生動形象的描述。

《胡旋舞》是唐代最盛行的舞蹈（舞種）之一，其主要特徵是具有快速、輕盈、連續旋轉的高超技藝。《胡旋舞》不僅是「健舞」類的重要節目，有多種表演形式，出現在宮廷宴樂之中。《胡旋舞》在唐代風靡一時，以至於臣妾人人學圓轉，「五十年來制不禁」！

《胡騰舞》也是「健舞」類著名舞蹈，以騰踏跳躍爲主要特徵。多以男子獨舞的形式表演。且舞者多是「肌膚如玉鼻如錐的胡人」。

「健舞」、「軟舞」兩類中均有《柘枝》舞蹈。健舞《柘枝舞》，原爲中亞一帶民間舞蹈。其主要伴奏樂器是鼓，並間有歌唱。舞蹈必然具有節奏鮮明、氣氛熱烈、風格健朗的特點。但它又不同于陽剛雄健的《胡騰舞》。

《屈柘枝》由《柘枝》發展變化而來，伴奏樂曲的主旋律似同出一源，只是調式有所不同。舞蹈動作、風味情調和裝置背景則與漢族傳統舞蹈有更多融合，更接近中原人民的審美要求。《屈柘枝》的舞蹈形象，可見于陝西博物館藏「唐興福寺殘碑」側。

除上述「胡騰」、「胡旋」、「柘枝」三個較著名的西域風格舞蹈外，健舞《拂林》也屬西域舞蹈，拂林即大秦，指東羅馬帝國及其東方屬

敦煌壁畫舞蹈圖

地。

健舞類的《劍器》、《黃獐》、《達摩友》都與武術或武舞有關。「舞劍」在中國的歷史十分悠久。從春秋戰國直至漢、唐，武將、文人和舞伎中的許多人都善舞劍。這裏所說的《劍器舞》，是唐代舞伎在繼承傳統舞劍技藝及民間武術基礎上發展創造的表演性舞蹈，它的舞姿雄健，氣勢磅礴，節奏明快清晰，是健舞中有代表性的作品之一。

唐代創作的舞蹈，影響較大的有「軟舞」類的《綠腰》、《春鶯囀》。《綠腰》，又名《六么》、《錄要》、《樂世》等，主要旋律可能十分動聽，流傳很廣。《春鶯囀》是「軟舞」類的著名舞蹈，據同名歌曲編舞，《教坊記》中有載。元稹《法曲》、張祜《春鶯囀》詩中均有記載，此舞曾傳到朝鮮、日本等國。《教坊記》將表現北齊蘭陵王戴面具作戰故事的歌舞戲稱爲《大面》。又將《蘭陵王》列入「軟舞」類。看來是表現同一歷史人物的兩個不同風格的節目。

「健舞」、「軟舞」是吸收了各處樂舞的豐富滋養而逐漸形成的一組表演性舞蹈作品。內容豐富形式多樣，流傳時間長，傳播地域廣。它們從一個方面代表了唐代舞蹈藝術高度發展的水平。

和闐地毯形成

唐代，中國新疆和闐地區人民開始用羊毛編織地毯，經過不斷摸索和改進，終於形成具有地區特色的地毯工藝，稱爲和闐地毯。

和闐是著名的羊毛產區之一，羊毛光澤強、彈性好，手感柔滑，堅實耐用。相傳，洛甫縣人那克西萬最早試著用羊毛染色織毯，被人們稱爲「地毯之祖」。考古工作者在新疆發現了世界上最古老的彩色栽絨毯，爲民間傳說提供了實物證明。和闐洛甫縣一帶，無論男女老少都能熟練地織毯，成爲一大地區特色。

和闐地毯分爲絲毯、栽毛毯和金銀線編織加栽絨織毯三大類。絲毯經緯均用絲，織法細密煩瑣，結扣緊湊嚴整，價格昂貴，供宮廷顯貴使用。栽毛毯爲棉經棉緯或毛經毛緯，毛絨拴馬蹄扣，經緯股數不等，拴結方法也各有不同，結扣比絲毯稀疏，價格較低，因爲厚度可達十五至二十五毫米，多爲百姓禦寒防潮之用。金銀線編織加栽絨絲毯是一種高貴的地毯，以金線或銀線合撚，在絲質經線上盤編成辮狀作地紋，以彩色絲絨起花

紋，富麗絕倫。這種精美的手工藝品進貢到朝廷後，不能直接鋪在地上，而要鋪在專門的棕毯上以免損壞，宮廷裏甚至設置專門的棕匠編織棕毯。

和闐地毯與宗教關係緊密。西元八世紀以前，和闐地區佛教盛行，這一時期生產的地毯紋樣帶有濃厚的佛教藝術特色。天寶十年，唐將高仙芝爲大食軍所敗，接著朝廷又因安史之亂無暇西顧，伊斯蘭教勢力趁機侵入，西元十世紀時，當地居民完全信奉伊斯蘭教。伊斯蘭藝術風格的圖案，也就成爲和闐地毯紋樣的新特色，但由於傳統上佛教圖案的影響，仍與純粹的伊斯蘭藝術有區別。例如伊斯蘭圖案忌用有眼睛的動物形象，而和闐地毯紋樣卻無此禁忌。

①唐文官俑
②唐獵騎胡人俑
③唐代大食行旅俑

和闐地毯紋樣和阿拉伯、中亞、小亞細亞地區的紋樣相近，同屬東方類型。圖案以幾何組合型爲主，採用數層花邊，中間多呈菱形框架，內外佈滿細碎的幾何圖案、直線形花卉圖案或滿地纏枝花開圖案，花紋有石榴花、四瓣玫瑰花、蓮花、蝴蝶以及雲紋、回紋等，花中套花，花外有皮，瓣中套瓣，圖案緊湊，空間勻密。和闐地毯採用核桃皮、石榴皮、紅花、藍草等植物染料染色，以蔥綠、蛋青、深紅、藍、黑等絨線織出鮮豔的花紋，十分美觀。

和闐地毯聲名遠播、中外流行。和闐毯大部分運往疏勒銷售，故又名疏勒毯。歷代和闐地毯都是宮廷中的珍品，直到清代，紫禁城、圓明園、頤和園、熱河行宮等處都常使用新疆地區進貢的地毯。

破墨山水出現

山水畫在魏晉南北朝時期出現以後，歷經變遷，在晚唐時期，破墨山水出現。作爲中國山水畫的一種墨法，顯然與青綠山水大相異趣。破墨是將墨色分破爲多種程度的濃淡，使之相互掩映，以求墨彩的生動，常用的大致有濃墨破淡墨和淡墨破濃墨兩種基本方式。

從文獻和遺跡中，我們可以窺見晚唐破墨山水的具體面貌和梗概。其表現的內容和題材以樹石近景爲主體，具有代表性的畫家當數張璪和韋偃。

張璪，字文通，吳郡人（今江蘇省蘇州市）人，活動於八世紀中後期，他善畫水墨山水，尤其精熟松石，傳說他能雙手分別執筆，同時畫出生枝和枯枝，在同一畫幅裏呈現榮枯不同的形象。他愛用紫毫禿筆，甚至以手蘸墨作畫，不求巧飾，畫中山水高低秀麗，咫尺重深，富有感染力，發展了破墨山水的藝術技巧。

韋偃，京兆（今陝西省西安市）人，出身於繪畫世家，能以極其概括的筆墨手法表現馬的騰倚，或驚或止，或走或起的不同姿態，尤其是善長畫成群的小馬，達到了宛然如眞、曲盡其妙的境地。他的破墨山水，精妙地表現老松怪石，其富有變化的姿態和壯美的氣勢，足以代表晚唐破墨山水的筆法。

張璪、韋偃以水墨濃淡來表現自然界風雲樹石，不求形似、色似，不追求外表的逼眞、細密，而求其神韻，對後世山水畫在表現風雲湧動之狀、山石突兀之象時呈現一種蒼茫之感，影響極爲深遠。並直接開啓了宋元山水畫和寫意畫的新氣象。

唐人口到達頂峰

唐天寶十三年（西元七五四年），唐代人口達到最盛時期。

當年，根據戶部的統計數位，唐朝有三二一個郡，一五三八個縣，鄉一六八二九個，九〇六九一五四萬戶人家，人口達五二八八〇四八八萬之多。戶數和人口數都達到了前所未有的頂峰。戶口的極盛是和當時的政治經濟分不開的。當時的唐朝雖是奸佞當道，然而國力尚盛，外族只有進奉，不敢輕言入侵。太平盛世，百姓安居樂業，人口數量達到頂峰也就不足爲怪了。

唐女立俑

霓裳羽衣樂舞成

在唐代，中國古代所有藝術門類

都得到了長足的發展，音樂和舞蹈也同樣如此，而最能代表唐代在這方面成就的是大型表演性舞蹈作品《霓裳羽衣》樂舞。

據傳，霓裳羽衣樂舞是唐玄宗中秋月夜夢遊仙界，在月宮聽到嫋嫋的仙樂，十分動人，回來後只記得一半，正在這時，西涼都督楊敬述進獻《婆羅門》曲，與其聲調相符，於是以月中之曲作爲整個樂舞大柳開始的序曲「散序」，而後者作爲主體，譜成《霓裳羽衣法曲》。這段神話般的傳說，除神化皇帝部分顯得虛妄以外，至少表明該曲在創作上融合了中、外民族民間樂舞的成分，進行了主觀能動的藝術加工創新，反映了唐明皇李隆基既有較高的音樂藝術修養，又對仙山瓊閣的天上人間充滿了遐想，在此情形下，他親自作曲以抒情懷。這支舞曲吸收了傳統「清商樂」的藝術傳統，融合了西域歌舞的形式，將音樂、舞蹈、詩歌三者結合成一部大型套曲。

其舞蹈除採用傳統的優美舞姿「小垂手」等外，還大量糅合西域胡旋舞的精彩旋轉技巧，包括獨舞，雙人舞，及多達數百人的大型群舞。據傳說，楊貴妃曾兩次爲唐明皇獨自表演《霓裳羽衣舞》，白居易曾寫詩描述他於元和年間）在宮廷觀看的雙人舞《霓裳羽衣舞》的情景，說那旋轉的舞姿，輕柔得仿佛是隨風飄然而落的朵朵雪花，忽然回眸一笑又趕忙避開，那欲進故退的媚態，又若受驚的游龍，一個短暫靜止的舞姿，象無力柳條似的下垂柔軟的雙臂，急促的舞步，使斜拖身後的長裙鼓滿輕風，象浮雲之升騰。舞曲以一個快節奏後的停頓嘎然而止，飛舞的鸞鳳立即收起翅翼。在鶴鳴般的長引聲中結束，這是一種創造性的新手法。霓裳羽衣樂舞是一部藝術性強、技術水平高的人型表演性舞蹈作品，是唐代舞蹈的代表作。

韓幹《牧馬圖》冊

圖中畫黑白二馬，一奚官虬髯戴襆頭，手執韁緩行。此圖線條纖細遒勁，勾出馬的健壯體形，黑馬身配朱地花紋錦鞍，更顯出其神采；人物衣紋疏密有致，結構嚴謹，用筆沉著，神采生動，純是從寫生中得來。

人物小事典

鑒真

天寶十二年（西元七五三年），鑒真和尚隨日本遣唐使東渡日本弘法。第六次東渡成功。

鑒真和尚（西元六八八年～七六三年），揚州江陽人，俗姓淳於。一四歲出家為僧。他到過東都洛陽和長安，跟隨高僧受中宗禮聘，為中宗解經，並在洛陽、長安講道。

天寶元年，在中國已有十年的日本高僧榮睿、普照等從洛陽至揚州，訪謁鑒真，恭請鑒真東渡日本傳戒弘法。從天寶二年到天寶九載，鑒真先後五次東渡或準備東渡，都因種種原因而失敗。

鑒真一行由揚州出發到蘇州，在蘇州改乘遣唐副使大伴古麻呂船東渡。同年十二月抵達日本，受到隆重歡迎。鑒真到日後，次年四月為聖武天皇等授戒。天寶十四載，又在東大寺壇院授具足戒。同年，日建唐禪院，使鑒真居之。聖武天皇死後，日以供御大米、鹽供奉鑒真。代宗廣德元年（西元七六三年）五月，鑒真圓寂於招提寺。鑒真東渡，不僅對日本佛教，而且對日本的醫藥、建築、雕塑諸方面發生重要影響，為中日文化交流史上重要事件。

日本《東征繪傳》中描寫鑒真和尚準備登船的情景（局部）

鑒真坐像

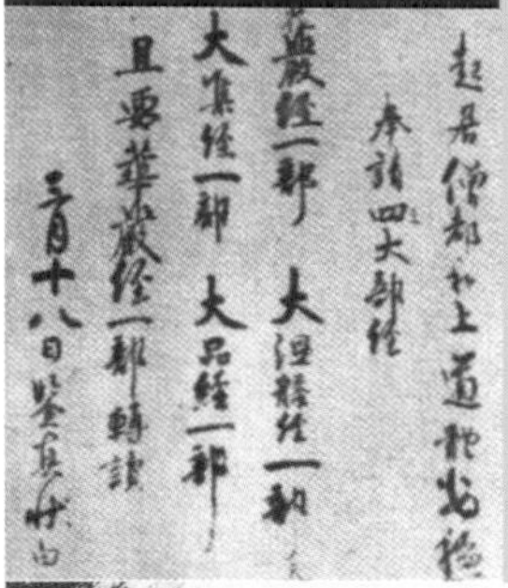

鑒真和尚手跡

唐招提寺

圖為七五九年鑒真同弟子設計建造的唐招提寺

唐李昭道《明皇幸蜀圖》軸

畫為青綠設色，崇山峻嶺間一隊騎旅自右側山間穿出，向遠山棧道行進，前方一騎者著紅衣乘三花黑馬正待過橋，應為唐明皇（玄宗），恰是：「嘉陵山川，帝乘赤驃起三騣，與諸王及嬪御十數騎，出飛仙嶺下，初見平陸，馬皆若驚，而帝馬見小橋，作徘徊不進狀。」嬪妃則著胡裝戴帷帽，展示著當時的習俗。中部侍、馭者數人解馬放駝略作歇息。山勢突兀，白雲縈繞，山石有勾勒無皴法，設色全用青綠。該畫傳本較多，此圖雖可能為宋代傳摹本，但比較接近李思訓父子畫派的風格。李昭道，字建，盛唐人，李思訓之子，亦工著色山水，與其父同享盛名；官到太子中舍，雖不至將軍，畫史亦稱小李將軍。他能「變父之勢，妙又過之」，為歷代所稱頌，《唐朝名畫錄》則稱他畫的山水、鳥獸「甚多繁巧，智慧筆力不及思訓」。他生活於唐玄宗時代，有可能畫安史之亂時明皇避難入蜀的題材，《明皇幸蜀圖》體現了二李畫派的典型風格，時代特徵明顯，是反映唐代山水畫面貌的重要傳世作品。

人物小事典

吳道子

吳道子（約西元六八六年～七六〇年前後），後改名道玄，尊稱吳生，陽翟（今河南禹縣）人，生活貧寒，早年為民間畫工，很快就熟諳畫理。曾有五年擔任低級官吏的生涯，後來浪跡東都洛陽，隨張旭、賀知章等學習書法，最終成了專門畫師，開元年間，被唐玄宗召入宮中擔任宮廷畫家。他以精湛的技藝和旺盛的創造力，繪製了大量的宗教畫、歷史畫和政治肖像畫，以善繪人物、佛道、神鬼、山水、鳥獸、草木、台殿而著稱於世，聲名被廣為傳播。

活躍於國力強盛、經濟繁榮的盛唐時期的吳道子，喜與文人名流交往，又遊歷各地，在繪畫上遠師張僧繇，近法張孝師，早年繪畫繼承了六朝行筆流麗纖細的風範。唐代文學藝術的空前發展，中外文化交流，各藝術門類的溝通，為他的藝術才能的發揮提供了契機，通過廣泛的學習，中年以後筆跡磊落逸勢，高度成熟。

大型經變是唐代佛教壁畫發展得最為完善、最有時代特點的繪畫形式，從南北朝到唐代，已經歷了長時間的發展變化，積累了許多繪畫藝術技巧和經驗，吳道子在此基礎上，潛心研習，在洛陽、長安兩地寺院繪製了三百多堵宗教壁畫，其《地獄變相》名噪一時，這些壁畫具有各種不同的情境與氣氛，塑造的形象異彩紛呈，天女、力士、菩薩維妙維肖，而且都是一些生命活力充沛的形象，創作才能和藝術技法達到了得心應手的階段。由此，他的宗教畫儀範被尊為「吳家樣」而成為極為流行的藝術樣式，他所創作的宗教畫在當時和後代不斷地被傳摹。從現存的唐代壁畫、石刻以及寺塔出土的唐宋佛教圖卷中，可以探尋吳道子繪畫的風貌。《渡海天王圖》是屬於「吳家樣」風格的作品，天王孔武有神，侍從氣勢雄壯，整個畫面具有統一的氣氛與強烈的運動感，傳說他「援筆圖壁，颯然風起」，達到「天衣飛揚，滿壁風動」的效果，技巧工致而色彩絢麗，在構思設計和形象塑造上顯示了當時最高的藝術水平。

《釋迦降生圖卷》

又名《送子天王圖》，紙本，墨筆畫，傳為唐吳道子所畫，或說是宋李公麟手筆。畫中所繪釋迦降生場面，具有鮮明的中國風格，表明佛教已融入中國文化之中。

天寶年間，吳道子奉旨遊蜀歸來，在大同殿畫出嘉陵江三百餘里的旖旎風光，受到唐玄宗的極力讚賞。他還奉詔繪製了一些歷史畫和政治肖像畫如《金橋圖》。

在藝術上，吳道子富有創新精神，他用狀如蘭葉或蓴菜條的筆法表現衣褶，圓轉而有飄舉之勢，被稱為「吳帶當風」。他創立的白描畫主要用筆和線型，洗練而疏闊，往往只一二筆，就已具象，後人將他和張僧繇合稱為疏體畫家以區別顧愷之和陸探微的「密體」他善於通過墨線的肥瘦抑揚，表現出物象的運動感和量感，而且其人物造型重視眼神描寫和誇張手法，且避免了公式化。白描所用線條組織規律，描繪出了物體的凹凸面，陰陽面，收到了飄逸、柔軟的藝術效果，較好地解決了「線」和「面」、「透視」與「角底」、陰面與陽面處理等矛盾。

吳道子被歷代畫家奉為不可超越的高峰，尊為「百代畫聖」，在中國繪畫史上地位無可企及。

他的《天王送子圖》被視為「天下第一名畫」。吳道子落筆雄勁，敷粉簡淡，線條遒勁雄放，變化豐富，改變了高古遊絲描的細筆，發展為線描的技法，表現出的物象富有運動感節奏感。吳道子對中國民間繪畫藝術起了承先啓後的作用，他的藝術標誌著外來畫風的結束，新的民族風格的確立。他所畫人物、鬼神、鳥獸、台閣各種繪畫都取得了卓著的成就。歷代油漆彩繪工匠和塑像工匠也都奉他為祖師爺。

蘇東坡說：「詩至杜子美，文至韓退之，書至顏魯公，畫至吳道子，而古今之變，天下之事畢矣。」

中國版畫形成

隨著社會和各種手工業藝術的發展，在隋唐時期產生了版畫，中國古代版畫主要以木刻版畫爲主，少數爲銅版刻，個別還有套色漏印，它的製作，由於是經過刀在板上的鐫刻，具有它獨特的刀味和木味，其線條和藝術形象都不同於一般的手描的畫稿。

中國版畫的起源，與雕版印刷術的發明和普遍應用有著極其密切的關係，中國的雕版印刷術始興於七世紀唐貞觀年間，唐太宗皇后長孫氏去世後，「官司上其所撰《女則》十篇，采古婦人善事。……帝覽而嘉歎，以後此書足垂後代，令梓行之」。這裏的「令梓行之」，就是將《女則》一書雕版印行，又有唐馮贄《雲仙散錄》引《僧國逸錄》所記：「玄奘以回鋒紙印普賢像，施于四方，每歲五馱無餘，」唐代貞觀之治，文治武功達到前所未有的興盛，促使雕版印刷從七世紀貞觀年間逐漸發展起來，刻書地點遍佈全國各地，可考的就有京城長安、東都洛陽、益州、揚州、江西等地，尤以益州最爲發達。

版畫的形成與佛教的傳播也有著不可分割的聯繫，玄奘以回鋒紙印佛像普施四方就是一個明顯的例子，唐墓出土的唐刻梵文《陀羅尼經咒圖》中的大臂菩薩像，就是至德二年（西元七五七年）的作品，唐懿宗咸通九年（西元八六八年）雕印的《金剛波羅密經》，由七張紙拼接而成，卷末印有「咸通九年四月十五日王爲二親敬造普施」的刊記。內容系佛在舍衛國祇樹給孤獨園爲長老須菩提說法場面，畫面正中釋迦牟尼端坐於蓮臺上，菩薩、弟子及金剛部眾排列兩旁，二獅子分臥佛座兩側，座前有菩提合掌頂禮，狀極虔誠，空中飛天盤旋，氣氛隆重，整幅畫布局嚴謹，刀法熟練，線條細膩，顯示出雕版印刷已達到相當的水平。

唐代中國版畫的形成，對後期宋元明清時期的繁榮打下了深厚的基礎，至十六世紀明代的萬曆年間，已達高

唐《百馬圖》（部分）

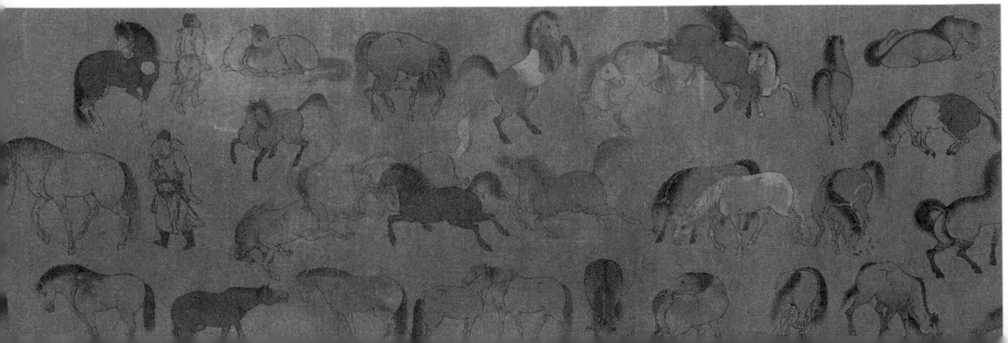

峰狀態，至明天啓、崇禎，清康熙、乾隆、嘉慶，一直興盛不衰。這期間，出現了版畫的各種流派，並創作出大量優秀作品，成爲中國古代版畫的輝煌時期。

中原西域樂器結合

隋唐時期，來自西域的重要樂器篳篥和曲項琵琶，逐漸和中原傳統樂器融合，在樂隊樂器的管、弦兩大類中分別佔有突出地位，對後世的宮廷音樂和民間音樂都有重大影響。

這些樂器可以作爲獨奏、重奏和合奏的樂器，也可用於伴奏。今日通行的管子和琵琶（直項），即分別是篳篥和曲項琵琶的後裔。但目前在福建泉州和陝北榆林等地尚可見到曲項琵琶的遺制。

隋唐五代時期，尚未見使用拉絃樂器的記載。宋代陳《樂書》中載有奚琴，置隋唐樂器之間敘述，又說它「本胡樂也」，「至今民間用焉」，似指它是前代以來的樂器，但目前尚缺乏其他史料來證實。唐代詩作等文獻中時而可見「胡琴」一詞的應用，系泛指胡人樂器曲項琵琶、五弦等，而和自宋代以後出現的拉絃樂器「胡琴」有別。

隋唐五代時期的樂隊組織多種多樣，不拘一格。隋九部樂、唐十部樂中最重要的樂部清樂、西涼樂和龜茲樂（在西域諸樂部中有代表性）所用的主要樂器具有以下特點：中原傳統樂器篪塤、琴、瑟、築、秦琵琶等，仍保留在清樂中使用，而未被西涼樂、龜茲樂採用。中原傳統樂器被西涼樂採用的，有臥箜篌、編鐘、編磬。龜茲樂中的重要樂器篳篥類、豎箜篌、五弦琵琶，被西涼樂採用，其他還有貝、銅鈸、腰鼓、齊鼓、簷鼓。清樂、西涼樂、龜茲樂共同使用的樂器，除來自西域的曲項琵琶外，中原傳統樂器有笙、簫（排簫）、笛、箏類。龜茲樂所用鼓類極多，而清樂，西涼樂所用較少，尤其是清樂，這和音樂的內容、情趣、風格有關。重要節奏性樂器拍板，均未見涉及；但在壁畫、浮雕等資料中，它顯然在樂隊中佔有重要地位。

清樂、龜茲樂和西涼樂三樂部的

羅馬金幣

唐代「大聖遺音」栗殼色漆琴

樂器構成，大體上可分別代表本時期中原傳統樂隊、西域樂隊和二者混合型樂隊。敦煌莫高窟壁畫以及出土樂俑、浮雕、線刻繪畫等，關於隋唐五代的樂隊資料甚多，大體上以接近龜茲樂和西涼樂兩種樂隊的爲多，於此也可見其廣泛影響。南唐周文矩《合樂圖》甚爲細緻眞實，接近西涼樂樂隊，而且還有方響、建鼓，加強了中原傳統清樂的色彩。

唐代加強人口管理

唐朝的疆域，到唐玄宗開元、天寶年間最爲遼闊，它「東至安東，西到安西，南至日南，北至單于府」（《新唐書・地理志》）。比起漢朝版圖，唐代疆域南北大致相同，東不及而西過之。遼闊的疆域爲經濟發展提供了良好的條件。

唐王朝特別注重戶籍管理，不斷清查戶口，並輔以嚴密的鄉里鄰保制度，以確保戶口登記和賦役徵發的準確性。唐代前期對戶口管理更爲重視也更見成效。唐政府曾在貞觀十三年（西元六三九年）正式公佈了各道州郡縣的人口統計數，後來又曾多次公佈官方統計的人口數。《舊唐書》、《元和郡縣誌》、《通典》、《資治通鑑》等史籍都或詳或略地記載了唐代各地的戶口數。但是，當時的統計並沒有完全眞實的反映出唐代實際人口數量。有人將各種零星記錄的材料作了統計整理，發現唐代自武德至天寶末年，雖然戶口在數目上逐漸增加，但直到天寶十三年（西元七五四年）才達到九〇六九一五四戶，略多於隋代大業五年的戶數。隋末戰亂，十年即平，唐代自立國到玄宗當朝時已休養生息百年，人口數應該大大超過隋代，因此當時的統計數字肯定與事實不符，原因可能有兩方面，一是民間隱匿人口不報官，二是下層官吏將統計數字作了改動後上報，這反映了當時的一些社會狀況。天寶以後，

唐白釉執壺

唐花釉壺

安史之亂爆發，國家控制的戶口數驟然下降，到乾元三年（西元七六〇年）降到一九三三一七四戶，一六九九〇三八六口，與天寶十四年相比，戶數約損失七〇〇萬，人數約損失三六〇〇萬，從此，直到五朝末年，戶口數一直沒有恢復過來，如會昌五年（西元八四五年）戶數爲四九五五一五一戶，只有盛唐的一半。

天寶元年是唐朝的鼎盛時期，經濟繁榮，生活安定，賦役較輕，隱匿人口現象不嚴重，政府統計數字較準確。經分析可以瞭解到京畿附近及河南、河北、淮南、江南諸道，人口分佈較稠密，高於全國人口平均密度；而關內、山南、隴古、黔中、嶺南等道人口密度則大大低於全國平均數。這反映了唐代各地區經濟發展的不平衡：人口密度大的地區經濟發達，人口密度小的地區則地處偏僻、經濟落後。

唐花鳥人物螺鈿銅鏡

文化小事典

醫學巨著《外台秘要》

唐天寶十一年（西元七五二年），王燾編成《外台秘要》這一重要的醫學巨著。王燾（西元六七〇年～七五五年），自幼喜好醫學，常與名醫探討醫理和醫術，從中受益非淺。他認為，雖然醫學發展到他那個時代有了許多新的內容，但醫家們對病因理論和醫方的聯繫研究卻不夠，導致理論與經驗脫節。為改變這種狀況，他在掌管弘文館（國家圖書館）的二十多年時間裏，認真研讀了許多民間罕見的文獻資料、醫藥書籍，去蕪存精，遂條鑒別摘錄，再經十餘年的補充整理，才編成此書。

《外台秘要》共四十卷，分別論述了內科病、五官病、癭瘤、瘰癘、癰疽等病，二陰病，中惡、金瘡、惡疾、大風等病，丸散等成方，婦人病，小兒病，乳石，明堂灸注以及蟲獸傷和畜疾。全書分為一一〇四門，每門以下，首先引述巢元方《諸病源候論》或其他名家對病因病理的認識，接著則列舉諸家醫方和方論。這種先論後方的方法，使醫學基本理論、病證表現和治療方藥、方法緊密聯繫起來，很便於學習和應用。

《外台秘要》中所引錄的每條資料，都注明了所出書名及卷數，如果同一方論見於多種醫書，也都逐一詳列異同，有的還注明作者自己的校勘意見，這一突出特點反映了王燾嚴謹的科學態度和整理文獻的出衆才能。王燾是中國歷史上整理醫學文獻詳注引書篇卷的第一人，不僅為後世提供了極為寶貴豐富的資料，還創立了整理文獻的科學方法。書中共引錄古代醫學文獻六九家，反映了晉唐年間許多已佚方書的基本內容，如早已散佚的陶弘景、范汪、陳延之、深師、崔氏、許仁則、張文仲等各名家的醫方，都較多地收入《外台秘要》中。此外，書中還記載保留了古人的許多發明、創見和寶貴經驗，如《肘後方》、《刪繁方》等書記載的用竹片夾裹骨折部位的骨折固定法等。王燾在文獻整理方面取得了重大成就，但他不是專業醫生，所以《外台秘要》中少有獨到的論述。

筒車發明

筒車於唐代發明和使用。杜甫詩中已提及筒車的一種。《太平廣記》卷二五〇記載了唐初人鄧玄挺入寺行香，看到廟裏僧人澆菜園的水車是「以木俑相連，汲于井中」。

這裏的筒車結構是將一串木鬥掛在立齒輪上，在輪軸兩端伸延部分處裝上供腳踏或手搖的裝置。水輪由木制，輪上縛以小竹（木）筒作兜水工具，下端設置在流水之中，利用水流衝擊輪子轉動，提水上升，就達到「鉤深致遠」，「積少之多」，衝破涯岸的阻隔，使水爲農桑服務的目的。

劉禹錫《機汲記》中所說的「機汲」更爲進步，它是利用架空索道的轆轤汲水機械，爲轆轤汲水法的重大發展。它又利用架空索道和滑輪的幫助，把上下垂直運動改變爲大跨度的斜向運動，有利於江河兩岸農田的灌溉。

唐力士立像

首條涪陵石魚建成

據宋代題記，唐廣德二年（西元七六四年）即在長江中建有石魚。涪陵石魚是古代長江中游枯水位的石刻標誌。位於四川涪陵縣北長江江心的白鶴梁上，由西向東長一千六百公尺

以上，與長江流向平行，南北寬十～十五公尺，常年淹沒在水下，只在某些年份冬春水位最低時，才露出江心。在梁的傾斜面上是魚形圖案與文字題記縱橫交錯的石刻群。已發現的魚圖中有三條是康熙二十四年刻的清代雙魚，以及根據宋代題記上溯唐廣德二年（西元七六四年）以前所刻魚圖，具有相當於現代水尺的作用，是歷代記錄不同年代不同枯水位的固定標誌。在已發現的宋元明清約一百六十餘條題記中，除記年月外，往往記有「雙魚已見，水到此魚下五尺，水去魚下七尺」等字樣，留下一批長達千年以上可供分析研究的枯水位寶貴記錄。

五頭牛均用粗放的筆墨畫出，風格古樸，造型準確，形態生動，恰如其分地表現出筋骨和皮毛的質感。紙爲麻料製作，這是唐紙的特點。

「周家樣」派畫仕女

以中唐畫家周昉爲代表的「周家樣」是具有影響的一派繪畫風格，和吳家樣一起它們代表了同屬於中原地區具有時代特色的兩種風格。周家樣派以中唐周昉爲代表人物，其後有一批描繪宮苑人物的南唐畫家。但周家樣派實際還包括了初、盛唐一批以描繪貴族仕女生活的畫家。其中知名的傑出藝術家如張萱和韓幹，他們曾給周昉以很大的影響。

張萱及其以前的表現貴族婦女生活的作品，已逐漸形成「穠麗豐肥」的風格。他的代表作《搗練圖》和《虢國夫人游春圖》反映了當時的社會現實。人物間相互關係生動而自然，疏密有致，神情從容。儀容端

唐韓滉《五牛圖》卷

唐周昉《簪花仕女圖》

麗。他既重視人物形象的塑造，又注意到富有情趣的細節，人物歡愉活躍。

周昉是繼張萱之後以表現貴族婦女著稱的畫家。

周昉生卒年不詳，出身貴族，字景玄又字仲郎，京兆（陝西省西安市）人。他的仕女畫初效張萱，後則小異，具有用筆秀潤勻細，衣裳勁簡，色彩柔麗，人物體態豐厚的特點。由於他生活在唐朝經過安史之亂後由盛而衰、社會矛盾日漸尖銳的時候，所以他筆下的婦女已不同于張萱作品中的一團歡愉之氣。人物雖然裝飾得花團錦簇，但掩飾不住內心的寂寞和空虛，仿佛沉緬在一種百無聊賴的心態中，茫然若失，動作遲緩。他的傳世仕女圖著名的作品有《紈扇仕女圖》、《簪花仕女圖》，線條秀勁細麗，鋪排穿插工整有致，竭其骨法用筆的傳神寫貌之能事，賦色柔麗多姿。結構井然，佈勢合度，或坐或立，或正或側，或聚或散，均經過悉心推敲。《紈扇仕女圖》對於瞭解「周家樣」的內在意蘊具有重要意義，畫家通過婦女豐肥禾農麗的儀態，刻畫了不同人物的性格與情思。宮廷婦女秀麗的外表透露出內在的悲寂心緒，絢麗的畫面掩飾不住透過紙背的空虛和無奈。

周昉有「畫仕女，爲古今冠絕」的美譽。他的畫風在後代仕女畫尤其是工筆重彩仕女畫作品中得以發揚。供職南唐畫院的畫家，大都仿效周昉風格，他們以描繪宮苑人物見勝。畫家周文矩的《宮中圖》畫婦女童子八一名，「體近周昉而纖麗過之」，是對周家樣筆法的吸收再創。

竇權蒙研究潮汐

由於月球和太陽引力的作用，海洋水面發生週期性升降現象，這就是潮汐。在唐代，隨著航海業的日漸發達，需要對潮汐漲落規律在觀察和計算的基礎上進行科學的總結，竇權蒙在這方面有突出的貢獻。在其《海濤志》中，關於潮汐的週期性現象，他指出共有三種：「一晦一明，再潮再汐」，「一朔一望，載盈載虛」，以及「一春一秋，再漲再縮」，可以說

唐孝賢墓天象圖
唐孝賢墓後室墓頂的天象圖畫過兩次：第一次在神龍二年，星辰皆用白色刷點；第二次在景雲二年追贈太子後，在原來的圖上分別用金、銀箔及黃色重新貼畫星辰。今金、銀星辰有些已脫落，黃白兩色大部分保存完好。

已經正確闡明了正規半日潮的一般規律。第一種是指一日之內海水兩漲兩落，即有兩次潮汐迴圈；第二種是指一個朔望月內，有兩次大潮和兩次小潮；最後一種指一回歸年之內，也有兩次大潮和兩次小潮。竇權蒙還總結了在一回歸年內陰曆二月和八月出現大潮的規律。他基於潮汐運動和月球運動同步性的原則，曾計算得出潮汐週期為一二時二五分一四點〇二秒。兩個潮汐週期比一個太陰日就多五〇分二八點四秒，即相當於〇點八四一一二〇八時。這個數字接近於現在計算的正規半日潮每日推遲五〇分或現在規定的一個太陰日和太陽日差值〇點八四一二〇二四時的值。

竇權蒙在《海濤志》中進一步闡明了潮汐的起因和月球運行的關係為「潮汐作濤，必符幹月」，即潮汐盛衰有一定規律，具體來說，就是「盈於朔望，消以月出魄，虛於上下弦，息以月兆朒，輪回輻次，周而復始」。

杜佑始撰《通典》

中唐前後，是一個對歷史進行大規模總結的時期，史書的編纂進入了非常重要的階段，杜佑所著《通典》的問世，改變了古代歷史的編撰格局，是史學發展的又一次重大轉折。

杜佑（西元七三五年～八一二年），字君卿，唐京兆萬年（今陝西西安）人，出身於地位顯赫的名門望族。不滿二十歲時，他就以「蔭補」踏上了其長達六十年的仕宦之途，前後經玄、肅、代、德、順、憲宗六朝為官，其中任淮南節度使達十四年之久。生命的最後十年，他歷任三朝宰相，地位十分顯赫。

從大曆元年（西元七六六年）起，他開始撰寫代表其學術水平的史學名著《通典》，歷經三十六年，於貞元十七年（西元八〇一年）完成這部鴻篇巨制。《通典》共二百卷，分食貨、選舉、職官、禮、樂、兵、刑、州郡、邊防九門。每門下面分若干子目、子目之下還有細目，以歷代典章制度的歷史演變、得失興革爲中心，兼記有關言論，上起黃帝，下迄唐玄宗天寶末年，個別地方延續到德宗貞元年間。其文獻主要依據是《五經》各種史籍，歷朝文人的文集、撰述、論議。全書開創了綜合性典制體通史形式，是獨立制度史編撰的開端和奠基之作。以典章制度爲中心，分門立目，以類相從，敘其始終的典制體，從此成爲與編年體、紀傳體並行的重要史書體裁，開拓了歷史研究和撰述的重大領域。

從《通典》中，可以明顯地看出，作者對社會結構有了嶄新的認識，這種認識是建構在現實歷史發展和時代精神的基礎上的。《通典》自序中，他清楚地勾勒了當時社會的經濟、政治結構和與之相適應的思想觀念及其相互關係，認爲「食貨」是基礎，「教化」是手段，「致治」是目的。各種制度如選舉、職官、禮樂、兵刑等都應建立在「食貨」的基礎之上。這種認識反映在《通典》的內容編排上。以「食貨爲首」，《食貨典》十二卷，論述經濟問題，包括土地制度，鄉村基層組織，賦稅制度，戶口盛衰，貨幣流通，交通運輸，工商業和價格關係。在這些前提下，展開其餘幾個門類，其中職官又最爲重要，禮、樂、兵、刑次之，州郡、邊防更次之，這種對經濟基礎與上層建築、意識形態之間關係的認識是先進的，在其以前史家中很少見。同時也是對近千年中國封建社會的經濟、政治制度的系統總結。

《通典》撰述的目的，按杜佑自序中所說是「實採群言，徵諸人事，將施有政」。這裏，他非常明確地表述了經世致用的創作目的，表現了經

唐代《商旅圖》壁畫

邦、致用的史學思想的成熟。首先，他以勇敢的歷史和現實批判精神，指出儒家經典中的空泛言論無濟於治世，批評歷代眾賢很少有匡救之方，因而他「不達術數之藝，不好章句之學」。其次，他重實際，講功效，把對歷史的認識轉化爲對現實的思考和初中。貞元十九年（西元八〇三年），他入朝爲相後做的第一件事就是把《通典》中的要點輯錄成《理道要訣》三十三篇，上奏德宗，以便斟酌實行，針對社會的癥結和時代的要求來「師古」，以達到經邦、致用的最高目的。以「富國安人之術爲己任」，這種史學思想顯然具有里程碑意義。最後，他反對「非今是古」的歷史觀和主張適時變通以順應歷史進步趨勢的思想，以及對門閥制度的批判態度都表現了其卓絕的歷史識見。

《通典》表現的一切，證明了作爲政治家兼史學家的杜佑，無疑是時代的優秀人物，是站在歷史潮頭思考歷史和現實問題的思想家。

上層男子服長袍

隋唐時期男子冠服特點主要是上層人物穿長袍，官員戴襆頭，百姓著短衫。直到五代，變化不大。

唐朝廷都曾參照前朝舊制，改革輿服制度，規定天子、百官的官服用顏色來區分等級，用花紋表示官階。唐代以柘黃色爲最高貴，紅紫、藍綠、黑褐等而下之。男子官服一般是頭戴烏紗襆頭，身穿圓領窄袖袍衫，衣長在膝下踝上，齊膝處設一道界線，稱爲橫襴，略存深衣舊跡；足登烏皮六合靴。從皇帝到官吏，樣式幾乎相同，差別只在於材料、顏色和皮帶頭的裝飾。無官的地主階級隱士、野老，則喜穿高領寬緣的直裰，表示承襲儒者寬袍大袖的深衣古制。普通百姓只能穿開衩到腰際的齊膝短衫和褲，不許用鮮明色彩。差役僕夫多帶尖錐帽，穿麻練鞋，做事行路還須把衣角撩起紮在腰間。

唐侍從立俑

襆頭之制出於北齊，隋唐之初逐步定型。黑色紗羅做的軟胎帽（一度用木胎），到五代時這兩條帶子平直分向兩邊，「軟腳」變成了「硬翅」，形成了宋代展翅漆紗襆頭，俗稱烏紗帽。

籌算改革

在中晚唐時期出現了一批實用的算術書籍，反映了這個時期籌算改革的成就。如《新唐書．藝文志》記載的《謝察微算經》三卷，龔本《一位元演算法》二卷，陳從運《得一算經》七卷，魯靖《新集五曹時要術》三卷，《心機算術括》一卷，《龍受（益）演算法》二卷。遺憾的是除了一部中唐時韓延編寫的算書被宋代人誤爲《夏侯陽算經》流傳下來之外，上述著作全部失傳了。

算籌是中國自古使用的，採用十進位值制和一套獨特演算法的計算方法。算籌的加減法運算簡便易行，但乘除法運算時需要分成三層進行，特別是進行多位數乘除時，演算十分複雜，不僅以掌握，速度也比較慢。隨著隋唐社會經濟的發展，尤其是手工業生產和商業貿易的發展，地方下級官吏和平民百姓對於實用數學的需要明顯增加，對數學計算提出了簡便、迅速、準確的要求，所以籌算改革便在此時產生了。

流傳至今的反映當時籌算改革的韓延算書約寫於七七〇年前後。全書分爲三卷，收入八十二個問題，內容均與當時的實際需要有關，並載有許多演算法，度量衡及田畝制度等方面的預備知識。書中有了許多乘除簡捷演算法的例子，其中一個方法就是把多位數乘除法化成累次的一位數乘除法。另一種演算法是用加代乘，用減代除，這是在乘數或除數的最高位元是一的情況下採用。這種演算法在中晚唐時期已經相當流行，稱爲「求一」或「得一」。所以，當時籌算改革的主要內容是把原來需要分三層進行的乘除運算化成一層進行，並形成

過所

唐代的過所，相當於今天的通行證明。因為官方驛傳文書有符節和排單為憑據，過所多用作私人和商旅通過關隘的憑證。圖為吐番阿斯塔那墓地出土的「過所」實物。

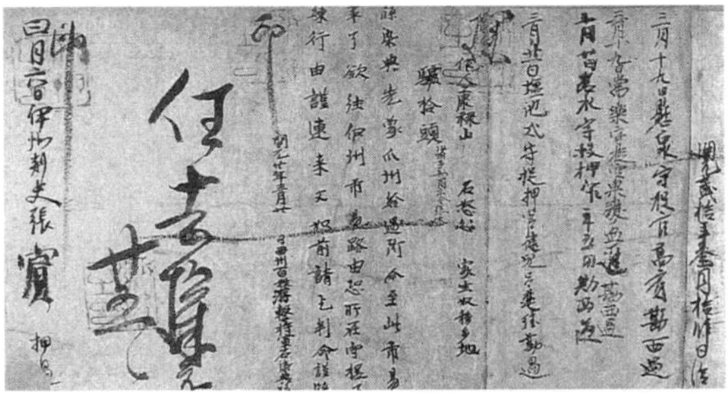

唐代犢車

二牛並列，均昂首佇立，頭上有轡勒。牛後車一輛，轅軛均失，留一廂二輪，車廂前面有門，上有蓬蓋。牛和車的造型均很簡練質樸，牛頭則刻劃得較為細緻逼真。

唐朝

了一整套簡化的方法。

隋唐時期實用數學的普及情況還可以從敦煌算書中得到反映。清光緒二十六年間在敦煌莫高窟發現了一些抄于唐宋之間的抄本數學書，有《敦煌石室算經》一種，《算表》一種，《算經一卷（並序）》一種，現收藏于法國國立圖書館。英國倫敦不列顛博物院收藏有《算經一卷》二種，其內容與巴黎所藏相同。另有《立成算經一卷》一種。這些數學書的內容有計算簡單的四則應用和面積體積，還有籌算記數制度、度量衡制度、金石比重、大數記法、「九九」表等。若已知田地的長寬步數，則可在《算表》中相應縱、橫兩行交會處查得其畝數。此外，還發現了藏文的乘法表。總之，在邊疆地區發現的這些數學書足已表明當時實用數學的普及狀況。

文化小事典

風景建築

唐代是中國封建社會發展的鼎盛階段，在經濟繁榮和城市發展互為作用、同步進步的前提下，城市觀念開始轉變，在原來單純的功能型城市建築中增加了休閒遊覽的內容，從而促使了風景建築的廣泛出現。

在京都長安城，東南隅被開發為公共風景遊覽區，其中有慈恩寺、杏園、樂遊原、曲江池等名勝，這一地帶南與唐帝的南苑——芙蓉苑相毗鄰。曲江是當時長安人春遊禊飲、重陽登高的好去處，尤其是在二月初一的「中和節」、三月初三的「上巳節」、九月初九的「重陽節」等重大節日裏，有許多人雲集于這些名勝風景區內，使其甚為熱鬧。

除京城及近郊的風景點被開發以外，各州府所在的城市，在地方官的重視下，城郊風景點也得以開發，以供遊覽之用。著名的有滕王閣、黃鶴樓、岳陽樓等，它們利於眺望開闊壯麗的山川景色。還有綿州越王樓、河中鸛雀樓、江州庾樓、儀真揚子江樓，東陽八泳樓等分散坐落於各城市的江邊或風景勝地，使得憑欄遠眺、賞景觀風、宴集賓客成為一種時尚。

唐代風景建築的廣泛出現，是經濟、文化、思想共同作用的產物。顏真卿、白居易、柳宗元等著名文人的親自參與，大大提高了建築品味，賦予了這些風景名勝以新的文化蘊涵，不僅為當時文學藝術的發展提供了題材，也為後代詩文提供了素材，極大地豐富了中國文化史的內容。

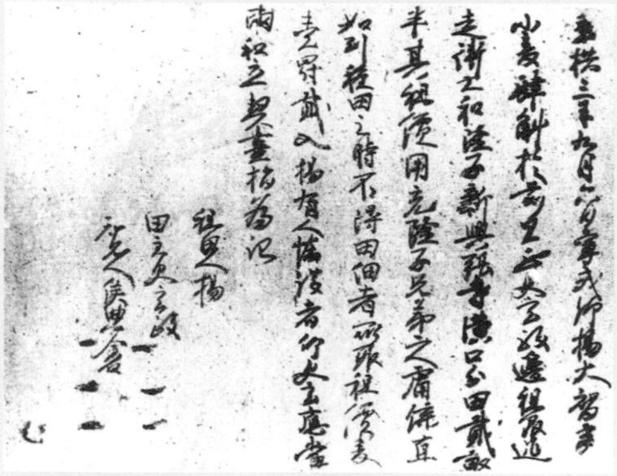

唐楊大智租田契

契約內容反映封建社會深刻的階級矛盾和地主對農民的殘酷剝削。

唐三彩鴛鴦壺

唐代花斑馬

顏眞卿書法登峰造極

唐代書法可稱中國書法藝術發展史上的頂峰，顏眞卿是其中最具成就的傑出代表。顏氏書法堪稱登峰造極。

顏真卿《裴將軍詩》

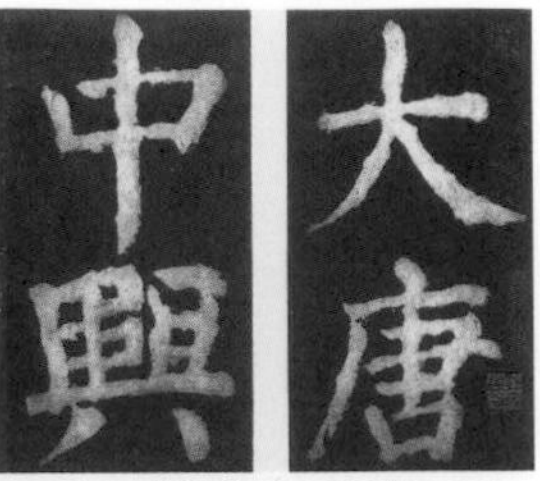

顏真卿《中興頌》

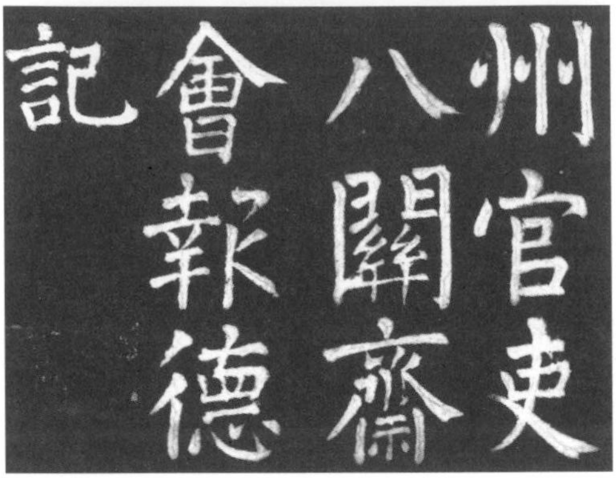

顏真卿《八關齋會報德記》

顏眞卿（西元七〇九年～七八五年）字清臣，京兆萬年（今陝西西安）人，祖籍琅琊臨沂（今山東臨沂）。開元進士。任殿中侍御史。爲人剛正不阿，被楊國忠排斥，出爲平原（今屬山東）太守。安祿山叛亂，他聯合堂兄抵抗，被推爲盟主，合兵二十萬，使祿山不敢急攻潼關。曆官至吏部尚書、太子太師，封魯郡公。人稱「顏魯公」。德宗時，李希烈叛亂，他被派前往勸諭，爲希烈縊死。顏氏自幼勤奮好學，頗具文學才華，後人輯有《顏魯公文集》。

顏真卿《多寶塔感應碑》

顏眞卿書法早年受家庭和外祖家殷氏影響。初學褚遂良，後師事張旭，深得張氏書法之精髓。他又廣學博引，從歷代名家蔡邕、王羲之、王獻之等書法作品中汲取養分，勤學苦練，融會貫通，創造了出類拔萃、雄偉剛勁、氣勢磅礴的獨特風格，自成一體，被稱爲「顏體」，終成書法大家。他的楷書端莊雄偉、氣勢開張。用筆橫輕豎重，筆力雄勁而有厚度。豎筆向中略有弧度，剛中有柔，富有彈性，力足中鋒。結構方正茂密，方中有圓；行書遒勁鬱勃、凝練渾厚、縱橫跌宕，用筆氣勢充沛、巧妙自然。使古法爲之一變，開創了新風

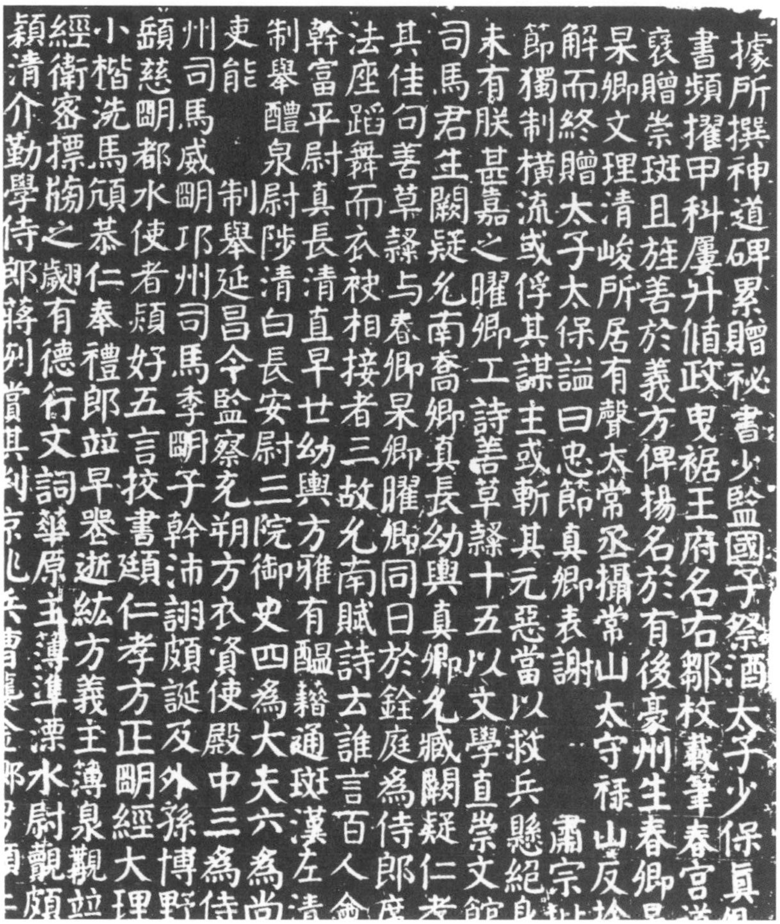

顏眞卿《顏氏家廟碑》

氣，對後世影響很大。與稍後的柳公權並稱顏柳。因顏眞卿書法筋力豐滿、氣派雍容堂正，而柳公權書法曾受顏氏影響，偏重骨力剛健，故又有「顏筋柳骨」之稱。顏眞卿書法理論，傳世的有《述張長史筆法十二意》。

顏眞卿傳世的書法作品較多，但眞僞難辨。除《祭侄季明文稿》被公認爲眞跡外，其餘《竹山堂聯句詩帖》、《自書告身帖》、《劉中使帖》、《湖州帖》等作品眞僞尚有不同意見。顏氏一生書寫碑石極多，保存至今的有：端莊整密、秀媚多姿的《多寶塔碑》、清遠渾厚的《東方朔畫贊碑》、端正遒勁的《謁金天王神祠題記》、雄偉健勁的《藏懷恪碑》、雍容朗暢的《郭家廟碑》、富有韻味的《麻姑仙壇記》、開闊雄渾的《宋王景碑》（又名《宋廣平碑》）、氣象森嚴的《八關齋報導

記》、雄沉深厚的《元結碑》、持重舒和的《幹祿字書》、遒勁有力的《李玄靜碑》等。摩崖石刻《大唐中興頌》爲顏眞卿最大的楷書，字體方正平穩，筋骨深藏不露。《顏氏家廟碑》與一九二二年出土的《顏勤禮碑》書法筋力豐厚，雄邁嚴整，爲晚年代表作品。

顏眞卿書法法帖很多。歷代彙集的叢帖多有顏氏作品。單帖有《爭坐位帖》、《奉使帖》、《送裴將軍傳》、《小字麻姑仙壇記》、《送劉太沖敘》等，內中最爲著名者爲《爭坐位帖》。此帖爲作者手稿，隨手揮毫，跌宕起伏，筆墨淋漓盡致，爲不經意之傑作。宋刻《忠義堂帖》則專門彙集顏眞卿書法法帖，共收作品四五種，僅傳浙江省博物館藏宋拓孤本。

顏眞卿書法集古今之大成，在中國書法發展史上起到了承上啓下的作用。是中國書法藝術的瑰寶，在中國書法發展上具有里程碑式的意義。

陸羽著《茶經》

陸羽，字鴻漸，又一名疾，字季疵，自稱桑苧翁，又號竟陵子、東岡子、東園先生，晚年更號廣宵翁，複州竟陵（今湖北天門）人，唐代，中國的飲茶的風尚遍及全國，茶葉成爲主要商品之一，陸羽年青時期遍歷長江中、下游和淮河流域各地，考察收集大量有關茶葉生產和其他茶事的資料，在此基礎上形成有關《茶經》的最初雛形。

《茶經》系統地總結了唐代以前中國種茶、制茶和飲茶的經驗以及他本人的體會，全書分上、中、下三卷，計十篇，七千餘字，十篇分別爲「一之源」，論述茶的起源；「二之具」記述采、制茶的用具；「三之造」是說茶葉種類和採制方法的；「四之器」介紹茶之飲、飲茶的器皿以及中國瓷窯產品的劣勢；「五之煮」，陳述煮茶方法和水質的品位；「六之飲」記載飲茶風俗和品茶、飲茶之法；「七之事」彙集歷史上有關茶的典故，傳說以及藥效；「八之出」列舉了當時中國名茶產地及所產茶葉的優劣；「九之略」，指出在特殊條件下某些器皿可以省略；「十之圖」要求將《茶經》書於絹帛張掛

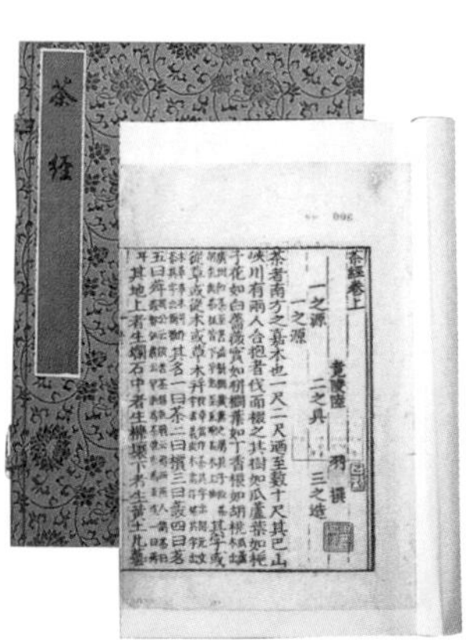
《茶經》書影

唐鎏金銀茶具一套

之。其中有關茶的生產和特性，以及採茶所用的器物等內容都應屬於農學範圍，如論述茶樹與土壤的關係時指出：「上者生爛石，中者生礫壤，下者生黃壤」，採茶的時間以春茶爲上，「凡採茶，在二、三月、四月之間」，這些都很符合客觀規律，當時茶葉的著名產地大多分佈在長江流域及其以南地區，從《茶經》我們可以看出唐代南方已有很高的茶樹種植生產水平。

《茶經》是世界上第一部關於茶的專著。《茶經》的出現，不僅對中國，在世界茶學發展史上也具有劃時代的意義。

櫃坊和飛錢出現

櫃坊是唐代在城市中所設置的純粹的金融機構，在唐德宗之前就已經出現。唐政府曾在德宗初年向櫃坊借用錢幣來供給軍隊使用，說明當時櫃坊的規模已經很大了。

櫃坊是現代銀行的雛形，它一方面大量吸收存款，一方面對外經營借貸，已基本上具備了後代錢莊的性質。櫃坊接受存款後，憑藉一定的信物替存錢者支付款項，並收取一定數量的櫃租，同今天銀行在吸收存款時須付出一定的利息有所不同。櫃坊在唐代發展迅速，商民在櫃坊中存錢數目往往多達百、千貫，甚至十萬貫以上，存戶還可以憑類似支票的「帖」或其他信物支取錢幣。另外還有一種保管寄戶出售寄存物品的寄附鋪也與櫃坊類似，如長安西市的「景先宅」等；此外一些大商店也往往因商業關係爲人物寄存錢財，作用也與櫃坊相同。

隨著唐代商業和貨幣經濟的不斷發展，飛錢也開始出現。飛錢亦稱便換、便錢，是唐代開始的中國最早的匯兌業務。唐朝實行兩稅法後，流通錢幣嚴重不足，各地禁錢出境。到唐元和元年（西元八〇六年），各地在京商人將錢交給本道駐京的進奏院及軍、使機構或在京富商，領取半聯票券，另半聯寄往各道有關機構、商號。商人回家後合券取錢，這種方法稱為「飛錢」。同年，政府下令禁止，因為當時錢荒嚴重，現錢缺少，政府認為飛錢會使商人、富戶們更多地積蓄銅錢。然而，這反而引起大量現錢被攜出京外，人們更加藏錢不出，物價更跌，於是只好在次年解除了禁令。由於飛錢可避免長途攜運錢幣的麻煩及途中可能發生的危險，飛錢逐漸普及起來。政府也開始興辦官營匯兌事業，由戶部、度支、鹽鐵三司專門辦理飛錢業務，最初每一千錢收匯費一百文，由於商人不匯，後又改為「敵量」與商人便換，即平價匯兌，這後來又一度禁止。懿宗時江淮商人在三司便換，到本州府取錢遭留，商人不敢再匯，影響到三司收入。但飛錢仍保持到唐晚期。

文化小事典

女子服裝

隋唐女裝富有時裝性，往往由爭奇的宮廷婦女服裝發展到民間，紛紛效尤，又往往受西北民族影響而別具一格。

隋唐時期最時興的女子衣著是襦裙，即短上衣加長裙，裙腰以綢帶高系，幾乎及腋下。隋統一後，上襦時興小袖，影響所及，貴族婦女內穿大袖衣，外面再披一件小袖衣，名披襖子。講究的用金縷蹙繡，聽任小袖下垂以為美，竟成一時風尚。唐代長期穿用小袖短襦和曳地長裙，但盛唐以後，貴族婦女衣著又轉向闊大拖曳，衣袖竟大過四尺，長裙拖地四至五寸，不得不用法令加以限制。

半臂，即今之「馬甲」、「坎肩」。是隋唐婦女普遍喜好的一種服裝。隋煬帝時，在內宮服用，唐高祖減去袖子，始稱「半臂」。半臂是一種合領、對襟、無袖（或短袖）的長衣。衣長至膝，胸前結帶，穿於袍衫之外。由於半臂短袖和無袖，便於勞役供奉，所以在宮女中流行。唐代普及民間，成為一種常服。與半臂服裝相配，唐代婦女還喜歡將一塊帛巾搭在肩背上，名叫「披帛」。

短襦長裙，是隋唐婦女所追求的時尚。一般是裙腰高到胸部，半袒露胸部，裙長拖地。裙色以紅、紫、黃、綠為多，紅色最為流行。唐代婦女以裙長為美，但作為宮服，對其長度等有所規定。唐代婦女做裙，以幅多為佳，一般是六幅，有多至七八幅者，這不但奢侈，而且穿上後行動不便，所以出現了改革的舉措，限制幅度和長度。

唐人善於融合西北少數民族和天竺、波斯等外來文化，這在婦女服裝上有明顯的反映。唐貞觀至開元年間十分流行胡服新裝，戴金錦渾脫帽，著翻領小袖齊膝長襖或男式圓領衫子，穿條紋間道錦小口褲，腰繫金花裝飾的鈿縷帶，足登軟底透空緊革幼靴；部分髮髻上聳如俊鶻展翅，臉上無例外地用黃色星點點額，頰邊畫二月牙，或在嘴角酒窩間加兩小點胭脂。

三彩陶女立俑

李吉甫撰《元和國計簿》

唐元和二年（西元八〇七年），宰相李吉甫等人撰成《元和國計簿》，共十卷。該書匯總當時全國方鎮、府、州、縣數與戶口、賦稅、兵員的實際情況，是唐代有關國家財賦的重要著作。書中共記全國四八方

寶帶橋
中國蘇州市東南運河西側，跨澹台湖口的聯拱石橋，建于唐元和年間。相傳唐蘇州刺史王仲舒為建橋曾捐玉帶，以助工費，又因橋似寶帶浮於水面，因而得名。

鎮，二九五州府，一四五三縣，二四四二五四〇戶，租稅總收入有三五一五一二二八貫、石；鳳翔、振武、涇原、銀夏、靈鹽、河東等軍鎮都在邊陲，不納賦稅，易定、魏博、鎮冀、范陽、滄景、淮西、淄青等藩鎮都為世襲，割據一方，根本不申報戶口、不納賦稅，每年賦稅只依賴浙江東、西，宣歙、淮南、江西、鄂岳、福建、湖南等八道四九州，共有一四四〇〇〇〇戶人口，比天寶年間（七四二～七五六）稅戶減少四分之三；全國兵卒八三〇〇〇〇多人，比天寶年間增加了三分之一，大約兩戶養一兵。因水旱所減稅額及因戰事所徵稅額，不在此數。

人物小事典

李賀

李賀（西元七九〇年～八一六年）是中唐著名文學家，是韓愈詩派中最有創造性的年輕詩人。李賀字長吉，福昌（今河南宜陽）人。他出身於沒落貴族家庭，少有詩名。因犯文諱（其父李晉，「晉」與「進」同音）而被迫放棄進士試，後來只做過地位低微的奉禮郎。家境的貧困、卑微的官職、險惡的世態和孱弱的身體，加上作詩的嘔心瀝血，使他心力交瘁，年僅二十七歲即因病逝世。但他把詩歌創作當作一生的事業，終於在詩歌中獲得了永生。

李賀詩歌的重要主題是抒發執著的人生追求和懷才不遇的悲憤。從「男兒何不帶吳鉤，收取關山五十州」（《南國十三首》）到「我有迷魂招不得，雄雞一唱天下白。少年心事當拿雲，誰念幽寒坐嗚呃」（《致酒行》），表現了建功立業、大展鴻圖之志的破滅，使他成為一個只能「尋章摘句」的書生。這種無情現實給他帶來的極大的精神痛苦。

為擺脫現實壓迫，李賀執著追求幻想的自由，在幻想天地裏任情馳騁，享受人世間不可希冀的幸福。他寧可希望神仙世界存在，並把它想像得無限美好。在《天上謠》中他構想出一幅充滿花香鳥語、男女之愛的理想圖畫，充滿人情味而又富於神奇色彩，表達他渴望超脫卻又不能忘懷人生的矛盾心態。

由於年齡和經歷所限，李賀的政治時事詩不多，但內容廣泛。如《公無出門》描繪了仁人志士不容于世的現實畫圖；《猛虎行》影射藩鎮割據；《呂將軍歌》諷刺宦官監軍；《老夫采玉歌》運用出奇的比擬手法描寫採玉工人饑寒死去的悲慘情景，表達了作者對他們的深切同情。

李賀是以屈原、李白為代表的古典浪漫主義詩歌的繼承者，他「筆補造化天無功」（《高軒過》）的創造精神和瑰奇幽峭的藝術風格對唐詩發展作出了獨特貢獻。但一些詩歌內容狹隘，情調感傷，表達晦澀。他創作中積極和消極的方面對晚唐李商隱、溫庭筠等都有很大影響，後代劉克莊、謝翱、楊維楨、徐渭也學他「昌谷體」寫詩。

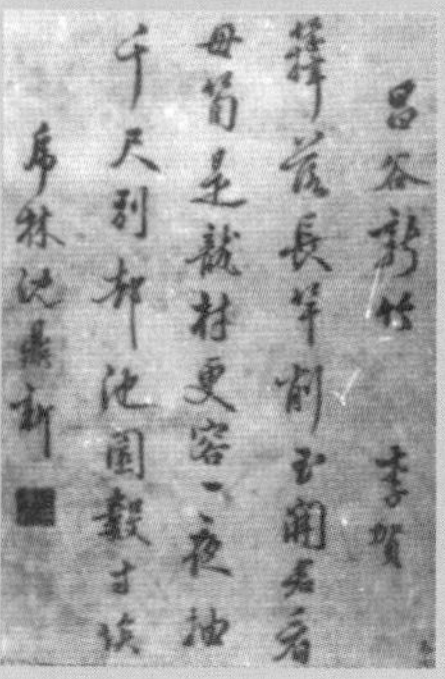

李賀《昌谷新竹》詩

唐代角抵興盛

隋唐時「角抵」一詞，主要指摔跤而言，又稱「相撲」或「角力」。這一項目深受歡迎，常在「群戲」之後演出，列爲「壓軸戲」。

角抵是唐代宮廷娛樂的主要項目之一，如穆宗李恒常到神策軍觀角抵，當時的左右兩軍中均有專門從事角抵的力士，有「相撲朋」，就是摔跤隊。蒙萬贏作爲角抵力士，「累累供奉」于懿宗、僖宗、昭宗三朝，從事這一專業達數十年之久，因在競賽中屢次獲勝，「萬贏呼號自此起」。唐亡後，萬贏離開長安，仍積極傳授角抵技藝，「五陵年少，幽燕任俠，相從詣教者數百」。是唐末、五代初的職業摔跤家。唐民間角抵非常盛行。《吳興雜錄》雲縣中有「角抵力人」，如「雲陽縣角抵力人張菹」在甘肅敦煌莫高窟藏經洞裏，藏有唐代幡畫相撲圖，畫中人物赤身裸背，光腿跣足，雙方互相扭抱，形象十分生動。

佛骨

這一時期，出現了很多角抵名手。《續高僧傳》記載，隋文帝時，有西番人善相撲，無人能勝過他。隋文帝深感不滿地說：「大隋國無有健者？」後詔來法通和尚與西番人角力，西番人大敗。

唐末至五代，角抵除講究膂力外，競以輕捷相高，這對後世角抵與拳術的發展都有一定影響。此時角抵不僅有師承而且有家傳，很多地區還形成了傳統風俗，如「河南有莊宗之遺俗，故人多習焉」。

唐大紅羅地蹙繡拜墊

建築裝飾日益豐富

中國古代建築裝飾藝術以彩畫和雕刻為主，華麗的建築彩畫起源於對木構件防腐的要求。隋唐時期，建築上使用油漆彩畫的部位不斷擴大，內簷多用於尺花、藻井，外簷多用於斗拱、木欄杆等處，柱、梁枋皆以刷色為主，隨著礦物顏料品種的不斷增多，豐富了建築彩畫的色彩和圖案，技藝也更成熟，並出現了「退暈」、「疊暈」等作法。對於以對暈、退暈為基本構圖原則的宋代彩畫具有一定的啓蒙作用。從敦煌石窟的大量彩畫、壁畫中看出當時運用彩畫的盛況和精湛的造詣，唐代彩畫圖案豐富，裝飾紋樣生動活潑，多用團花和錦紋，西域傳來的寶捆花、石榴花、蓮花紋樣非常普遍，佛寺中的火焰紋、寶珠等也成為彩畫的題材，這一時期的彩畫著色大膽，色彩豔麗，花團錦簇，明朗悅目，充滿了生機盎然的情趣。唐代在建築與雕刻、繪畫等結合方面也有突出發展，在繼承南北朝成就的基礎上，進一步融化提高、創造出統一和諧的風格，取得輝煌燦爛的成就，佛寺的門、殿和回廊壁面都繪製各種經變題材的壁畫，陵基的墓室、基道壁面上也繪製反映地上宮廷生活場景的壁畫。著名畫家吳道子和雕塑家楊惠之都曾參予建築壁畫和建築雕塑的創作實踐。

這一時期的雕刻技藝已達到非常高的水平，宋《營造法式》中所列舉的四種石雕制度——剔地起突、壓地隱起、減地平級、素平都已出現，並得到廣泛應用，建築中的柱礎、台基、欄杆都成為用雕刻美化建築的重點部位。

各種雕飾的運用，極大地豐富了建築的藝術感染力，成功運用雕刻裝飾的例證很多，山西省平順縣海會院明惠大師塔就是一座典型範例，該塔建于唐乾符四年（西元八七七年），是一座精美的單層方形石塔，在基座上置須彌座承托塔身，塔身仿木構建築雕刻門窗及力神，室內有平暗天

唐修定寺塔門額浮雕天女

花，上覆石雕屋頂、塔刹，全塔雕刻精緻，比例適度，反映出唐代建築與雕刻相結合的高度水平。

「錢荒」出現

錢荒是錢幣數量不夠滿足流通需要而引起的貨幣危機。唐建中元年（西元七八〇年）實行兩稅法後，賦稅以錢計算，貨幣稅收在國家財政中地位進一步加強，從而使國家財政收入的結構發生了重大的變化。這種以錢定稅的政策使貨幣流通的範圍不斷擴大，民間對貨幣的使用和國家的收入開支對貨幣的需要量都大為增加，這不僅在很大程度上推進了中原及長江中下游等經濟發達地區貨幣經濟的發展，也推進了淄青、太原、魏博、嶺南等貨幣經濟不夠發達的地區開始越來越多地使用銅錢。貨幣流通範圍的不斷擴大和商業經濟的迅速發展使錢幣的需要量大增，而貨幣數量不僅沒有相應增加，反而隨著兩稅法後大量貨幣的回收而日益緊縮，使錢貴物賤，人民的實際賦稅負擔成倍地增加。

在這種錢重物輕的情況下，越來越多的人開始蓄積銅錢，一些權貴在京師的儲錢竟達五十萬貫以上，使流通領域的銅錢更加稀少，銅錢的流通速度大為減緩。政府又因銅貴而不願鑄錢，銷錢為器的現象卻不斷增加，致使貨幣在流通中越來越缺乏，終於出現了「錢荒」的現象。物價不斷下跌，到唐憲宗時期，物價水平甚至下跌到原先的五分之一到四分之一，「錢荒」非常嚴重。

為了補救「錢荒」的危機，唐政府採取了獎勵採銅，增加鑄錢；嚴禁銷錢，禁銅為器；禁止蓄錢，禁錢出境；政府出錢收購布帛，平抑物價；鼓勵人們使用絹帛交易等各種措施，但成效甚微，錢貴物賤、銅錢缺乏的現象持續不斷，使百姓深受其害。直到後來唐武宗會昌年間從天下佛寺取銅像大量鑄造錢幣後，這種持續了六

中亞和西亞貨幣

波斯銀幣

十年的「錢荒」現象才有所緩和。

唐代的妓女

唐代妓女主要有宮妓、官妓、家妓三類。

宮妓是以樂舞及繩、竿等雜技供奉朝廷的女藝人。宮妓多為色藝俱佳的樂戶、倡優子女，也有少數平民女子，歸內教坊管理。玄宗時，宮妓最盛，每年勤政樓大會，僅歌舞妓一登場就多達數百人。玄宗還在兩京宮外設置左、右兩個外教坊，訓練大批藝妓，稱「外教坊妓」。宮妓、教坊妓，名義上獻藝不獻身，但得其實。如玄宗弟岐王在冬季，將手揣入宮妓懷中取暖。宮妓具有後世娼妓的性質。

「唐人尚文好狎」，官貴以狎妓相尚，政府對此也無禁令。當時兩京、各大州府及某些縣皆設有官妓。長安官妓靠自謀生路，受官府管轄較松。妓館多由鴇母帶數名養女組成，也有人在家中接客。她們一般以陪宴、賣淫為主，獻藝為輔。長安官妓聚居平康裏，妓業興隆，「京都俠少，萃集于此」，時人謂此坊「風流藪澤」。東都、揚州等大都市的情景與長安相仿，如揚州每到夜晚「倡樓之上，常有絳紗燈萬數，輝耀空中」。地方官妓屬「樂營」管理，集中居住樂營，由官府供給衣糧，主要任務是承應官差、獻藝、陪酒、侍夜。

家妓為官貴富戶等私家蓄養的歌舞妓女。王公貴族家妓常有數百人之多。家妓除供主人玩賞娛樂外，還要招待賓客，甚至陪宿。

唐三彩假山

唐代妓女雖生活有所保障，有的還較優裕，但並無獨立人格，只能任人宰割。如平康里小吏李全受人賄賂便將患病的妓女仙哥抬走陪客。家妓地位介於妾婢之間，命運也很不濟。如嚴挺之的寵妓玄英為其子碎首殘殺後，嚴挺之竟對兒子勇氣大加讚賞。唐妓女年老色衰後，常遁入空門，與青燈古佛為伴。江淮名妓徐月英《敘懷》詩所吟「雖然日逐笙歌樂，長羨荊釵與布裙」，為妓女愁苦心情的真實寫照。

千尋塔修建

崇聖寺千尋塔約建于唐開成元年（西元八三六年），位於今雲南省大理縣城西北蒼山之麓，洱海之濱。該塔原來在崇聖寺的前面，現寺已不存。塔平面為方形。塔身最下面為石砌臺基，高一點一米；上層台基為磚砌須彌座，高一點九米；台基上塔身每面寬九點八五米。在第一層高大的塔身以上，有密簷一六層，這在中國古塔中極為罕見，塔高六九點一三米。塔簷建築方法為：先從壁面出疊澀一層，上施菱角牙子一層，再出疊澀十二至十五層。塔簷之上疊砌出低矮平坐。整個塔的輪廓呈現出優美的弧形，堪稱佳作。塔身內為空筒式，置有似「井」字形交叉的木骨架，可以攀登塔頂。其結構形制極似于西安薦福寺塔，為唐代密簷式方塔的典型代表。千尋塔之西有兩座小塔南北相對，均為八角形多層密簷式磚塔。塔高十層，達四二點一九米，建造時代略晚於千尋塔，當為五代時建築。崇聖寺三塔鼎足而立，千尋塔高聳其間，塔身素白，秀麗挺拔，格外引人注目。一九七七年維修千尋塔時，在塔頂　基內發現了佛像、寫經、兵器、法器、樂器、小塔、金銀器皿等大批文物；此外，還發現了西元一○○○年、一一四二年、一一五四年的銀牌，說明大理國時期曾大規模修繕此塔。千尋塔出土的文物和建築特徵與唐代中原地區的文物及建築形制極為相近，說明當時中國各民族之間的文化交流已非常密切。

千尋塔是現存的唐代最高磚塔之一，反映了中國古代勞動人民的智慧和建築才能，在中國古代寺塔建築史

千尋塔

文化小事典

骨傷學

《理傷續斷方》是唐代藺道人所著的骨傷科專著。

藺道人（約西元七九〇年～八五〇年），長安出家人。會昌五年（西元八四五年），唐武宗詔令佛道僧尼二六萬餘人還俗從事農業生產後，他隱居在江西宜春鍾村，將所寫的《理傷續斷方》傳給蹔叟後又隱居他處，被人傳為仙者，所以《理傷續斷方》也有《仙授理傷續斷秘方》之稱。該書是中國現存最早的骨傷科專著，對前人的成就和他本人的經驗作了較全面的總結，強調骨折的整復、固定、活動、及內外用藥的治療原則，記載了骨折脫位的多種整複方法、全身麻醉藥方和內服外用的治療方劑，是中國骨傷科學的奠基之作，對後世骨傷科學的發展產生了巨大影響，至今仍有一定的指導和借鑒作用。

《理傷續斷方》由〈醫治整理補接次第口訣〉、〈方論〉、〈又治傷損方論〉三部分構成。第一部分有條文四十三段，全書載方名四十六首，實有方劑四十五首，共用藥物一百六十多種。

《少林真傳傷科秘方》書影

上佔有重要地位。

唐興厚葬

唐代，王公貴族、大小官吏及一般平民死後都實行墓葬並風行厚葬。

唐代喪祭，多依循古禮，有發喪、出孝等程式。唐墳墓規格依身分不同，差別懸殊。如規定一品「陪陵」大臣「墳高四丈以下，三丈以上」；一品官墳高一丈八尺；庶人墓高四尺等。皇陵規模多宏偉巨大。

唐代厚葬之風十分嚴重。「王公百官，競爲厚葬……破產傾資，下兼土俗」。葬時，偶人像馬，雕飾如生。歸葬途中，設有路祭，道旁設帳，內置假花、果、粉人、食品等物。唐玄宗曾嚴禁厚葬，下令喪事「務從簡約，凡送終之具，並不得以金爲飾，如有違者，先決杖一百」，但並未收效。

安史之亂後，奢風愈熾，有的半里一祭，綿延二十餘里。帳幕大者竟高達八十至九十尺，用床三百到四百張。祭品精美豐盛，有的還雕木爲鴻門宴等古戲，至使送葬者「收哭觀戲」。唐已流行爲死者燒紙錢，紙錢堆積如山，盛加雕飾。寒食掃墓也浸以成俗，並編入禮典。服喪仍以三年爲限，若非遇到戰事等特殊情況，不可從權。

唐代的帝陵和「號墓爲陵」的陪葬墓，在地面上有陵園建築，它的墳丘作覆鬥形；一般陪葬墓和大型墓的墳丘則多作圓錐形。絕大多數墓葬是洞室墓，裏面有墓室與墓道，部分墓在墓室和墓道之間有甬道。大型墓往往還開鑿有天井和壁龕。墓室一般有兩種，即土洞與磚室。土洞墓的墓主一般爲平民或

唐長樂公主墓壁畫

唐銀鎏金「論語玉燭」龜形器

下級官吏，磚室墓則屬高級官吏和皇室成員。較大型的墓都繪有壁畫。唐代墓葬的隨葬品豐富，可見當時各種手工業和工藝美術是相當發達的。

墓室中，土洞墓的形制先後有明顯的變化。初唐時的墓葬，墓室平面多作方形或長方形，墓室爲東西寬、南北窄的橫室；而盛唐與中晚唐時的墓葬，長方形墓室逐漸增多，橫室墓則已消失。磚室墓的形制從初唐到晚唐變化不大。墓室平面作方形或近似方形，四周多爲中部略向外凸或稍向外張而呈弧形。

唐代墓葬中的壁畫，反映了唐代達官顯貴們的豪華生活以及當時的社會風尚等等，體現了唐代的繪畫水平。

唐代法門寺地宮

一九八五年秋，法門寺明代磚塔倒塌，曾發現宋元等朝珍本經卷。一九八七年四月，在清理殘塔塔基時，發現了距地表約一米多的唐代塔下地宮。唐代多次迎送的四枚佛指舍利和皇室爲供奉舍利而敬獻的大量金銀器、瓷器、琉璃器、珠玉珍寶、漆木器、石刻、雜器、貨幣和大批互相疊壓的絲織品都原封不動置於原處。從發掘情況來看，法門寺唐代地宮是迄今所見最大的塔下地宮。

唐壺門座玉棺

地宮中出土的第一枚佛指舍利，藏於唐懿宗供奉、由兩尊石刻天王守護的八重寶函之中。第二枚佛指舍利

唐銀芙蕖

唐赤金龍

放置於中室內漢白玉雙簷靈帳中，其形狀與第一枚相似。第三枚佛指舍利珍藏於加織物所包裹的地宮室內小龜中的鐵函。第四枚舍利安置在地宮前室的彩繪四鋪菩薩舍利塔中，其色澤大小、形狀與第一枚相似。

上述四枚舍利是唐代皇室當年所迎送的佛指舍利。法門寺地宮中珍藏的佛指舍利是以重重密套的金、銀、水晶、玉石、珠寶和檀香木等貴重材料製成的寶函盛置，反映了唐朝皇室對佛祖的極度尊崇和對舍利的極度珍視。這些雍榮華貴、工藝精湛的葬具，也反映出唐代輝煌的物質文明。

柳公權創柳體字

晚唐時期，書法大家柳公權創立新體，世人名之柳體，柳體在書法史上的地位與顏體相當。世稱二人為「顏柳」。

柳公權的字始學二王，幾年之後遍習隋唐以來各家的筆法，作品既具有魏晉人的風貌，又吸取了隋唐各大家特點。他擅長眞行草，特別是對楷書的研究，功力深厚。他早年的楷書已經取得卓著成就。後來，他進一步揣摩、研究顏體的筆法，融會成體勢勁媚、法度謹嚴、方圓兼施、富有變化而自成一體的柳體，從而在書法史上奠定了自己的地位。

後人對柳字評價甚高。「書本出於顏，而能自出新意」，「頓挫鮮明，較顏字瘦硬，比歐字雄奇」，岑宗旦評柳書時說：「柳公權得其勁，故如轅門列兵，森然環衛」，人稱「顏筋柳骨」。柳體字注重骨力，在轉折、頓接處顯出鋒棱，結構緊密，在雄渾厚實中見鋒利，在嚴謹中見開擴，剛勁挺拔。

「字如其人」。史冊載，柳公權爲官清廉，秉性剛直，不爲惡勢力所屈，有極好的品德和極高的聲譽，能創立柳字，非屬偶然。晚唐書法經歷盛中唐以後，盛極而衰，柳公權如一匹精悍之馬，駛入書林，爲後人留下許多碑帖。

傳世的《金剛經》刻石，是柳氏中年所書，原刻置西明寺。《舊唐書》本傳說：「上都西明寺金剛經碑，有鍾、王、歐、虞、褚、陸之體，尤爲得意。」唐拓孤本發現于敦煌藏經洞，現珍藏於法國巴黎圖書館。《李晟碑》書於五十二歲，《書概》謂出自歐氏《化度寺》，現藏西安碑林。《玄秘塔碑》出自顏氏《郭家廟碑》，裴休撰文，爲六十四歲時書，代表了柳字的典型風格，是後人學習楷書的入門範本。《神策軍碑》和新發現的《回元觀鐘樓銘》均爲柳書的傑出作品，柳公權的行書墨蹟以《蒙詔帖》爲代表，書從顏氏《劉中使帖》，《祭侄文稿》而出，寧赫名跡，氣勢奪人，清帝乾隆題稱「險中生態，力度右軍」，顯示出書者深厚的功力和柳書的本色，爲歷代學家、書家所重。

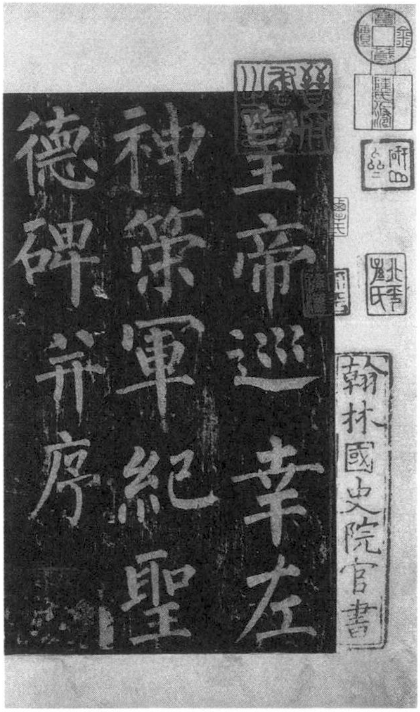

柳公權《神策軍碑》

柳公權《玄秘塔碑》

柳公權的書法在當時已非常貴重，王公貴族在刻碑時如果求不到柳氏手書便會被認爲不孝。外邦使者也紛紛重金求購他的墨蹟。後代書法家更是重視柳體字，將之與顏體字相提並論，成爲楷書的範本。

《四時纂要》總結 唐代農業技術

自《齊民要術》之後到隋末，大約有一個世紀時間，沒有出現一本新農書。到了唐代後，農書的創作呈現出一派興旺景象，整個唐代具有近四十種左右的農書出現，這其中有些專業性農書。農書的增多，反映出農業生產的興盛和普遍受到重視，專業性農書的出現，說明某些專業技術在這時期有了較大的進展。

《四時纂要》是唐末韓鄂撰寫的，有關韓鄂，生卒年和身世不詳，但可肯定，韓鄂家至少是中小田莊主，否則，他不可能「（遍）閱農書，搜雜識」、「撮諸家之術數」（《四時纂要序》）而編寫出《四時纂要》。

《四時纂要》分四季十二個月，列舉農家應做事項，是一部月令式的重要農書。書中資料大量採自《齊民要術》，少數則來自《勝之書》、《四民月令》、《山居要術》等，其中當然也有韓鄂自己的經驗和體會。全書四萬二千餘字，共分爲五卷，內容除去占候、祈禳、禁忌等外，可分爲農業生產、農副產品加工和製造、醫藥衛生、器物修造和保藏、商業經營、教育文化六大類，重點爲前三類，即農業生產是本書的主體，包括農、林、牧、副、漁，而又表現出以糧食、蔬菜生產爲主的多種經營傳統特色。書中所記述的農業生產技術，較前代有明顯進步的有果樹嫁接、合接大葫蘆、苜蓿和麥的混種，茶苗和麻、黍禾祭的套種以及種生蔥、種蔥和獸醫方劑等。另外還有種茶樹、種薯蕷、種菌子和養蜂等，則是最早的記載。農副產品的加工製造，記述豐富多樣，特別是在釀造方面有不少創新，如最早介紹利用麥麩製造「麩豉」，打破以前制醬先制麥麴、然後下麴拌豆的分次作法，而把麥豆合併一起製成幹醬醅，合兩道程式爲一道，又將鹹豆豉的液汁加以煎熬，作滅菌處理後，貯藏以作調味品，實爲現在的醬油。此外，藥酒、果子酒、沖水調吃「幹酒」的釀制，品種多而具有特色，對植物澱粉的提制，從穀物擴展到藕、蓮、芡、荸薺、葛、百合、茯苓、澤瀉、蒺藜等。

《四時纂要》的最大特點，也是

風塵三俠圖

最大缺點，即占候、擇吉、禳鎮等迷信內容占全書將近一半的篇幅，這與唐代佛教密宗、巫術和道教的流行有關。另外，本書文字摘錄過簡，有時含混不清，間有失原意之處，但去蕪存精，仍不失爲一部有相當實用價值的農書。北宋天禧四年（西元一〇二〇年），它和《齊民要術》同時被推薦給朝廷刊印，頒發給各地勸農官，對指導當時的農業生產起了很大的作用。

《虯髯客傳》歌頌風塵三俠

《虯髯客傳》是唐代著名傳奇，其作者有杜光庭、張說兩種說法，故創作時代也有晚唐、盛唐不同的說法。

小說寫隋末越國公楊素家的歌女紅拂，別具慧眼，傾慕於當時還是書生的李靖，兩人東奔途中，在旅舍中結識豪俠張虯髯。虯髯本有爭奪隋朝天下的野心，後在太原見到李世民，見其神氣不凡，有眞命天子之相，難以與他爭衡，於是傾其家財贈給李靖夫婦，要他們輔助李世民成就霸業，自己則入扶餘國自立爲王。而李世民功成後，李靖也成爲唐代的開國名將。

小說故事情節與紅拂、虯髯兩人

均爲虛構，宗旨在宣揚李世民眞命天子的思想。人物描寫很成功，紅拂勇敢機智，虬髯豪爽慷慨，李靖風流倜儻，文筆細膩生動，藝術成就在唐傳奇中屬於上乘。小說中的三個主要人物：紅拂、虬髯、李靖，後人稱爲「風塵三俠」，流傳極廣。後世多以此題材改編成戲曲，有《紅拂記》、《虬髯翁》等。

《虬髯客傳》比較全面地採用了史傳文學的手法，將人物完整的一段生活進行細緻描寫，體制簡短而有長

人物小事典

主張無神論的皮日休

皮日休（約西元八三四年～約八八三年），字逸少，後改為襲美，湖北襄陽（今湖北襄樊市）人。出身寒門，早年隱居鹿門山讀書，故又稱鹿門子。唐懿宗咸通八年（西元八六七年）中進士，曾任太常博士。他是唐末一位著名的文學家，有《皮子文藪》十卷傳世，並有少量作品見於《全唐文》。他還是一位傑出的思想家，特別是他的無神論與政治思想頗為進步，可以說超拔於其時代。

東漢的王充持一元論，認為「氣」是天地萬物的本原。皮日休繼承了這一哲學觀點。他說氣是世界的根源，由它生髮出萬事萬物，最初的氣，有清有濁。濁氣結而成山，清氣聚而為嶽。這種唯物主義的世界觀就使皮日休勇於批駁當時的神學迷信，表現出無神論。他在《惑雷刑》中講敘了一個叫逢氏的人的事。逢氏為人奸滑，借用他人的牛晝夜驅使不息，後來被雷擊死。於是有人認為這是「天」對逢氏的懲罰。皮日休則以燕趙一帶的無賴少年，常偷殺、買賣別人的牛卻未遭雷擊的事實予以反駁，認為「天」並不主賞罰，逢氏之死與「天」無關係。

皮日休還否定了相命術數的迷信，揭露它為一些貪財妄誕之人藉以獲取金錢的騙術。他運用邏輯意義的矛盾律來進行有力且具諷刺性的批駁。比如他說，人是天地萬物的精靈，最為尊貴，可相術中說尊貴顯赫的人象龍、似鳳、或似牛似馬，以象某類禽獸而感到富貴，顯然是荒謬的。

皮日休的政治思想表現得最為進步。他否定君權神授的封建專制論，以民為本為貴，以利民、厚生為出發點去審視「聖人」或「君王」的好壞。他在《原寶》一文中，嚴厲批判封建統治者們重金玉之寶、輕粟帛之道的行為與思想，指出沒有粟帛就沒有諸侯與人民，這說明他把人民的生活置於重要地位，具有可貴的「民本」思想。在《鹿門隱書》中，皮日休把官吏斥為盜賊；在《原謗》一文中，充分肯定了處於壓迫與剝削中的苦人民揭竿而起推翻封建最高統治者行為的必要性與合理性。這種叛逆思想，為以往所罕見。皮日休後來加入了農民起義軍的行列，在現實的政治鬥爭中具體地實踐了他的「知」。

現存皮日休詩文，都作於他參加黃巢起義軍以後。他對當時封建統治下的黑暗政治，早就有所不滿，所以他肯定人民可以反抗暴君（如《鹿門隱書》、《原謗》等）。他所論詩，也特別重視美刺，反對浮豔。

他尤其以《三羞詩》為代表。詩為三首，其二寫人民所受徵兵之苦，其三寫人民遭旱蝗而流離饑餓之苦，《正樂府》的《卒妻怨》寫人民種種不同遭遇之苦，具體而生動地反映了當時社會的階級矛盾和他同情人民、抨擊暴政的態度。

唐代調鳥俑

篇小說的規模。

唐人興盛選詩

唐代是中國詩歌全盛時期。一批又一批才華橫溢的詩人，數量繁多、藝術風格各異的詩歌，以及從帝王到市井小民的爭相傳頌，形成了唐代詩歌高度繁榮的景象。而唐人興盛選詩，即是唐詩高度繁榮的產物。

唐代很重視詩歌的編集。唐代宗曾經關心王維詩集的編纂工作，白居易、劉禹錫等人親自編集自己的詩歌，唐人編纂的唐詩選集今存一〇種。歷代編選、箋注、評論唐代詩歌的工作從未間斷，形成了規模浩大的「唐詩學」。

唐人編選的唐詩選本有十種：一、佚名的《唐寫本唐人選唐詩》；二、元結的《篋中集》；三、殷王番的《河岳英靈集》；四、芮挺章的《國秀集》；五、令孤楚的《御覽詩》；六、高仲武的《中興間氣集》；七、姚合的《極玄集》；八、韋莊的《又玄集》；九、韋的《才調集》；十、佚名的《搜玉小集》。它們的編選，大都有一定的目的。如《篋中集》選錄七位詩人二十四首詩，內容多為抒寫作者「無祿位」「久貧賤」的悲苦和憤懣，亦有反映民生疾苦之作；風格質樸，不事雕飾，且多五言古詩，對當時流行的「拘限聲病，喜尚形似，且以流易為辭」（《篋中集序》）的詩風有針砭作用。《河岳英靈集》選錄二十四人二三四首詩（現存二二八首），選者具有較高的理論水平和藝術鑒賞能力，選錄標準兼顧「聲律」、「風骨」，且非常嚴格，故較正確地反映了盛唐詩歌的基本面貌，是上述十種選本中最受重視的一本。《國秀集》選錄九十人二二〇首詩（今實存八五人二一八首），編選者慨歎「風雅之後」、「禮樂大壞」，以「雅正」為旗號，所選之詩多為奉和應制、詩宴之作；藝術上不滿於「以聲折為宏壯，勢奔為清逸」，強調「風流婉麗」的形式美和「可被管弦」的音樂性（《國秀集序》）。《才調集》選錄詩一千首，以「韻高而桂魄爭光，

唐獅紋銀盤

詞麗而春色鬥美」（《才調集敘》）為選取標準，是今存唐人選唐詩中最多最廣的一種。

唐人選詩，大都出於對當時某種詩風的不滿，力圖通過選本提倡某種風格，影響詩壇，也有的是為了總結和反映某一時期詩歌面貌和成就的，因而在選集中，往往有序說明各自的詩歌藝術見解，其中《河岳英靈集》、《中興間氣集》對入選詩人作了簡要評論。唐人選編唐詩，為後人留下了一批具有詩史資料價值的優秀詩歌和唐人對本時代詩歌創作的評價。

女俠小說出現

女俠小說產生於晚唐，傳奇小說中出現了兩篇描寫女劍客的故事——《聶隱娘》與《紅線》。

《聶隱娘》是裴鉶所撰《傳奇》中的一篇。主角魏博大將聶鋒的女兒聶隱娘，十歲時被一尼姑用法術「偷去」，教其劍術，能白日刺人而旁人不見。身懷絕技的聶隱娘在父親死後投奔陳許節度使劉昌裔。魏博主帥派人暗殺劉，隱娘以法術破之。後劉入覲，聶隱娘告別而去。劉死後，聶又至京師劉柩前慟哭。

《紅線》是袁郊所撰《甘澤謠》中的一篇。紅線是潞州節度使薛嵩的侍婢，有超人的力量。她以神術潛入魏博節度使田承嗣府中，偷其供神金盒，而薛嵩即派人送回。田大驚失色，明白既有異人能取走床邊金盒，殺他更是易如反掌。這一威嚇，迫使田不敢再飛揚跋扈，表示悔過自新。紅線則在兩地保其城池後，功成身退。

兩篇作品都充滿知遇報恩的思想和帶有神秘色彩的描繪，並成功地塑造了智勇兼備的俠女形象，想像豐富，構思奇特，成為後來女俠小說的雛型。

俠義小說的大量出現與當時社會上的遊俠之風密切相關。唐中葉之後，藩鎮割據局面愈演愈烈，而百姓身處亂世之中，備受其苦，格外希望能出現武藝高強、慷慨然諾的豪俠為自己雪冤報仇。同時佛老方術盛行，也使俠客們蒙上一層神秘色彩。這就是俠義小說的社會文化基礎。《聶隱娘》和《紅線》即反映出藩鎮擁兵跋扈及暗殺之風的盛行。兩位女主角各展神術、報效主恩，然後功成身退，顯示出豪俠之氣，小說情節離奇，道術氣很濃。

唐代琉璃瓶

國家圖書館出版品預行編目資料

老師沒教的中國史：遨遊隋唐盛世／李默主編.——
初版.——臺中市 ：好讀, 2008.11
面： 公分，——（圖說歷史；24）

ISBN 978-986-178-095-5（平裝）

1.隋唐史 2.文化史 3.中國

623.8 97019211

好讀出版

圖說歷史 24

老師沒教的中國史—遨遊隋唐盛世

主　編／李　默
總 編 輯／鄧茵茵
文字編輯／莊銘桓
美術編輯／徐明瑞
發 行 所／好讀出版有限公司
台中市407西屯區何厝里19鄰大有街13號
TEL:04-23157795 FAX:04-23144188
http://howdo.morningstar.com.tw
（如對本書編輯或內容有意見，請來電或上網告訴我們）
法律顧問／甘龍強律師
承製／知己圖書股份有限公司 TEL:04-23581803

總經銷／知己圖書股份有限公司
http://www.morningstar.com.tw
e-mail:service@morningstar.com.tw
郵政劃撥：15060393 知己圖書股份有限公司
台北公司：台北市106羅斯福路二段95號4樓之3
TEL:02-23672044 FAX:02-23635741
台中公司：台中市407工業區30路1號
TEL:04-23595820 FAX:04-23597123

初版／2008年11月15日
定價：350元
特價：299元
如有破損或裝訂錯誤，請寄回知己圖書更換

Published by How-Do Publishing Co., Ltd.
2008 Printed in Taiwan

ISBN 978-986-178-095-5

讀者回函

只要寄回本回函，就能不定時收到晨星出版集團最新電子報及相關優惠活動訊息，並有機會參加抽獎，獲得贈書。因此有電子信箱的讀者，千萬別吝於寫上你的信箱地址

書名：老師沒教的中國史─遨遊隋唐盛世

姓名：________ 性別：□男□女 生日：____年____月____日

教育程度：________

職業：□學生 □教師 □一般職員 □企業主管

□家庭主婦 □自由業 □醫護 □軍警 □其他________

電子郵件信箱（e-mail）：________ 電話：________

聯絡地址：□□□________

你怎麼發現這本書的？

□書店 □網路書店（哪一個？）________□朋友推薦 □學校選書

□報章雜誌報導 □其他________

買這本書的原因是：________

□內容題材深得我心 □價格便宜 □封面與內頁設計很優 □其他________

你對這本書還有其他意見嗎？請通通告訴我們：

____

你買過幾本好讀的書？（不包括現在這一本）

□沒買過 □1～5本 □6～10本 □11～20本 □太多了

你希望能如何得到更多好讀的出版訊息？

□常寄電子報 □網站常常更新 □常在報章雜誌上看到好讀新書消息

□我有更棒的想法________

最後請推薦五個閱讀同好的姓名與E-mail，讓他們也能收到好讀的近期書訊：

1.________

2.________

3.________

4.________

5.________

我們確實接收到你對好讀的心意了，再次感謝你抽空填寫這份回函

請有空時上網或來信與我們交換意見，好讀出版有限公司編輯部同仁感謝你！

好讀的部落格：http://howdo.morningstar.com.tw/

請填妥後對折黏貼，直接投郵即可，無須貼郵票。

廣告回函
台灣中區郵政管理局
登記證第3877號
免貼郵票

好讀出版有限公司　編輯部收

407 台中市西屯區何厝里大有街13號
電話：04-23157795-6　傳真：04-23144188

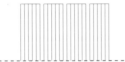

沿虛線對折

購買好讀出版書籍的方法：

一、先請你上晨星網路書店http://www.morningstar.com.tw檢索書目或直接在網上購買

二、以郵政劃撥購書：帳號15060393 戶名：知己圖書股份有限公司並在通信欄中註明你想買的書名與數量

三、大量訂購者可直接以客服專線洽詢，有專人爲您服務：客服專線：04-23595819轉230 傳眞：04-23597123

四、客服信箱：service@morningstar.com.tw